Valérie

W0061140

Jutta Voigt
Westbesuch

Jutta Voigt

Westbesuch

Vom Leben
in den Zeiten der Sehnsucht

aufbau

Mit einem besonderen Dank
an Carmen Bärwaldt

ISBN 978-3-351-02675-2

Aufbau ist eine Marke der
Aufbau Verlag GmbH & Co. KG

1. Auflage 2009
© AufbauVerlag GmbH & Co. KG, Berlin 2009
Einbandgestaltung
heilmannn/hißmann, Hamburg
Druck und Binden
CPI Moravia Books, Pohořelice
Printed in Czech Republic

www.aufbau-verlag.de

Für Gloria

*Die Sehnsucht ist ein Erzeugnis
mangelhafter Erkenntnis.*

Thomas Mann

Einleitung

Ich habe Geschichten aus der Besuchszeit aufgeschrieben, meine und die der anderen. Alltägliches und Absurdes, Drama und Groteske. Westbesuch – ein Wort, das Erinnerung in sich trägt, an Willkommen und Abschied, Umarmung und Entfremdung, an Apfelsinenduft und Bubblegum. »Wenn von einer lang zurückliegenden Vergangenheit nichts mehr übrig ist«, schreibt Marcel Proust, »verweilen ganz alleine, viel fragiler, aber lebenskräftiger, immaterieller, ausdauernder, treuer, der Geruch und der Geschmack noch lange Zeit.« Westbesuch – linguistisches Souvenir, sinnliches Andenken. Ein Wort mit vielen Wirklichkeiten. Die Zeitenfolge täuscht, die Zeiten vermengen und überschlagen sich. Vergangenheit, Gegenwart und Zukunft haben einen gemeinsamen Raum: Lebenszeit. Auch in diesem Buch macht die Zeit Sprünge, das Damals lebt auf im Präsens, Gegenwart nimmt Zukunft vorweg.

Ich habe Erzählungen aus den Zeiten der Sehnsucht aufgeschrieben: die Geschichte von der Frau, die sich durch die Welt liebte, weil sie die Welt nicht sehen durfte. Die von Herrn Frank, der in ein Kinderferienlager floh, als sein Schwager aus Schleswig-Holstein seinen Besuch angesagt hatte. Die von Lilli, die sich mit einem Diplomaten aus dem Westen tröstete, weil sie einen Geheimdienstmann aus dem Osten nicht kriegte. Deutsche Menschen: Herr Schwarzenbach in Köln konnte seinen Geburtsort Neuruppin nicht vergessen. Herr Z. sah sich um sein Erbe gebracht, obwohl er mit Onkel Karl eine ganze Flasche Mariacron geleert hatte. Frieda aus Ostberlin heiratete einen Mann aus Zürich, weil sie raus wollte, einfach raus. Die Erzählungen aus den Zeiten der Sehnsucht sind immer auch Geschichten über die Liebe – Geschwisterliebe, Freundesliebe, Mutterliebe, Vaterlandsliebe. Wenn die Zeiten der Sehnsucht vorbei sind, wird auf beiden Seiten von Enttäuschung die Rede sein, von Undankbarkeit und verratener Liebe.

»Wir wollen hier auf Erden schon das Himmelreich errichten«, das hatte, eine sozialistische Gemeinschaft im Blick, Heinrich Heine einst geträumt. Ex oriente lux, ex occidente luxus – das Licht, das aus dem Osten kam, war ein Docht, der früh verglühte. Der Luxus, der aus dem Westen kam, überstrahlte das kleine Leuchten mühelos. Das Projekt erledigte sich selbst, und das Himmelreich wechselte eilig von Ost nach West. Die DDR war eine sozialistische Frühgeburt, befand der Dramatiker Heiner Müller. Der Blick des Westens ist von Anfang an ohne Empathie für das Frühchen gewesen. Der Blick des Mangelwirtschaftsostens auf den Wirtschaftswunderwesten changierte zwischen Anbetung und Verdammung. Die Anbetung siegte. Eine bessere Welt? Ja gern, aber heute, nicht erst morgen, eine mit Bananen, elektrischen Zahnbürsten und dem Campanile auf dem Markusplatz von Venedig.

Ohne Mauer wäre Ostberlin – rein statistisch gesehen, wenn man die Flüchtlingszahlen von 1958 hochrechnet – im Jahre 1987 komplett entvölkert gewesen. Auf der Bernauer Straße in Berlin ist ein bronzener Stolperstein in den Asphalt eingelassen. Er dokumentiert, was im Nachhinein noch weniger zu fassen ist als in der Gegenwart von damals: »Berliner Mauer 1961–1989«. Damit man die Königskinder nicht vergisst. Nicht das Abschiednehmen und das Winken. Nicht die Rentner in den ratternden Interzonenzügen. Nicht die heimlichen Treffs in den Autobahnraststätten, nicht die deutsch-deutschen Zusammenkünfte in den Cafés von Prag und Budapest. Damit der Westbesuch nicht vergessen wird, der mit prall gefüllten Plastiktüten in den Osten kam. Damit man sich an den Tränenpalast am Bahnhof Friedrichstraße erinnert. An den weißen Strich: Weiße Kontrollinie nicht vor Aufforderung überschreiten! An die Kontrolleure mit ihren steinernen Gesichtern: Fahren Sie rechts ran! Heben Sie den

Rücksitz an! Nehmen Sie die Sitzbank raus! Rücken Sie vor auf den nächsten Kontrollpunkt! Machen Sie das linke Ohr frei! Damit man sich vergegenwärtigt, was Westbesuch bedeutete. Kontrolle, Angst, Vorfreude, Vergleich.

Nicht nur Onkel und Tante waren Westbesuch. Nicht allein die Geschäftsleute auf der Leipziger Messe, die griechischen Matrosen in Rostock und die Schüler aus Nordrhein-Westfalen auf Klassenfahrt. Auch die Beatles, die Rolling Stones, Leonard Cohen und Tom Waits, Costa Cordalis und Udo Lindenberg waren Westbesuch. Rudi Dutschke und die Hippies waren Westbesuch. Miniröcke und Twist, die Konvergenztheorie und die Kybernetik, der RIAS, Rundfunk im amerikanischen Sektor, und ARD und ZDF – allesamt Westbesuch. In der Regel besuchte der Westen den Osten. In Ton und Bild, Ideen und Gedanken. Das Westfernsehen machte, dass in den östlichen Wohnzimmern jeden Abend die Mauer aufging – Hofgang für die Eingeschlossenen. Ein sakraler Vorgang, ein heiliges Ritual, und das Werbefernsehen als Abendmahl. Westbesuch war auch der Besuch des Ostens im Westen, Rentner, Reisekader und Verwandte in dringenden Familienangelegenheiten, alle anderen blieben hinter der Mauer und sehnten sich. Der Westen als Traumziel, mit seiner Unerreichbarkeit hatte seine Heiligsprechung begonnen. Jener Westen, der über aller Wirklichkeit schwebte, diese Welt voll herrlicher Dinge, die keinen Preis hatten, eine Art Kommunismus im Kapitalismus – dieser Westen war die Erfindung des Ostens, ihm gehörte der Himmel gleich nebenan, ganz und gar. Ein historisch einmaliger Überfluss an Hoffnung, wer nicht mehr weiterwusste, kannte einen geheimen Ausweg aus Liebeskummer, Midlifecrisis, Weltschmerz und Ehekrach. Sehnsucht ist besser als Selbstmord. Es gab einen glitzernden Notausgang, der führte in ein Land, das besser schien als alles und den großen Vorteil hatte, utopisch fern und durch nichts zu entzaubern zu sein. Die Tür war fest verschlossen, doch manchmal fiel ein Lichtstreif durch den Türspalt, hinter dem die Erlösung von allem Übel lockte. Irrational, verrückt, absurd.

Das Absurde erfasste alle Lebensbereiche, sogar die Brieftaube unterlag seiner Herrschaft. Brieftauben durften nicht von Ost nach West »aufgelassen« werden, auch als Westbesuch einfliegen durften sie nicht – Seuchengefahr! »Kommt ein Vogel geflogen, setzt sich nieder auf mein' Fuß« – untersagt – »hat ein' Zettel im Schnabel, von der Mutter einen Gruß« – verboten, die Vögel hätten Staatsgeheimnisse schmuggeln können. Dabei trägt die Brieftaube, die Verpaarung der besten Eigenschaften verschiedener Taubensorten, einen Namen, der solchen Verboten widerspricht: Einheitsbrieftaube.

Es kam vor, dass Angehörige des Bundesgrenzschutzes an der Grenze bei Lübeck in aller Eintracht mit DDR-Grenzsoldaten Bier tranken – das Normale erschien absurd, das Absurde normal. Manch einer brauchte einen Passierschein, um sein eigenes Haus betreten zu können. Es gab Häuser, in denen die Bewohner mit dem Kopf im Westen und mit dem Hintern im Osten waren. Bis die Fenster zugemauert wurden. Der Kopf im Westen und der Alltag im Osten, vierzig Jahre lang, so war es, so blieb es. Es gab Fenster, die konnte man nicht zumauern. Ich kannte einen zwanzigjährigen Ostberliner, der wusste die Fahrpläne und Haltestellen sämtlicher Buslinien in Westberlin auswendig, inklusive Sonn- und Feiertage sowie Nächte. Er hatte Westberlin nie gesehen und würde es nach menschlichem Ermessen vor dem Rentenalter nicht zu sehen kriegen.

Die DDR war das einzige Land auf der Welt, wo dem Alter ein Glanzlicht aufgesetzt wurde – das Beste zum Schluss: der Westen. Vierzigjährige zählten die Jahre, bis sie sechzig würden und reisen dürften, Männer fünfundsechzig. Das Leben als Wartesaal, der Lebensabend als Sonnenaufgang. »Mit sechsundsechzig Jahren, da fängt das Leben an«, sang Udo Jürgens, das Ostvolk fühlte sich verstanden und sang mit. Bis dahin war Besuchszeit. Zeit, einander nicht aus den Augen zu verlieren. Zeit, sich nahe zu bleiben. Zeit, sich voneinander zu entfernen. Die Mauermelancholie – eine Art Belletristik der deutschen Teilung – war der kleinste gemeinsame Nenner, und der reichte für viele gemeinsame Abende in Küchen, Kneipen und Wohnzimmern des Ostens, wo lange deutsche Gespräche geführt wurden, über Autos, Lebenshaltungskosten, die Vor- und Nachteile der Systeme. Wir haben uns ertragen und vertragen. Meinungsverschiedenheiten wurden vertagt, um die heile Welt der deutschen Teilung nicht zu ruinieren. »Liebes Königskind, reicht der Kaffee noch, oder soll ich wieder ein Pfund mitbringen?« – so begannen Briefe zwischen West und Ost.

Wie Terrier auf der Promenade haben wir uns beschnüffelt. Im Osten riecht es komisch, stellte der Westbesuch bei der Begrüßungszeremonie jedesmal fest, er witterte Abgase. Es riecht hier nach Braunkohle, nach Lysol, nach altem Fett. Die Gastgeber nickten: Bei uns stinkt es, aber ihr riecht gut, ist das Weichspüler? Das Odeur des Westens setzte die Marke der Überlegenheit in jeden Plattenbau. Wir haben uns besucht und beschenkt, geliebt und geschont, gelobt und belogen. Die Verführung zur Verstellung war einzig und unwiderstehlich: der dicke Max und der arme August in den Rollen ihres Lebens. Geschenkegeber und Geschenkenehmer. Das Klischee war Realität. »Zeigst du mir deins, zeig ich dir meins« – die Ankündigung eines Pornofilms am Bahnhofskino von Oberhausen war das erste, was ich sah vom Westen, als ich in der Morgenkühle mit dem Zug in jenem spröden Ort im Ruhrgebiet ankam, wo der Westen dem Osten zu gleichen schien in seiner unverstellten Lebensart, seiner Nüchternheit und seinem Grau.

Zeigst du mir deins, zeig ich dir meins. Haben die Deutschen einander gezeigt in der Besuchszeit, oder haben sie nur das von sich sehen lassen, wovon sie sich einen Gewinn erhofften? Wir hätten aufrichtig sein können, authentisch, ehrlich. Wir hätten einander zeigen können, wie wir wirklich waren. Aber wollten wir das? Hatten wir nicht un-

13

sere Freude am Rollenspiel und zogen daraus unseren Vorteil?

Verwandtschaft im Westen bedeutete für die im Osten Lebenden Westpakete, Westgeld und Westreisen »in dringenden Familienangelegenheiten«, da konnten Todesfälle zu Glücksfällen werden. Stammbäume und Familiengeschichten wurden danach abgesucht, ob nicht in Osnabrück ein Onkel, in Reutlingen eine Tante, in Unkel ein Vetter aufzutreiben war. Ahnenforschung hatte Konjunktur, jeder Großneffe war ein Grund zum Feiern. Sie rütteln sich, sie schütteln sich / Sie werfen das Säcklein hinter sich / Sie klatschen in die Hand / Wir beide sind verwandt – das Lied vom Bi-Ba-Butzemann kennt jedes Kind.

Weil es für die Westdeutschen weit weniger reizvoll war, Ostverwandtschaft zu haben, hatten sie auch weniger. Sie waren nicht erpicht, einen Cousin in Halle oder eine Großtante in Schwerin ausfindig zu machen, um infolgedessen Pakete schicken oder auf Verwandtenbesuch in die DDR reisen zu müssen, aus Pflicht zum Widerstand gegen die Teilung des Vaterlands. Jeder Westverwandte hingegen war eine Quelle der Freude, ein Fenster in die Welt. Außerdem schmeckte der Kaffee besser, den er mitbrachte. Ein Westdeutscher hat ausgerechnet, dass er in vierzig Jahren DDR fünf Zentner Kaffee in den Osten schleppte. »Die haben bei uns bestellt wie in einem Versandhaus«, erinnerte sich ein anderer.

Jahrzehntelang bloß zu Besuch zu kommen anstatt zusammenzuleben, bleibt nicht folgenlos, das Doppelleben der Deutschen hatte seine Abgründe. Liebe und Hass, Bewunderung und Neid, Nähe und Distanz auf schmalem Grat. Im Liedgut liegt Wahrheit: »Onkel und Tante, ja das sind Verwandte, die man am liebsten nur von hinten sieht«, singt man in der Künneke-Operette »Der Vetter aus Dingsda«. Die Ostdeutschen haben die Onkel und Tanten aus Köln und Hamburg gern von vorn gesehen, als reitende Boten westlichen Wohlstands in Tüten; aber eben auch gern von hinten. Die Westdeutschen dachten nicht anders: Was sagt die Sonne am Abend, wenn sie untergeht? Gottlob, ich bin wieder im Westen. Dennoch bot die Mauer, dieses mörderische Verhängnis deutscher Geschichte, dauernden Anlass zu innerer Größe. Sie hat den Alltag mit Gefühl aufgeladen. Sie hat das Triviale tragisch, das Banale rührend, das Normale großartig gemacht. Sie hat der deutschen Wehmut einen glaubwürdigen Background gegeben und der deutschen Innigkeit ein Ziel. Es flossen reichlich Tränen zwischen Ost und West, Tränen der Trauer, der Freude und des Glücks, der Rührung und des Selbstmitleids, Krokodilstränen auch. Das Ende der Besuchszeit war das Ende einer Amour fou.

Die bizarre deutsche Zwischenzeit währte ein halbes Jahrhundert, sie war zufällig mein Leben. Epoche oder Episode, fragen sich die Geschichtsschreiber – ist sie möglicherweise doch eine Ära gewesen? »Nie wieder Krieg«, schworen 1946 meine Eltern, rauchten eine Chesterfield und traten in die SED ein. Es sollte was Besonderes entstehen, eine ganz und gar andere Gesellschaft, ein Gemeinwesen der Gleichen und Freien, dafür alle Kraft und aller Verzicht. Der Enthusiasmus war von kurzer Dauer. Schon die nächste Generation zweifelte. Die darauffolgende erlebte nur noch die Leere, nur noch die sinnlose Einschränkung der persönlichen Freiheit; manche muss man zu ihrem Glück zwingen, dachten die Getreuen. Dass mit dem Sozialismus die Menschheit »aus dem Reiche der Notwendigkeit in das Reich der Freiheit« springe, hatte Engels prophezeit. Der Sprung misslang.

Vierzig Jahre geteiltes Deutschland, vierzig Jahre doppeltes Deutschland. Ein Nichts in der Unendlichkeit, vom Winde verweht. Eine Menge für den, der seine Zeit auf Erden in eben diesem Augenblick zugebracht hat. Unvorstellbar für den, der nicht dabei gewesen ist. Der historische Rang wird später entschieden. Zeit schlägt Zeitpunkt, sagt im Radio eben ein Banker, der mit dieser Sentenz seine Kunden zu Geldanlagen auch in unsicheren Zeiten ermutigen will. Zeit schlägt Zeitpunkt, Zeit hat Zeit, Zeit hat Zukunft. Die Gegenwart drängt auf Verdrängung, vorwärts und vergessen. Auch das Vergessen haben wir uns geteilt, die einen vergessen schneller, die anderen langsamer; je mehr Gefühl, um so mehr Gedächtnis. Mehr Gefühl haben zweifellos die Ostdeutschen investiert. Mächtig fegte der Sturm der Geschichte durch sie hindurch, hinterließ kahle Stellen, abgeblätterte Existenzen, Hoffnung auch. Die Sehnsucht lässt alle Dinge blühen, der Besitz zieht alle Dinge in den Staub, wissen die großen Geister. Andererseits: Nur wer die Sehnsucht kennt, weiß, was ich leide.

Auf dem Wochenmarkt vor meiner Tür rief neulich die Gemüseverkäuferin einer Kundin einen Halbsatz nach, der vor zwanzig Jahren in einem Teil Deutschlands ganz gewöhnlich, im anderen Teil unerhört gewesen wäre: Viel Spaß in Paris! Kaum einer kann sich heute noch vorstellen, was eine Reise nach Paris mit einem Mauermenschen machte.

Nicht aussteigen!

Das Unglaubliche passiert, Sylvia aus Ostberlin sitzt im Zug nach Paris. März 1981. Paris, Paris, Paris – das Wort beginnt sich in Bewegung zu setzen, fünf Buchstaben sind dabei, Wirklichkeit zu werden, die Räder wiederholen das Wunderwort in zielsicher monotonem Rhythmus, Paris, Paris, Paris, Paris rattern sie. Sylvia ist neununddreißig. Sie hat einen Mann, zwei Kinder, keine Westverwandtschaft und seit fünfzehn Jahren dieselbe Arbeitsstelle, eine verkramte kleine Redaktion, die dem Zug der Zeit per pedes folgt und sich an kaum eine Regel hält. »Du machst immer den Eindruck, als würdest du noch was vom Leben erwarten«, hatte 1977 ein Freund mit Dauervisum zu Sylvia gesagt. Es klang wie ein Vorwurf, herablassend, verächtlich fast; wer die Verhältnisse in der DDR einigermaßen durchschaute, konnte keine Erwartungen mehr haben, wer noch Hoffnungen hegte, war hoffnungslos infantil. Sylvia trank an jenem Abend viel Wodka mit den resignierten Freunden, sie musste die Zumutung runterspülen, schließlich war es ihr Leben, dass da ohne Träume sein sollte, das einzige Leben, das sie hatte, und weil alles nichts wert ist ohne Vorfreude, hielt sie kindlich an ihr fest.

»Ganz Paris träumt von der Liebe« – zu diesem Chanson hatte sie zum ersten Mal im Leben ein Mann zum Tanzen aufgefordert, sie war damals fünfzehn und mit ihren Eltern auf einem Fest in einer Vorortbaracke, in der Girlanden hingen. Bevor es die Mauer gab, hatte sie in einem Kino drüben am Ku'damm Jean-Paul Belmondo mit seinem unverschämt verknautschten Gesicht die Champs-Elysées runterschlaksen sehen, »Außer Atem« hieß der Film. Sie hatte »Bonjour, Tristesse« von Françoise Sagan gelesen und »Petite fleur« von Chris Barber gehört, »sag Adieu, aber tu mir nicht weh«. Wieder und wieder hatte sie sich das Studentenleben über den Dächern von Paris vorgestellt. Yves Montands zärtliches »C'est si bon« hatte sie begleitet auf all ihren Wegen, die selbstverständliche Überzeugung: Was kostet die Welt, ich kriege sie gratis samt Sartre, Toulouse-Lautrec und einem Pernod im Café de Flore. Irgendwie, irgendwann.

Sylvia hat es geschafft, sie wird Paris sehen, obwohl sie Paris nicht sehen soll. Sie hat den vorgeschriebenen Reiseweg einzuhalten, ohne Aufenthalt. Ihr Ziel ist Lille. Sie soll an Paris vorbeifahren, als wäre es nicht da. Nicht aussteigen! Sie darf zu einem Dokumentarfilmfestival, zu dem sie als Filmkritikerin eingeladen ist. In dem angeordneten Sofortbericht über den Verlauf der Westreise wird sie nach der Rückkehr vermerken, dass sie ohne jeglichen Verzug nach Lille gelangt ist und sich dort achtundzwanzig progressive Dokumentarfilme angesehen hat. Besondere Vorkommnisse: keine.

Seit das Westvisum in ihrem Besitz ist, fühlt sie sich wie in Trance, die Welt erscheint ihr bunt, so muss es sein, wenn man Drogen nimmt, Bewusstseinserweiterung. Unbeirrbar wie eine Schlafwandlerin hatte sie das zwielichtige Labyrinth des Bahnhofs Friedrichstraße durchquert, wie eine Feder war sie hinweggeflogen über Schneisen, Schranken und Barrieren, über den weißen Strich, vorbei an stoischen Grenzern mit kalten Blicken. Den Übergang von ihrer in die andere Welt vollzog sie leichtsinnig und skrupellos. »Vöglein, flieg in die Welt hinaus!« – die kleine Zeichnung von einem Mädchen im roten Kleid, das einen Vogel in der Hand hält, hängt als Erinnerung an ihre Nachkriegskindheit in der Küche an der Wand. Vöglein, flieg in die Welt hinaus, es ist höchste Zeit, Sylvia ist neununddreißig, das längste Jahr im Leben einer Frau.

»Jetzt geht's los, rettungslos, rettungslos. Jetzt geht's los, sehr gefährlich, aber herrlich« – die Offenbach-Operette »Pariser Leben«, Sylvia hat sie oft gehört in ihrer Lieblingskneipe. Öfter war es ihr gelungen, ein Stück Übermut in ihr

Leben zu pflanzen, alles eine Frage der Vorstellungskraft. »Jetzt geht's los, rettungslos, rettungslos, jetzt geht's los, sehr gefährlich, aber herrlich, jetzt geht's los, jetzt ist der Teufel los.« Der Zug nähert sich Belgien, immerhin Belgien, Paris auf halbem Weg. Belgische Grenzbeamte gehen mit gleichmütig-höflichen Gesichtern durch die Abteile. Stolz reicht Sylvia ihren Pass hin. Dann der Satz, der die Katastrophe in sich birgt: »Wo ist Ihr Durchreisevisum?« Sylvia guckt den Belgier an wie einen Außerirdischen, ihr Herz ist ein Hammer, was ist ein Durchreisevisum, sie hat kein Durchreisevisum, sie kann auch kein Durchreisevisum besorgen. Sie sieht sich schon aussteigen und umkehren, ihr erster Ausflug in die Welt würde auf dem Bahnsteig eines belgischen Grenzorts enden, Paris perdu. Ihre Fassungslosigkeit, der ganze Jammer einer glücklos Reisenden scheint den Belgier zu rühren, vielleicht denkt er auch einfach nur praktisch. »Vorn im Zug sitzt der Bundesgrenzschutz«, sagt er, »gehen Sie hin und lassen Sie sich einen provisorischen Pass ausstellen!« Sylvia bittet ihn in ihrem ungeübten Französisch, zu wiederholen, was er da gesagt hat. Der füllige Mann mit dem müden Teint kommt ihrer Bitte nach. »Ganz vorne, an der Spitze des Zuges, da sitzt der Bundesgrenzschutz«, sagt er. Bundesgrenzschutz – der gesammelte Kalte Krieg in einem Wort, Sylvia friert. Kontakt zum Bundesgrenzschutz, als DDR-Dienstreisende dem Klassenfeind so nah! Das darf sie nicht, das ist verboten.

Paris ist stärker. Sie schwankt durch den schwankenden Zug bis zu dem Abteil, an dem »Bundesgrenzschutz« steht. Da sitzen vier junge Männer in Uniform, drei von ihnen sind wohl Rheinländer, sie hören Musik und sind in aufgeräumter Stimmung, es ist Karnevalszeit. Der vierte blättert mit spitzen Fingern Sylvias Pass durch, er sieht die Frau aus dem Osten mit unverhohlenem Misstrauen an. »Wichertstraße 71«, liest er laut, als würde er das Haus kennen, in dem sie wohnt. Sylvia erschrickt: Vielleicht ist der ein Republikflüchtling. Die kann einfach so in den Westen reisen, könnte der denken, und ich musste mich in Gefahr begeben. Was immer er denkt, die gute Laune der drei anderen siegt. Sie stellen der verzweifelten Reisenden einen provisorischen bundesdeutschen Pass aus, »Gültig für alle Staaten der EG«. Sie muss noch nicht einmal was dafür bezahlen, so viel Westgeld hätte sie gar nicht.»Danke«, sagt sie, der Klassenfeind lächelt. »Einmal am Rhein, du glaubst, die ganze Welt wär dein«, Kölle Alaaf!

Wieder im Abteil, starrt sie auf die Bescheinigung:»Gültig für alle Staaten der EG«. Belgien, Frankreich, Italien, Schweiz, Spanien, Griechenland – die Welt auf einem einzigen Stück Papier. Ist sie jetzt eine Landesverräterin? Sie wird das Papier nur zur Durchreise benutzen, aber sie könnte, auf den Konjunktiv kommt es an. Paris, Paris, Paris – die Räder rattern nicht mehr, Westgleise sind nahtlos. Jedes französische Wort, das sie beim Blick aus dem Fenster wahrnimmt, liest sie mit Andacht; die Pariser Vororte sehen grau aus, aber anders grau als zu Hause.

Der Zug läuft im Gare du Nord ein. Es ist Nachmittag. »Sei gepriesen mit lautem Jubel, Paris, Paris, du Paradies« – die Operette geht mit auf die Reise. Am Bahnsteig stehen Claude und Gérard, Freunde, die öfter in Ostberlin waren, und bei denen sie auch schlafen kann. Bonjour, Bonjour, Küsschen, Küsschen. Sie laden Sylvia in ihr Auto und fahren sie zum Lafayette.»In zwei Stunden holen wir dich wieder ab«, sagen sie. Sie ist sprachlos. Da steht sie nun, ein Ding zwischen Dingen. Sie sitzt nicht, wie sie sich das erträumt hatte, in einem Bistro an einer quirligen Pariser Straßenecke, einen kleinen Roten vor sich, im Radio die Stimme von Edith Piaf. Nein, sie steht in einem Kaufhaus rum, wie bestellt und nicht abgeholt, dazu beinahe gänzlich ohne Geld. Sie ist eingeladen, in Lille warten Kost und Logis. Sylvia irrt ratlos durch Bijouterien, Parfümerien, Accessoires-Abteilungen, sie könnte heulen. Luftsprung mit harter Landung, der Salto der Sehnsucht schlägt in einem Kaufhaus auf.

Später erfährt sie, dass Claude und Gérard häufig Dienstreisende aus der DDR betreuen, und alle wollen als Erstes ins Kaufhaus.

Am nächsten Morgen fährt sie nach Lille weiter. Sie wohnt in einer alten Pension mit grünen Fensterläden, Bad und Bidet befinden sich hinter einer Spanischen Wand, endlich richtet sich die Wirklichkeit nach Sylvias Erwartungen, so hat sie sich Frankreich vorgestellt. So ist es beschrieben bei Maupassant, Zola, Balzac, sogar bei Robbe-Grillet. Am Abend geht sie in ein Restaurant, das Moules et frites heißt, sie muss die Früchte der Fremde kosten, sie bestellt moules et frites. Sitzt vor dem Teller und weiß nicht, was tun, kein Besteck da. Entschuldigen Sie, fragt sie einen Mann am Nebentisch: »A quelle manière on mange les moules, wie isst man Muscheln, ich komme aus der DDR?« Sie fragt das durchaus selbstbewusst, sie ist schließlich nicht von dieser Welt. Der Franzose zeigt Sylvia, wie man eine leere Muschelhälfte als Löffel benutzt, mit ihr die Muschel von der anderen Muschelhälfte löst und daraus die Sauce schlürft. Er tut das ganz beiläufig, als wäre es normal, in einem Moules-et-frites-Restaurant gefragt zu werden, wie man Muscheln isst.

Eine Frau aus der DDR sitzt in einem Restaurant in Lille und isst Muscheln! Eine unerhörte Begebenheit. Die Abteilung Agitation und Propaganda beim ZK der SED hat die Journalisten angewiesen, in ihren Texten unbedingt und ohne Ausnahme die Worte »Frutti di mare« zu vermeiden. Um nicht Bedürfnisse zu wecken. Am Tag darauf beginnt Sylvia, die achtundzwanzig progressiven Filme anzusehen. Zwischendurch guckt sie in Geschäften, was sie mitbringen kann für zu Hause, damit sie einen fassbaren Beweis hat, dass sie wirklich hier war. Teuer darf es nicht sein, sie hat verdammt wenig Francs. In einem Kramladen kauft sie vier dicke Suppentassen, auf denen in blauer Schreibschrift soupe d'oignon steht, bouillabaisse, velouté d'asperges und soupe d'ail; Zwiebelsuppe, Spargelsuppe, Knoblauchsuppe.

Von den Suppentassen aus Lille ist bis heute keine kaputt, es ist achtundzwanzig Jahre her.

Am letzten Abend geht sie mit Leuten vom Festival was trinken. Da ist Alain. Groß, dünn, jung. Sie bemerkt ihn nur, weil er sie bemerkt. Seine dunklen Augen leuchten wie die Weißen Nächte von Leningrad. Sie versteht nicht, dann doch. Sie erzählt ihm die Geschichte vom Lafayette, sie lachen über Sylvias Enttäuschung. Alain schlägt vor, ihr Paris zu zeigen, am nächsten Morgen fahren sie zusammen von Lille nach Paris. Sylvia sitzt neben ihm im Zug, als wäre es das Normalste von der Welt, dass man in ihr rumfährt. »Nicht aussteigen! Ohne Aufenthalt durchfahren! Nicht vom Weg abweichen!« – die Befehle halten in ihrem Kopf einen Parademarsch der Verdikte ab. Parigi, Parigi, summt Alain vor sich hin – warum spricht er Paris italienisch aus?

In den folgenden achtundvierzig Stunden erlebt Syvia einen Ort, den es nicht wirklich gibt, ein Paris, über das sie gelesen, gehört und Filme gesehen hat. Ein Paris, wie es nur ein Reisender wahrnehmen kann, der weiß, dass er ein einziges Mal im Leben, von heute bis übermorgen, den Ort seiner Träume erleben wird und dann niemals wieder. Niemals wieder! Sylvia ist außer sich. Detonation der Gefühle. Augen im Ausnahmezustand. Auf dem Boulevard du Montparnasse fährt ein Lastwagen in eine Bushaltestelle, eine Frau fliegt durch die Luft. Sylvia wendet sich ab, sie will da nicht hinsehen, es passt nicht in ihren Traum. Viens, Alain! Er zeigt ihr die Sorbonne, da studiert er. Sie essen in einem Lokal mit blaukarierten Tischdecken, es heißt La Fermette. Wein nach Belieben, steht auf der Speisekarte. Alain wohnt im XX. Arrondissement, in jenem Ménilmontant mit den engen Straßen, das Maurice Chevalier einst besungen hat: »Die Jungs von Ménilmontant«. Sie müssen sich an der Concierge vorbeischleichen, eine lange Wendeltreppe bis ganz oben. Vor der Wohnung liegt ein Zettel: »Monsieur, bezahlen Sie bitte Ihre Rechnung!« – die Stadt nähert sich

22

Sylvias Erwartungen, ihr verspäteter Flug über die Dächer von Paris gewinnt an Höhe.

Alain zeigt ihr den Père Lachaise mit dem dunklen Efeu, dem ewigen Grün an der Mauer der erschossenen Kommunarden. Sie sieht die Gräber von Piaf, Musil, Chopin und Oscar Wilde. Sieht die Grabsteine von Vätern, Müttern, Kindern, liquidiert von den Nazis, »papa chérie, mort 1941«. In solchen Momenten denkt sie, dass sie doch aus dem besseren Teil Deutschlands kommt. Im Gare du Luxembourg entzückt sie ein Foto-Automat, so was kennt sie nicht. Sylvia macht begeistert ein Bild von sich, als Andenken: Sylvia in Paris – so hat sie ausgesehen in den Pariser Momenten. Sie will Alain ein Foto schenken, er lehnt ab, er will das Bild von ihr im Kopf behalten, das seine Erinnerung formen wird.

Sie laufen durch Paris von morgens bis nachts, es ist März, es regnet, Sylvia will keinen Moment verpassen. Als könne sie Paris in sich reinfressen, für immer und ewig. Alain trägt sie an diesem verhangenen Vormittag über den Boulevard St. Michel. Kitsch, denkt sie, die Pflicht zur Distanz ist allgegenwärtig. Boulmiche, sagt er, Boulmiche – die pariserische Kurzform für den Boulevard St. Michel. Sein Entzücken über Paris ist nicht geringer als ihres, sie sind beide besoffen vom Ausnahmezustand des Augenblicks und der Vergänglichkeit. Er plündert sein Konto, um ihr die Closerie des Lilas zeigen zu können, ein legendäres Lokal, in dem Hemingway und andere Größen Durst und Hunger stillten. Später sind sie in einem Bierkeller, wo der Pianist den Touristen-Hit »Oh, Champs-Elysées« klimpert, alle singen mit, auch die Einheimischen.

Im Café de Flore telefoniert Sylvia nach Berlin – was für ein Vorgang, einfach so aus Frankreich in die Hauptstadt der Deutschen Demokratischen Republik zu telefonieren, über alle Grenzen hinweg, dazu noch aus dem Café de Flore. »Peter, ich bin im Café de Flore in Saint-Germain«, spricht sie atemlos in die Telefonmuschel, schon die Wörter haben, so scheint ihr, einen verräterischen Klang. Man lebt nur einmal – der simple Satz geht ihr durch den Kopf, als hätte sie die Binsenweisheit eben erfunden. Sie hat sich in den Pariser Alltag geschmuggelt, sie ist eine Illegale, mit Schuldbewusstsein und schlechtem Gewissen. Was für eine Schuld, wem gegenüber ein schlechtes Gewissen? Den grollenden Grenzorganen der DDR gegenüber oder den siebzehn Millionen, von denen die meisten Paris erst sehen dürfen, wenn sie alt und grau sind? Verkehrte Welt, wenn das Normale ein schlechtes Gewissen macht.

Nach einundvierzig Stunden bringt Alain sie zum Gare du Nord, lange rennt er neben dem Zug her, mit dem Sylvia zurück in die DDR fährt. Sie kennt solche Szenen aus dem Kino, aber dies hier ist ihr eigener Film, davon gibt es nur eine einzige Kopie. »Bin vor Freude wie benommen / Ich kann's noch gar nicht recht verstehn / Das lang ersehnte große Wunder ist geschehn / Ich hab heut Nacht Paris gesehn« – die Offenbach-Operette ist von 1870 – Sylvias Paris-Besuch passierte 1981; Grenzen können die Gültigkeit von Gefühlen über Jahrhunderte konservieren. Die heimlich Reisende wird wieder den verbotenen Zettel vom Bundesgrenzschutz brauchen. Sie muss ihre Papiere beim Schlafwagenschaffner des Moskau-Paris-Express abgeben und bittet, dass er ihr den provisorischen bundesdeutschen Pass unbedingt vor der Grenze zur DDR aushändigt. Der jungsgesichtige Russe sagt, dass er ihr den Pass nur wiedergeben würde, wenn sie ein bisschen zu ihm ins Abteil käme, Witz oder Drohung. Sylvia sagt nein, Russen brauchen klare Ansagen. Der Schaffner setzt eine ambivalente Miene auf und verschwindet. Sylvia hat Angst, wie immer, wenn sie glücklich ist. Die DDR-Grenzer dürfen das Papier nicht bei ihr finden, sie würden sie festhalten, vielleicht verhaften. Jedenfalls könnte sie jede Chance, noch einmal rauszukommen, noch einmal durch die Mauer zu dürfen, begraben. Möglicherweise würde sie ihren Beruf verlieren oder gar erpressbar werden für die Stasi. Irgendwann, rechtzeitig, bringt der Schlafwagenschaffner ihr das heikle Papier zurück, »Gültig für alle Staaten der EG«. Kurz vor der Grenzstation Griebnitzsee zerreißt Sylvia den Zettel, der ihr zu einer anderen Existenz hätte verhelfen können, sie lässt die Eintrittskarte zur Welt in Schnipseln aus dem Zugfenster fliegen. Sie hat Paris gesehen, einmal, das muss genügen für ein ganzes Leben. Sie hat Paris gesehen, in drei Monaten wird sie vierzig.

Der Bahnhof Friedrichstraße in seiner wachsamen Düsternis ist illuminiert von einem Schimmer, den nur sie wahrnehmen kann, ein heimliches Leuchten. Sie freut sich auf zu Hause. Die Erinnerung, materialisiert in vier Suppentassen mit französischer Schrift, einem Kuvert mit der Speisekarte von der Closerie des Lilas, acht Metrotickets und der Fahrkarte Berlin–Lille über Paris und zurück, nimmt sie mit hinter die Mauer. Der Beweis, dass es wirklich geschehen ist.

Später wird Sylvia manchmal das Foto aus dem Automaten im Gare du Luxembourg betrachten und eine Art Triumph in ihren Augen entdecken.

Sylvia bin ich.

Augenblick des Beginns

Vormauerzeit. Du fährst für zwanzig Pfennige vom Bahnhof Friedrichstraße im Ostsektor eine Station mit der S-Bahn und bist in einem anderen Leben. Berlin, sagen wir 1958, ist ein Weltenmix, ein Waschkessel der Widersprüche, ein Wechselbad der Ideologien. Du kaufst dir am Lehrter Bahnhof im Westsektor eine Schachtel Rothändle, für die du zum aktuellen Tageskurs zehn Ostmark in zwei Westmark wechseln musst, »Ostgeld wird in Zahlung genommen« – der Hinweis findet sich an allen Westberliner Geschäften. Du fährst zurück und gehst zur Parteiversammlung. Oder: Du brichst aus Charlottenburg in den Ostsektor auf, bestellst dir in einem HO-Café ein Stück Käsetorte, musst deinen Ausweis vorzeigen und für die volkseigene Torte mit Westmark zahlen, nicht etwa mit drüben eingewechselter Ostmark, das wären zum Kurs von eins zu fünf nicht mehr als lumpige zwanzig Westpfennige für ein anständiges Stück Osttorte gewesen. »Herr Schimpf und Frau Schande« nennt man die Spekulanten aus den Westsektoren, manche von ihnen binden sich Ostrinderfilets um die Hüften, bevor sie wieder rüber in den Westen fahren. Schnäppchen nach Art der Zeit. Auch die im Osten verschaffen sich Vorteile. Hilde aus Wildau näht sich zwölf kleine Taschen in ihren Teddymantel und transportiert auf diese Weise frische Eier nach drüben, wo sie das Dutzend Hühnergold für Westgeld verkauft. Die Frau im Teddymantel darf sich in der Bahn allerdings nicht hinsetzen.

Vormauerzeit. Die Übergänge zwischen Ost und West sind fließend. Man geht da ins Kino, hier zum Friseur, arbeitet da, wohnt hier, kauft hier Butter, da Bananen. Irgendwo zwischen hier und drüben, zwischen den Stationen Friedrichstraße und Lehrter Bahnhof, steht an abgeblätterter Fassade die beruhigende Mitteilung »Peter Putz sein Gallentee ist gut«, ob noch im Osten oder schon im Westen – unwichtig, deutscher Gallentee eben. Ich brauche nur eine Oststraße geradeaus zu gehen, schon bin ich im Westen. Die Bernauer Straße ist mein Eldorado, ein Auflauf von Wechselstuben und Billigbuden, vollgestopft mit grasgrünen Mohairpullovern, die auf Drahtbügeln im Westwind schaukeln, mit goldglänzenden Eloxal-Armbändern in bunten Kartons, mit Nylonblusen und Navelapfelsinen. Dieser Jahrmarkt aus Traum und Plunder ist für immer mit dem Beginn meines Lebens verbunden. Die Startlöcher sind doppelt gepolt, ich starte mit dem einen Fuß im Osten und dem anderen im Westen. »Rock around the clock« und Picassos Friedenstaube. »Bau auf, bau auf, Freie Deutsche Jugend, bau auf!« und um die 58er Taille ein schwarzer Gummigürtel aus dem Westen. Der Wechselkurs steht eins zu vier, eins zu fünf oder eins zu sechs, meistens reicht es nur für Storck-Riesen, die dicken Sahnebonbons aus dem Automaten, ein Riese kostet zwei Westpfennige.

Die Buden in der Bernauer Straße gehören zu meinem Ostleben wie die »Schlager der Woche«, der Film »Die Halbstarken« und die Nutte Nitribitt, Rosemarie hieß sie. Der Wedding-Westen ist handlich und bescheiden. Ich besuche Marlene Mayer, ein Mädchen, das ich in einem Tanzlokal kennengelernt habe. Marlene kommt gerne in den Osten, das Vergnügen ist billiger hier. Sie wohnt am Gesundbrunnen, Hinterhaus parterre, Mutter, Schwester, Marlene, alle in einem einzigen Zimmer. Aber sie besitzt einen Lippenstift in Babyrosa und einen Dufflecoat mit Knebelknöpfen, das zählt. Der Westen ist immer dabei. Als Petticoat und Adenauer. Als Niethose und Globke. Als AFN und Eisenhower, American Forces Network und der amerikanische Präsident, Kriegsheld im Zweiten Weltkrieg. »Cheek to cheek«, Wange an Wange mit Glenn Miller und Paul Dessau: »Wir wollen Frieden auf lange Dauer, nieder mit Strauß, nieder mit Adenauer!« Nie wieder Krieg, die ganze Familie in der SED, doch der Taft für das Einsegnungskleid muss aus dem Westen sein. Sonst sähe das nach nichts aus, meint Frau Eppenheimer, die wasserstoffblonde Schneiderin. Sie ist »westlich eingestellt«, ihr Mann ist Grenzgänger und arbeitet bei Siemens in Westberlin. »Wenn ich das aus Ost-Zellwolle nähe«, klagt die üppige Eppenheimer, »fällt mir das ja an der Brust zusammen.« Womit sie das Entscheidende ausgesprochen hat. Ich bin busenlos, der Stoff muss an den entsprechenden Stellen gerüscht werden, um Fülle vorzutäuschen. Das geht nur mit Taft, und den gibt es nur im Westen. Das sieht sogar mein Großvater ein, der den Westen verdammt und kein anderes als Ostradio hört, mit Ausnahme der RIAS-Sendung, in der am Ende stets der Refrain gesungen wird: »Der Insulaner hofft unbeirrt, daß seine Insel wieder 'n schönes Festland wird. Ach, wär das schön!«

Auch mein fortschrittlicher Opa also spendet Geld für den Einsegnungstaft. In der Vormauerzeit ist der Ostler noch nicht auf Westbesuch angewiesen. Was er aus dem Westen braucht, besorgt er sich an Ort und Stelle selber. Der Wechselkurs wird in den Nachrichten in einem Atemzug mit dem Wetter angesagt: Die Berliner Wechselstuben verkaufen heute eine D-Mark für sechs Ostmark ... Und nun das Wetter.

»Glaube, Liebe, Hoffnung, diese drei, doch die Liebe ist die größte unter ihnen« – mein Einsegnungsspruch. Damit kann man sich einrichten zwischen den zwei Welten in einer Stadt, den getrennten, doppelten, verfeindeten, konkurrierenden. Zwischen Tante Erika in Reinickendorf und meiner Klassenlehrerin in Prenzlauer Berg. Frau Schlarbaum, die junge Schulhelferin, ist überzeugt von »unserer guten Sache«, sie glaubt fest an den neuen Menschen. »Wir sind das Sprachrohr der neuen Jugend, immer bereit zu entscheidender Tat«, singen wir mit ihr, das ist schön. Noch schöner aber ist es, an einem windigen Herbstabend mit Tante Erika an einer mit bunten Lämpchen beleuchteten Bude Westwürstchen zu essen und dabei Westbenzin zu riechen. Im Osten gibt es Bockwurst ohne bunte Lampen. Das Bunte ist das Erkennungszeichen des Westens, der hat so viele Lämpchen, dass er Ostberlin gleich mit aufhellt. Der Westen ist der Lampion über dem Alltag der Ostberliner.

Ich bin erfüllt »von dem Willen und der pathetischen Überzeugung, im Augenblick des Beginns zu leben«, so wird es der französische Philosoph Alain Badiou formulieren. In meinem Poesiealbum mahnt die Tante aus Reinickendorf: »Nicht das sehen, was man sich vielleicht wünschen mag, sondern das, was wirklich ist. Zur Erinnerung an Deine Tante Erika«. Ich wünsche mir von ganzem Herzen den Sozialismus, eine Welt, in der alle Menschen gleich und glücklich sind. Wirklich aber ist der Rhythmus des Rock 'n' Roll, den Bill Haley und Elvis Presley an den Eisernen Vorhang hämmern. Rock 'n' Roll ist der erste wahrhaft wichtige Westbesuch. Wir drehen das Radio auf volle Lautstärke und reißen die Fenster auf, damit alle »die Unkultur aus Amerika« hören und hassen können. »Offen tanzen verboten« steht auf Schildern rund um die Tanzfläche des Saalbau Friedrichshain, einem wilden Ausgehort im Osten der Stadt. Natürlich tanzen wir offen, und weil es verboten ist, mit um so größerer Lust. Jetzt geht's los, rettungslos, rettungslos. Jetzt geht's los, sehr gefährlich, aber herrlich. Wenn mich die Saalordner von der Tanzfläche holen, fühle ich mich rebellisch wie James Dean, der Blonde aus Amerika.

Meine Eltern haben nichts gegen Rock 'n' Roll. Meine Mutter war neunzehn, als sie mich auf diese Welt brachte, Kind der Liebe, das ich war. Sie tanzt zu Hause im Unterrock Boogie Woogie und zeigt mir, dass sie besser steppen kann als Marika Rökk und tiefer singen als Zarah Leander. Mein Vater ist mit seiner kurzen Karriere als Außenhandelskaufmann, seinen Sekretärinnen und der Verdrängung seiner Soldatenzeit beschäftigt. Er fährt bereits in den Fünfzigern ins westliche Ausland, schreibt Ansichtskarten aus Mailand, Brüssel und Paris: »Flug bei guter Sicht. Moulin

Rouge ist zu teuer für unsereinen. Kuss Willi«. Er nennt seine Frau Dicki Flott und bringt ihr weiße italienische Seide mit. In meiner Erinnerung mischt sich der zarte Kleiderstoff mit der Fallschirmseide, die von einem Engländer stammte, den mein Vater bei der Flak abgeschossen hat; der Tote soll einen Liebesbrief an seine Braut bei sich getragen haben.

Diese Geschichte ist die einzige, die Willi aus dem Krieg erzählt. Dass er irgendwann zur Waffen-SS gezogen worden war, erwähnt er nicht, manches andere wohl auch nicht. Es kommt vor, dass er wochenlang kein einziges Wort spricht, Grauzonen, Dunkelheit. »Schnaps, das war sein letztes Wort, dann trugen ihn die Englein fort« – der Spruch hängt in der Küche an der Wand, und so kommt es. Um den Krieg zu vergessen, braucht Willi den Alkohol, und der befördert ihn frühzeitig unter die Erde. Aus der Traum vom Leben nach dem Sterben. Armer Willi. Von einer seiner Dienstreisen hat er mir eine echte Schweizer Uhr mitgebracht, sie hat vierzehn Steine. Und eine Tafel Schokolade, auf der Verpackung sind Berge und Kühe zu sehen, echte Alm-Öhi-Schokolade, Heidis Lehr- und Wanderjahre zum Aufessen, das Papier hebe ich lange auf, die Uhr werde ich tragen, bis sie aufhört zu ticken.

»Wenn sich durch besondere Umstände in dem einen Teil eines Landes eine neue Gesellschaftsordnung bildet, während der andere in der alten verharrt, muss eine scharfe Feindschaft dieser beiden Teile des Landes erwartet werden. Beide werden sich bedroht fühlen, und sie werden einander barbarisch nennen«, schreibt Brecht 1951. Auf Privatebene herrscht friedliche Koexistenz zwischen Ost- und Westdeutschen, lange bevor der Begriff dafür erfunden wird. Wenn ich allerdings durch den Hausflur zu unserer im Gartenhaus gelegenen Wohnung gehe und im Sommer das Küchenfenster weit offen steht, schallen mir die erregten Stimmen meiner Eltern und Großeltern, manchmal noch die von Tante Ella und Onkel Robert aus Neukölln, bereits auf dem Hof entgegen. Politisieren nennt man das. Politisieren ist verbreitet an deutschen Familientischen und verläuft mehr oder weniger friedlich, in jedem Fall lautstark. Der reaktionäre Westen oder der rote Osten – wer hat das bessere System?

Meine Freundin Ulrike und ich, wir politisieren nicht, wir probieren. Ich lerne sie auf dem Rummel kennen. Es regnet, im Autoscooter schallt »Just walking in the rain« aus den Kofferradios der Jungs, die die Mädchen in ihren Blechautos anbuffen. Wenn die Kunst an der Wirklichkeit klebt wie Honig am Zwieback, bleibt das im Gedächtnis ein Leben lang. Ulrike hat Abenteuer mit Jungs in Hausfluren und streitet sich oft mit ihrer Mutter, einer Dolmetscherin, die nur einen Arm hat. Mehr noch mit der Großmutter, die verschließt ihr Zimmer, wenn die Enkelin in der Wohnung ist. Die kleine, dicke Ulrike wirkt außer Haus sanft, zu Hause tritt sie als schwer erziehbar in Erscheinung. »Ich hau ab, ich geh rüber«, vertraut sie mir eines Tages an, »kommst du mit? Nein? Schade.« Sie schenkt mir noch ihr Passbild, auf dem ihre neue, krause Dauerwelle gut zur Geltung kommt. Auf die Rückseite schreibt sie: »Für meine kleine zaghafte Jutta zum Abschied«. Das soll heißen, dass ich weder in Bezug auf Jungs noch auf den Westen die rechte Traute habe. Wir sind fünfzehn. Morgen wird sie gehen, sie hat schon die Tasche gepackt. Wir fallen uns in die Arme, ein letztes Mal.

Am nächsten Nachmittag klingelt es. Es ist Ulrike, in den Händen ein Paket Zuckerkuchen: »Ich bin doch nicht abgehauen, komm mit in die Bernauer, wir versetzen das Silberhochzeitservice von meiner Oma und kaufen uns drüben was!«

Lebt wohl, Kameraden!

In der Vormauerzeit kann man sich noch entscheiden zwischen Bleiben und Gehen. Wenn man will, wechselt man die Welten für immer, Berlin ist ein Schlupfloch, Flucht ist möglich, man darf sich nur nicht mit einem großen Koffer erwischen lassen. Wer die DDR, die Zone, den Osten satt hat, kann in diesen Zeiten seine Fluchtpläne relativ unkompliziert verwirklichen. Er fährt aus Görlitz oder Riesa oder Rostock nach Ostberlin, von dort mit der S-Bahn nach Westberlin und meldet sich im Notaufnahmelager Marienfelde. Nach eingehender Personalüberprüfung und Befragung lässt er sich nach Westdeutschland ausfliegen. Oder er kehrt von einer Besuchsreise in den Westen einfach nicht zurück. Ein Arzt der Universitätsklinik Halle erklärt seinem Vorgesetzten am 18. September 1958, warum er für immer im Westen bleibt: »Hochverehrter Herr Professor, ich werde nicht mehr in die DDR zurückkehren. Der bestimmende Anlass war für mich ein empörendes und entwürdigendes Erlebnis an der Zonengrenze. Ich war mit meiner Frau und drei keuchhustenkranken Kindern im Wagen unterwegs zu meiner Mutter. Nach dem ersten Durchwühlen des Gepäcks, das wir schon als selbstverständlich hinzunehmen gewohnt sind, wurde ich hinter verschlossenen Türen nochmals in übelster Weise untersucht, der Wagen auf der Hebebühne von oben und unten kontrolliert und dabei erheblich beschädigt. Die ganze Aktion dauerte zwei Stunden. Während dieser Zeit musste meine Frau mit den drei hustenden und erbrechenden Kindern auf der heißen Autobahn stehen. Schatten aufzusuchen oder sich zu setzen, wurde ihr nicht erlaubt. Schließlich wurde ein Betrag von 100 DM West, den ich für Benzin und evtl. Reparaturen vorsorglich mitgenommen hatte, entdeckt und beschlagnahmt. Ich bedaure sehr, daß ich mein Arbeitsfeld, das Sie mir in Ihrer Klinik großzügig einrichteten, verlassen muß. Nach den Drohungen der Zollbeamten hätte ich mit wesentlichen Einschränkungen meiner Freizügigkeit zu rechnen, eine Rückkehr würde deshalb ein zu großes und der Familie gegenüber nicht vertretbares Risiko bedeuten. Ich kann mir ungefähr die Schwierigkeiten denken, die für Sie, hochverehrter Herr Professor, aus meinem Wegbleiben erwachsen, trotzdem bitte ich Sie, Verständnis für meine Lage zu haben und mein Verhalten keineswegs als beabsichtigte Fahnenflucht aufzufassen. Mit vorzüglicher Hochachtung Ihr sehr ergebener F. K.«

Zwei Volkspolizisten aus Sachsen-Anhalt fassen sich kürzer. Anfang der Fünfziger kritzeln sie auf ein liniertes Blatt: »Lebt wohl, Kameraden! Wir gehen dahin, wo man deutsch leben und Deutsch sprechen kann. Auf Nimmerwiedersehen! Werner und Willi«.

Deutsche Erzählungen 1:
Terra incognita

Der Osten sei kein Land gewesen, sondern eine Art Armenhaus, aus dem die Leute wegliefen, erzählt Susanne T., »ein Ort Nirgendwo, ein Gebilde aus Elend und Ungewissheit«. Frau T. hatte Menschen aus dem Osten nur als Flüchtlinge kennengelernt, als Bedürftige, die im Westen Wohnraum kriegen mussten, das war so bis Ende der Fünfziger. »Ich weiß noch«, sagt sie, »dass wir ein Zimmer unseres Hauses einer Ballettmeisterin aus Dresden zur Verfügung stellten. Frau Smetana war blond und leitete ein Kinderballett. Um sich Geld dazuzuverdienen, baute sie abends Wetterhäuschen.« Das Mädchen Susanne saß ganze Abende im Zimmer von Frau Smetana, bei den Wetterhäuschen und den Tütüs, die die Ballettmeisterin aus Dresden in den Westen geschmuggelt hatte, »echte Friedensware«.

Susanne T. stammt aus einem Arzthaushalt in Düsseldorf, Haut- und Geschlechtskrankheiten. Die Familie bewohnte ein Haus im Zentrum der Stadt. Im Klassenzimmer der Schule hing eine Landkarte, auf der stand die Losung: »Deutschland dreigeteilt – niemals!« Gemeint waren Ostpreußen, Ostzone und Westzone. Die Familie hatte keine Verwandten im Osten. Aber ein Kriegskamerad des Vaters, den die Ereignisse nach Chemnitz verschlagen hatten, tauchte Anfang der Fünfziger mit seiner dicken Frau und den Kindern Axel, Panne, Andrea und Marianne bei ihnen auf. Sie waren aus der Ostzone in den Westen geflüchtet. Der Kriegskamerad, ein Chirurg, hat später in Düsseldorf eine Praxis eröffnet. Natürlich haben sie auch Pakete in den Osten geschickt, erzählt Frau T., an die Familien von den Kriegskameraden des Vaters. Das Paketepacken und Plätzchenbacken begann alljährlich am 11. November, am Martinstag. Sie kriegten dafür Pakete mit Dresdner Weihnachtsstollen, »die reichten bis Ostern, so viele waren es«.

1968, mit dreiundzwanzig, begann Susanne T. ein Studium an der Hochschule für Angewandte Kunst in Wien. Ein Professor fragte sie, ob sie aus »Reichsdeutschland« käme. Und als sie sich bei der Wiener Fremdenpolizei anmeldete, erkundigte man sich, ob sie aus Ost- oder Westdeutschland stamme. Da sei ihr eigentlich erst bewusst geworden, dass es noch ein anderes Deutschland gibt. Frau T. sieht die Kellnerin nicht an, wenn sie was bestellt. Annika, die Serviererin, wundert sich, sie denkt, sie hat was falsch gemacht. Aber Frau T. ist nur müde, sie kommt gerade von Dreharbeiten, sie macht Kostüme für Filme, die Arbeitsbedingungen werden immer anstrengender. Und nun soll sie sich auch noch an dieses Land erinnern, das sie niemals kennengelernt hätte, wenn sie nicht in den Siebzigern auf ein Ostberliner Ehepaar gestoßen wäre, das ihrem Mann interessant schien. Bis dahin war sie immer in Westberlin geblieben, wozu sollte sie rüber in den Osten, ein Besuch auf der Terra incognita machte nur Scherereien.

34

Erst 1972 sind sie und ihr Mann zum ersten Mal nach Ostberlin gefahren, um das Ehepaar im Prenzlauer Berg zu besuchen, als Mitbringsel hatten die sich Pampers-Windeln für ihr Baby gewünscht. Da standen sie nun, selber kinderlos, mit gigantischen Pampers-Paketen vor den Kontrolleurskerlen an der Grenze. »Oh Gott, dieses Procedere!«, seufzt Susanne T. in nachträglichem Schauder, »du wurdest eingeschüchtert, du fühltest dich beklommen, dein Gesicht wurde gecheckt, die Pampers sind durchleuchtet worden. Alles war sehr fremd, es roch anders, die Leute bewegten sich langsamer. Die Straßen waren dunkel und leer, das war eine fremde Welt. Wenn du in Holland oder Frankreich warst, dann war das ein anderes Land, aber doch irgendwie dieselbe Kultur. Aber die DDR?« Die Bäume am Platz rauschen. Annika bringt die Rechnung, sie lächelt fragend, Frau T. sieht sie nicht an, während sie bezahlt. Das Trinkgeld gibt sie ihr nicht, sondern lässt es auf dem Tisch liegen, wie es in Frankreich üblich ist oder in Italien. »Wo man landet«, sagt Frau T. zum Abschied, »wo man landet, bestimmt das ganze Leben.«

✳✳✳

Am 10. 12. 1958 teilt die Deutsche Volkspolizei dem Genossen Ulbricht mit, dass ein westdeutsches Motorflugzeug im Bezirk Rostock notgelandet sei. Der Pilot Karl-Heinz W., wohnhaft in Mönchengladbach, habe angegeben, dass er die Orientierung verloren habe: »Der W. wurde auf Anweisung des MfS in einem Hotel in Grevesmühlen untergebracht, die zuständigen Stellen in Westdeutschland wurden informiert, daß sie sich zwecks Herausgabe des Flugzeuges mit der Regierung der DDR in Verbindung zu setzen haben. Mit sozialistischem Gruß! Bornicke.« Willkommener Besuch eines Bruchpiloten. Freudig ergreifen die DDR-Behörden die Chance. Im anhaltenden Kampf um die Anerkennung der DDR durch die Bundesrepublik kommt jede

Notlandung recht: Man solle sich »mit der Regierung der DDR in Verbindung setzen«, das heißt: Verhandeln wie mit einer richtigen Staatsmacht.

Der Westen behält den Aufbau des Sozialismus genau im Blick. Mit farbenfroher Schadenfreude hält er seine Stellung als der Stärkere und festigt seine Position als reicher Nachbar, auf dessen Terrain sich schneller besser leben lässt. Ein Verführer, dessen verlockenden Angeboten sich nur entziehen kann, wer fest an die Erschaffung einer neuen Welt glaubt. Wessen Glaube durch die Realität erschüttert wird, ist hin und weg. Entschlüsse von existenzieller Tragweite werden gefasst, gut vorbereitete und spontane, durchdachte und instinktive. Das Gespenst der Republikflucht geistert durch alle sozialen Schichten und Milieus. Enteignete, Enttäuschte, Verzweifelte verlassen den Staat der Arbeiter und Bauern, weil sie dessen Ideen, Maßnahmen und Rigorositäten nicht folgen mögen. Zuweilen steckt hinter so einer Flucht auch Privates, die Loslösung von einem diktatorischen Vater, der tyrannischen Mutter oder einer Ehehölle. Die Dokumente weisen Fakten aus, selten Gründe.

Der Verantwortliche für Sicherheitsfragen im Kreis Suhl meldet am 13. April 1959 dem Staatsratsvorsitzenden Walter Ulbricht, dass die Ehefrau und die fünfzehnjährige Tochter des Chefs der Bezirksbehörde der Deutschen Volkspolizei in Suhl republikflüchtig geworden sind. Es sei veranlasst worden, »dass Genosse Eberhard Schlichter die Leitung der Bezirksbehörde der Deutschen Volkspolizei an seinen Stellvertreter übergibt und mit sofortiger Wirkung beurlaubt« wird. Frau weg, Tochter weg, Karriere weg. Vielleicht geschieht es ihm recht, dem Eberhard, vielleicht aber ist er ein armes Schwein, und seine Frau hat einen Liebhaber, den es nach Westen drängt. Republikflucht aus Liebe, Rache, Enttäuschung, Fernweh, wer weiß.

Es gibt auch Menschen, die aus dem Westen in den Osten gehen, die müssen allerdings nicht flüchten, sie siedeln einfach über, gründlich überprüft von den DDR-Diensten.

Zwei Mädchen aus Stuttgart, die Schwestern Gabriele und Christine, verliebten sich bei einem Besuch in einem Dorf in der Lausitz in zwei junge Männer und bleiben für immer in der DDR. Später, erwachsen geworden, also nicht mehr blind vor Liebe, stellen sie gemeinsam mit ihren Männern einen Ausreiseantrag. Die Behörden drohen, ihnen die Kinder wegzunehmen. Sie bleiben, wo sie sind, auch nach dem Fall der Mauer.

Deutsche Erzählungen 2:
Ausflug eines Abenteurers

Um die Jahreswende 1960/61 neigte sich die Bundeswehrdienstzeit des Gefreiten M. bei der Luftwaffe in Celle bei Hannover dem Ende zu. Er sah zwei Möglichkeiten, seinem zweiundzwanzigjährigen Lebenslauf eine abenteuerliche Wendung zu geben: Fremdenlegion oder Ostzone. Er entschied sich für Letztere. M. wollte für zwei Jahre dahin, wo Goethe, Schiller und Luther gewirkt hatten, nach Weimar, Halle, Eisenach, er interessierte sich für Kultur. Mitte Juli 1961 setzte sich der Rheinländer in Leverkusen in den Zug nach Berlin und kam um die Mittagszeit am Bahnhof Zoologischer Garten an. Nach seiner Erinnerung fuhr er dann zum Potsdamer Platz, spazierte mit seinem Pappkoffer bis zum Brandenburger Tor und zeigte den Westzöllnern Ausweis und Pass. »Sie wollen in die Sowjetische Besatzungszone?« M. bejahte mit gesenktem Kopf, es war ihm vor der Westpolizei peinlich, dass er in die Ostzone wollte. Ein paar Meter weiter standen zwei Vopos, wie die Volkspolizisten von den Westlern genannt wurden. »Wo wollen Sie hin?«, fragte der eine Vopo. »In die Ostzone«, antwortete M. »Wo kommen Sie her?« – »Aus Köln.« Der zweite Volkspolizist fragte nach: »*Wo* wollen Sie hin?« – »In die DDR«, sagte der Rheinländer brav. Verwundert ließen sie ihn passieren, und M. schritt, den Pappkoffer fest im Griff, zum Bahnhof Friedrichstraße, um sich als Übersiedler zu melden. Zunächst wurde er in einen Warteraum geführt. Am Abend waren es fünfzehn Leute, die wie er in der DDR bleiben wollten. Sie wurden mit einem Bus in ein Aufnahmelager im Norden Berlins gefahren. »Nicht gerade allererste Garnitur«, konstatierte M., als er sich so umsah unter seinen Gefährten. Am nächsten Tag wurden sie einzeln verhört. Die Motive, aus denen Westdeutsche in den Osten übersiedeln wollten, waren nicht immer ehrenvolle oder gar politische. Die einen wollten der Bundeswehr entgehen, andere einer Strafverfolgung wegen Kreditschulden, Unterschlagung oder Betrug, manche verließen den Westen aus Liebeskummer.

»Die wollten rausfinden, welcher Typ Übersiedler ich war«, sagt M. Sie befragten ihn über die Bundeswehr, über Waffen, Flugzeuge, Vorgesetzte. Sie fragten ihn über Bayer Leverkusen aus, denn dort hatte er eine Lehre als Kunststoffwerker absolviert, in einem Chemiewerk, das Sprengstoff herstellte. Nach zwei Wochen im Lager bekam er einen Laufzettel und eine Fahrkarte nach Bitterfeld. Er guckte aus dem Zugfenster und erblickte Transparente: »Mit dem Sozialismus in die Zukunft!« – das schien ihm spannender als »Mach mal Pause – trink Coca-Cola!« In Bitterfeld wies man ihm ein Zimmer in einem Wohnlager zu und Arbeit im Chemiekombinat. Er lebte sich ein. Dann kam der 13. August 1961. M. kriegte einen gehörigen Schreck, denn er wollte ja nur für zwei Jahre in der DDR bleiben, nicht ein Leben lang. Er fuhr nach Berlin, sah sich die Mauer an und kehrte zurück nach Bitterfeld. An den Wochenenden reiste er rum. Nach Weimar, auf die Wartburg, zum Barbarossadenkmal am Kyffhäuser, zum Völkerschlachtdenkmal nach Leipzig. Wenn er nicht verreiste, ging er tanzen in den Bitterfelder Kulturpalast oder dichtete für den »Zirkel Schreibender Arbeiter«, das würde ihm später nützlich sein.

Der junge Chemiearbeiter interessierte sich nicht nur für die Mauer in Berlin, auch die Grenzanlagen in Thüringen weckten sein Interesse. Wenige Tage nach seinem dreiundzwanzigsten Geburtstag machte er sich zur Staatsgrenze bei Saalfeld auf. In der Abenddämmerung gelangte er an eine Brücke mit Stacheldrahtverhau. Drei Grenzpolizisten kamen mit gezogenen Pistolen auf ihn zu, führten ihn ab und steckten ihn in eine Zelle, da war es bitterkalt, »Versuchte Republikflucht« lautete der Vorwurf. Seine Beteuerungen, er hätte sich nur mal die Grenze angucken wollen, halfen nichts, er wurde zu sieben Monaten Gefängnis verurteilt, beziehungsweise zur Arbeit im Kupferschieferbergbau bei Hettstedt im Mansfeldischen.

Als er das Arbeitslager hinter sich hatte, kehrte er zurück nach Bitterfeld, wo alles war wie vorher: Arbeiten als Kunststoffwerker, Tanzen im Kulturpalast, Schreiben im Zirkel Schreibender Arbeiter. Die zwei Jahre, die er in der DDR verbringen wollte, waren um. Er stellte einen Ausreiseantrag. Abgelehnt. »Sie können doch hier nicht ein- und ausfliegen wie in einem Taubenschlag, Sie befinden sich im ersten Arbeiter-und-Bauernstaat!« Dann kam doch noch ein Schreiben: »Ausreise genehmigt«. Die verblüffende Naivität des Übersiedlers auf Zeit hatte die Behörden wohl irritiert, Spinner, meinten sie, bräuchten sie nicht im besseren deutschen Staat.

Als ehemaliger Bürger der DDR wieder in Leverkusen gelandet, wurde M. zwei Monate nach seiner Rückkehr in den Westen vom Verfassungsschutz einbestellt. »Sie kommen aus der Ostzone, was haben Sie dort gemacht, was haben Sie denen über die Bundeswehr erzählt?« Er wurde fortan jede Woche befragt. Plötzlich und unerwartet erreichte ihn eine Vorladung zum Prozess wegen Landesverrats. Seine Informationen seien vom Osten verwendet worden, sagte der Staatsanwalt am Ende der Verhandlung. Sieben Monate auf Bewährung bekam der Wanderer zwischen den Welten; immer die böse Sieben! Mit sieben Monaten hatte ihn schon der Arbeiter-und-Bauernstaat bestraft, nun auch die Bundesrepublik; man tänzelt nicht zwischen Ost und West rum, als sei der Kalte Krieg ein Gesellschaftstanz, da waren sich die Parteien einig. Später hat M. seine Abenteuerlust in weniger gefährliche Gefilde gelenkt. Er fuhr nach Afrika und wurde Reiseschriftsteller.

Als Deutschland wieder eins war, wollte M. unbedingt eine Frau aus dem Osten. Er gab Heiratsanzeigen in den Bezirkszeitungen von Brandenburg und Sachsen auf. Elf Damen, denen die Verbindung mit einem Westmann in den Wirren jener Zeit gerade recht gekommen wäre, meldeten sich. Die Richtige war nicht dabei. Die fand er später. Sie war klug und keine Emanze. Vor allem war sie seiner geistigen Größe sowie lebhaften Phantasie vollauf gewachsen. Er verliebte sich Knall auf Fall. Allerdings blieb die Sache platonisch. Doch die Frau stammte aus dem Osten, das war ihm mehr wert als Sex.

✳✳✳

Wege von Deutschland nach Deutschland. Glückssucher unterwegs. Auch solche, die mit viel Mühe und Aufwand von Ost nach West umsiedeln und alsbald enttäuscht um »Rücksiedlung« bitten. In den Archiven finden sich rare Dokumente des Gegenläufigen aus den Achtzigern. Er fühle sich eingesperrt, erklärt René im April 1984 sein Übersiedlungsersuchen aus Zwickau nach der Bundesrepublik. Es sei ihm über geworden, sich für alle Zeiten etwas vorschreiben zu lassen, was nicht seinen Idealen und Vorstellungen entspräche. Renés Besuch im Westen währt vier Monate. Dann begründet er in einem Brief an Erich Honecker sein Rücksiedlungsersuchen: »Ich habe inzwischen viel eingesehen und gelernt, wie schwer das Leben hier ist. Ich weiß heute nicht, warum ich das getan habe. Ich bitte Sie daher, egal, was ich für eine Strafe bekomme, in die DDR zurückkehren zu dürfen.« Marita aus Ostberlin bekommt im März 1984 endlich die Erlaubnis, mit ihrer Tochter zu ihrem Verlobten nach Westdeutschland auszureisen. Sie fühle sich unterdrückt und lehne das sozialistische System »voll ab«, begründet sie ihren Übersiedlungswunsch. Ein paar Monate später erklärt sie: »Meine Vorstellungen waren zu romantisch, zu unrealistisch. Jedenfalls sind wir beide, meine Tochter und ich, hier alles andere als glücklich geworden. Wir möchten zurück in unsere Heimat, ich halte heute die DDR für den besseren, auf jeden Fall für meinen Staat.« Irrungen und Wirrungen, vierzig Jahre lang, persönliche Motive und politische, Wunschträume und Missverständnisse – die deutsch-deutsche Suche nach Arkadien.

Komm ein bisschen mit nach Italien

»Nichts geht über Bärenmarke, Bärenmarke zum Kaffee«, flöten die sanften Werbestimmen der Fünfziger im Westradio. Ost und West durchdringen einander wie Kaffee und Bärenmarke-Milch. Meine Banknachbarin Angela verlobt sich mit Guntolf, einem Jurastudenten aus dem Westen, was ihren Vater, der als Grenzgänger und Bananenspezialist auf dem Fruchthof in Westberlin ackert, mit Genugtuung erfüllt. Nicht allein wegen des sozialen Aufstiegs, sondern vor allem, weil sich seiner Tochter die Möglichkeit eröffnet, in den reicheren Teil Deutschlands überzusiedeln. Etwas irritiert mich an Angelas Verlobtem: Er spuckt auf sein Leberwurstbrötchen, damit es ihm keiner wegisst. Als er Referendar wird, kauft Guntolf sich eine Isetta, heiratet die hübsche Angela, macht ihr eins, zwei, drei Kinder und bestimmt auch sonst über sie. Peter aus meiner Oberschule bläst Trompete in einer Nachtbar in Westberlin, auf dem Schulhof gibt er mit seinem Lumberjack an, den er sich von der Gage gekauft hat, seiner Freundin schenkt er französisches Parfüm. Der Duft von Sortilège, den sie im Klassenzimmer verströmt, gefällt mir besser als der von Raffinesse, einem in der DDR hergestellten Duftwasser, das bislang mein Lieblingsparfüm war. Das Fläschchen steckt in einem blauen Kunstseidensäckchen. So wie Sortilège und Raffinesse kann man alles vergleichen und bewerten, fast immer schneidet der Westen besser ab. Trotz allen Wohlstands aber bleibt er irdisch, die westliche Warenwelt hat in diesen Jahren noch keinen Fetischstatus, der Westen ist noch kein Mythos, man kann ihn anfassen und besichtigen. An den Buden in der Bernauer Straße, beim Schaufensterbummel in Steglitz, beim Sonntagsbesuch bei Tante Trudi und Onkel Rudi in Wilmersdorf. Oder in der »Eierschale«, dem Jazzklub am Breitenbachplatz, wo ich mich auf der Höhe der Zeit fühle, mit »Bye bye Blackbird«, mit einem Tanz, der Dampfmühlenbop genannt wird, und einer einzigen Coca-Cola für den ganzen Abend. Mehr geht nicht, die Cola kostet Westgeld, fünf Ostmark muss ich für eine Westmark hergeben. Wegen Westmarkmangel bin ich selten im Westen. Einmal kaufe ich mir in einem feinen, leisen Schuhladen am Kurfürstendamm ein Paar Ballerinas, ein einziges Mal, dort riecht der Westen nicht nach Apfelsinen, sondern nach Geld und Leder, die Ballerinas duften nach großer Welt. In der Nachmauerzeit, wenn ich am Kurfürstendamm einkaufen werde, wann immer ich will, suche ich manchmal diesen Geruch und kann ihn nicht mehr finden; der Duft des Westens ist verflogen.

»Tante Erika hat jetzt einen Italiener, wenn das Onkel Ewald erfährt«, erzählt mir meine Mutter und zieht bedeutungsvoll die Augenbrauen hoch. Sie habe ein Foto von ihm gesehen, hübscher Kerl, schwarze Haare, zehn Jahre jünger als Erika, der rede mit den Händen, sehr temperamentvoll, so ein richtiger Italiener eben, Erika habe ihn in Rimini kennengelernt. Aber wenn der Ewald, ihr Mann, von dem Italiener erfahre, das wolle sie sich nicht ausmalen, was dann los wäre. »Die Erika hat's gut«, sagt meine Mutter, und dass sie auch gern mal nach Italien wolle. Viereinhalb Millionen Westdeutsche gehen im Sommer 1956 mit ihrem VW-Käfer auf Reisen in den Süden. Ich begnüge mich mit den Italo-Schlagern, die in den Osten schallen. »O mia bella Napoli« – Berlin ist auch nicht schlecht. »Marina, Marina, Marina, du bist doch die Schönste der Welt« – mein neues Sommerkleid ist blau mit weißen Punkten und hat Schleifen an den Schultern – ich fühle mich schön wie Marina. »Rote Rosen, rote Lippen, roter Wein und Italiens blaues Meer im Sonnenschein« – ich verknalle mich in den italienischen Filmstar Raf Vallone. Noch ersetzen Träume die Wirklichkeit. Noch lässt sich der Mangel an Welt ausgleichen. Dreiunddreißig Jahre noch soll es dauern, bis Mandolinen und Mondschein, lebensgefährliche Serpentinen und italienische Eisdielen auch für mich wirklich werden.

Kurz nach dem Mauerfall fahre ich mit einer Freundin über den Brenner an den Gardasee, ein Westfreund hat uns für zehn Tage sein Haus auf dem Berg überlassen. Da sitzen zwei Frauen durchaus mittleren Alters in durchaus gehobener Stimmung am Abend auf der Terrasse über dem See. Unten die Lichter von Limone, oben der Himmel des Südens, vor den Damen eine Flasche Bardolino. Und sie singen laut über den See die Lieder aus ihrer Jungmädchenzeit, vom Land, wo die Zitronen blühn. In Ostseelen konservierte Italienträume, euphorisch in die Abendluft geträllert. Volare, Cantare und das ganze Sehnsuchtszeug, das jahrzehntelang der Erfüllung geharrt hatte. »Zwei kleine Italiener am Bahnhof nach Napoli …« – »Weißt du eigentlich«, unterbricht die Freundin unseren Gesang, »dass die Italiener, die Portugiesen, die Spanier, die Griechen, die in Deutschland arbeiteten, sich jeden Sonntag feinmachten und in Anzug und Krawatte zum Bahnhof zogen. Stundenlang standen sie dort rum. Der Bahnhof mit seinen Schienen und Gleisen war ihre Verbindung nach Hause, nach Kalabrien, nach Galicia, nach Lissabon. Sie standen da auf den deutschen Bahnhöfen und sehnten sich. Sie haben die Sehnsucht zum Ereignis gemacht. Wie wir.« Ein Wein, ein Lied. »Aber dann, aber dann, zeigt ein richtjer Italiener, was er kann.« Unseren Favoriten schicken wir gleich dreimal über den See: »Komm ein bißchen mit nach Italien, komm ein bißchen mit ans blaue Meer, und wir tun, als ob das Leben eine schöne Reise wär.«

Ich hätte schon in der Vormauerzeit, mit neunzehn, eine schöne Reise machen können, wenn ich mich getraut hätte. Henning aus dem Ruhrgebiet hätte mich mitgenommen. »Wenn du Lust hast, mitzukommen«, schrieb er, » könnte ich dich gleich von Hannover aus mitnehmen, geplant ist die Fahrt so: von Witten über Frankfurt, Karlsruhe, Freiburg nach Frankreich. Dann das Rhônetal runter, Avignon, Mar-

seille, etwas am Mittelmeer bleiben, danach über Toulouse
Richtung Golf von Biscaya. Da gibt es einen Landstrich, die
Les Landes, direkt an der Küste des Atlantischen Ozeans,
ungefähr 300 km einsame Felsenküste. Schreib mal, ob Du
Lust hast, mitzufahren. Wenn Du nicht alles Geld für Dei-
nen Flug zusammenkriegst, ich werde schon was auftreiben.
Dein Henning«.

Ich weiß nicht mehr, wer Henning war, vermutlich trug er
einen Dufflecoat und sprach Ruhrgebietsdialekt, doch sein
Gesicht, das weiß ich wirklich nimmer. Es ging nicht um
Liebe, doch jene Wolke, die die Welt bedeutete, blühte nur
Minuten, und als ich aufsah, schwand sie schon im Wind.
Hennings Brief in Schülerschrift auf Rechenpapier habe ich
aufgehoben. Wegen der Wörter Avignon und Atlantik. Und
weil die Möglichkeit auch eine Art von Wirklichkeit ist. Ich
habe mich nicht getraut, nach Tempelhof zu fahren und von
dort aus nach Hannover zu fliegen, was 1960 durchaus noch
möglich war. Ich wollte nicht als Republikflüchtige ge-
schnappt werden, ich hätte ja einen Koffer mitnehmen müssen. Und ich hatte kein Geld, Westgeld schon gar nicht, ich
wollte nicht abhängig sein. Das Fernweh spielte in meinem
Leben noch nicht die Hauptrolle. Ich habe noch viel Zeit für
die Welt, dachte ich. Ein Jahr vor Mauerbau. Achtundzwanzig Jahre, so wird es kommen, müssen die Zwanzigjährigen
von 1961 warten, bis sie einen Blick hinter die Mauer tun und
ein Stück von der Welt sehen dürfen. Bis dahin wünschen sie
sich, endlich alt zu sein, je älter, je besser. Es ist die seltene
Situation, dass die Alten von den Jungen beneidet werden.

Deutsche Erzählungen 3:
Ist hier eine Frau Zech?

Am 28. August 1984 wurde Inge Zech aus Döbeln sechzig,
alt genug für den Westen. Die glückliche Rentnerin konnte
es kaum erwarten und überredete den zuständigen Volks-

polizisten auf dem zuständigen VP-Revier, ihr zu gestatten, bereits einen Abend früher loszufahren, sie sei schließlich am 28. August um Nulluhrdrei zur Welt gekommen. Für den Besuch im Westen hatte sie sich ein beigefarbenes Kostüm und passende Pumps gekauft, Elli in München sollte sehen, dass man auch im Osten schick sein konnte.

Die Jugendfreundin hatte eine Überraschung für den Besuch aus dem Osten: eine Reise nach Italien. Mit dem Flugzeug nach Neapel, dann mit dem Schiff rüber nach Ischia, eine Woche Hotel. O sole mio, jetzt ist die Sonne meine Sonne, jubelte Inge Zech. Die Rentnerin aus der DDR bekam in München hundert Westmark Begrüßungsgeld und einen bundesdeutschen Pass ausgehändigt. Sie saß im Flugzeug, schon angeschnallt, da kam die Durchsage: »Ist hier eine Frau Zech?« Die durchfuhr ein gewaltiger Schreck, sollte der Italientraum schon ausgeträumt sein? Es stellte sich heraus, dass es sich lediglich um eine Überprüfung der Passagierliste handelte.

So müsste man immer leben können, dachte Frau Zech in jenen italienischen Tagen und Nächten, »das Leichtlebige, die Berge, das Meer, die flotten Menschen. Was wir alles verpasst haben!« Ihr Mann zu Hause ahnte nicht, dass seine Frau in Italien war, sie konnte es kaum erwarten, ihm davon zu berichten. Zurück in Döbeln, erzählte sie nur wenigen Vertrauten von ihrer heimlichen Weltreise; es hätte irgendeiner irgendwo melden können, dass sie sich einen bundesdeutschen Pass ausstellen ließ, das war Bürgern der DDR natürlich untersagt. »Mein Mann«, erzählt Frau Zech dreiundzwanzig Jahre später im geblümten Clubsessel und sieht rüber zu dem verwegen blickenden Verstorbenen, dessen Foto auf der Teakholzanrichte steht, »der Heinz, der machte sich nicht viel aus Reisen, der blieb lieber zu Hause oder auf unserem Grundstück. Er war ja lange vor mir reisemündig, weil er älter war als ich.« Einmal sei er bei einer Tante in Bremen gewesen, eine Woche wollte er bleiben, nach zwei Tagen stand er zu Hause vor der Tür. Von Bremen hatte er schon nach einem Tag genug. »Das einzige, was ihn am Westen interessierte, sind Sexartikel gewesen«, verrät Frau Zech, »die Männer erzählen einem ja auch nicht alles, nich?«

Ein Jahr nach ihrer heimlichen Italienreise wiederholte sie das Verbotene. Sie fuhr zu finanzkräftigen Verwandten nach Stuttgart, die hatten für sie eine Dreitagereise nach Paris gebucht. Wieder flog sie mit bundesdeutschem Pass, wieder war sie restlos begeistert. Sie sei damals ja noch gesund genug gewesen, um das alles zu erleben. Na ja, alles vielleicht nicht, fügt sie mit mädchenhaftem Lächeln hinzu. Als sie von ihrem Ausflug zurückkehrte und die Grenze zur DDR passierte, sei sie besonders streng kontrolliert worden, sogar ihre Handtasche wurde genau untersucht. Und was fand der Grenzer? Fotos von Inge vor dem Eiffelturm! Ein Desaster! Doch, o Wunder! Der Kontrolleur winkte ab, es war ein kleines schweigendes Abwinken, in dem diskrete Resignation aufschien. Inge steckte die Fotos zurück in ihre Handtasche und ging nach Hause, ganz benommen vor Schreck und dem auf ihn folgenden unerwarteten Glück an der Grenze.

*∗∗

Mein, dein, sein, unser, euer Schicksal

Das Unvorstellbare ist Wirklichkeit: die Mauer. Neunzehnhunderteinundsechzig, August. Du hast zu bleiben, wohin das Geschick oder auch bloß der Zufall dich verschlagen hat. Manchmal geht es um hundert Meter, die entscheiden, ob du dein Leben im Sozialismus verbringst oder im Kapitalismus, ob du an eine Utopie glauben sollst oder an das Geld. Ob du die Welt sehen wirst oder nur Ansichtskarten von ihr. Niemand glaubt, dass die Stadt zu teilen, abzusperren, dichtzumachen ist. »Ick will auf der Stelle tot umfallen, wenn Berlin zuzumachen is«, motzen die Berliner, »Berlin doch nich, da kenn ick Ecken und Schleichwege, da jeht immer wat, durch irgendeen Mauseloch kommste immer.« Denkste! Mit der Mauer kommt die Sehnsucht, und die dauert drei Jahrzehnte, und die hört nicht auf. Überliefert sind Bilder der Trennung. Mütter und Kinder, Brüder und Schwestern, Männer und Frauen – fassungslos stehen sie neben Grenzpolizisten am Straßenrand, ohnmächtige Objekte der Geschichte. »Politik ist das Schicksal«, sagte Napoleon zu Goethe. Die Deutschen haben ein Schicksal, die Ostdeutschen erleiden einen Schicksalsschlag. Beide Seiten versuchen, das Absurde zum Alltäglichen zu machen.

Im August '63 schreibt uns ein Freund, ein junger Geschäftsmann aus Wiesbaden: »Hallo, Jutta. Hallo, Peter! Vor kurzem war ich in Berlin und hätte euch gern besucht. Ich hatte aber nicht allzuviel Zeit, und der Grenzverkehr am Sektorenübergang war so stark, daß man mit stundenlanger Wartezeit hätte rechnen müssen.« Dann nimmt er uns, nolens volens, für die Umstände mit in Haftung: »Ihr könntet wirklich noch ein oder zwei Übergänge errichten. Polizei habt Ihr genug. Wie soll das werden, wenn Westberliner wieder nach dem Osten dürfen? Wenn dann nicht wieder ein

Dutzend Übergänge aufgemacht werden, gibt es einen Andrang, der nicht zu bewältigen ist.« Der Ausklang des Briefes ist fatalistisch: »Lassen wir das Thema, wir können ja doch nichts ändern, und politisch gesehen wißt Ihr ja, dass ich die Absperrmaßnahmen durchaus verstehe. Ich sende Euch zum ›Tag der Mauer‹ (heute ist der 13. August) die herzlichsten Grüße und bin stets Euer Werner.«

»Weihnachten 1963« – der DEFA-Dokumentarfilm über das erste Passierscheinabkommen nach Mauerbau zeigt Menschen, die sich nach zwei langen Jahren endlich wieder umarmen, Schnee fällt. Zwischen dem 19. Dezember 1963 und dem 5. Januar 1964 dürfen Westberliner ihre Verwandten im Osten der Stadt besuchen. »Seit dem 13. August 1961 habe ich meine Mutter nicht mehr gesehen«, sagt eine junge Frau atemlos, überglücklich ob des bevorstehenden Wiedersehens. »So hätte es immer sein können, wenn es nach der DDR gegangen wäre«, salbadert der Kommentator. Die Menschen, die da auf den Filmbildern über die Grenze strömen – das ist noch nicht der typische Westbesuch, sie tragen keine Tüten, Geschenke sind noch nicht wichtig, Hauptsache, man darf sich sehen. Westbesuch als jenes ambivalente Gemisch aus Gefühlen und Geschenken, das sowohl Zuneigung als auch Verachtung produzierte, wird sich erst entwickeln.

Edith K. ist nicht unter den Besuchern, sie hätte keinen Passierschein bekommen, denn sie ist eine Republikflüchtige. Am 21. August 1961 war sie von Berlin-Pankow nach Berlin-Wedding geflohen, aus Liebe. Ihre neunjährige Tochter Angela hat sie bei den Großeltern in Pankow zurückgelassen, der Kontakt beschränkt sich auf Briefe. »Schade, liebe Mutti, daß du nicht kommen kannst. Wenn ihr beide Sylvester kommen würdet könntet ihr bis um 5 Uhr morgens bleiben. Es grüßt und küßt Euch Angela.« Mit Mutti Silvester feiern – der Traum eines Mauerkindes. Erst als erwachsene Frau wird das Kind seine Mutter wiedersehen. »Hoffentlich gibt es ein Passierscheinabkommen!!!«, schreibt die Dreizehnjährige 1965 an ihre Mutter, dann könnte sie ihre kleine Schwester kennenlernen. Der Briefwechsel liegt im Museum, er reicht über die gesamte Mauerzeit und darüber hinaus. Das Kind an die Mutter im Westen, die Mutter an ihr Kind im Osten. Großmutter und Großvater an ihre ferne Tochter Edith, die im Westen eine neue Familie gegründet hat: »E. arbeitet in einer Firma, wo sie vom Fenster aus in die Schulstrasse u. den Bürgerpark sehen kann, d. h. dorthin, wo der Bus immer rumfuhr, wo der Grabmalfritze seine Werkstatt hat, es ist ein großes rotes Gebäude«, schreibt die Großmutter an eine Verwandte, »aber du hast schon recht, es beschwert nur das Gemüt, wenn man sich aus der Ferne sehen kann.«

Jahrzehntelang versuchen Eltern und Tochter im Osten und Edith K. mit ihrer neuen Familie im Westen, durch Alltagsbotschaften aus den getrennten Welten das Auseinanderleben aufzuhalten. Es wird ihnen nicht gelingen. Dass der Kuchen aus dem Paket gut geschmeckt hat, dass sie im Freibad gewesen ist und die Blase am Fuß verheilt ist, schreibt Angela an »Mutti«. Dass sie die neuen Schuhe neulich im Konzert anhatte und der rote Mantel zu lang, aber sehr hübsch ist. Die Mutter solle ihr doch aus Westberlin öfter mal ein paar Ansichtskarten schicken, bittet das Kind und berichtet, dass neuerdings der Rummelplatz weg sei aus der alten Gegend und nun näher an der Ackerstraße aufgebaut sei, da, wo die Mutter jetzt wohne: »Er steht bei Euch näher als von uns, Wilhelm Pieck Ecke Novalis, dort ist ein freier Platz. Ich dachte schon immer, ihr könntet ihn sehen aber da sind ja die ganzen Häuser vor … Man möchte immer einen schönen langen Brief schreiben, dann weiß man nie was man schreiben soll.«

Der Mauerfall hat Mutter und Kind nicht so zueinander gebracht, wie beide sich in langen Jahren gewünscht haben mögen, die Fremdheit wollte nicht weichen. Nicht die Missverständnisse, nicht die Vorwürfe, nicht die Enttäuschung. »Ich habe Dir doch nichts getan«, schreibt Angela, inzwischen eine Frau von fünfzig, an ihre Mutter, »›Traummutter‹, was meinst Du damit? Warum hast Du Dich nicht gemeldet? So mußte ich annehmen, es ist Dir egal, was ich mache … Mit der richtigen Familie, da hast Du recht, aber woran liegt es denn?« Die Tochter beschwert sich, dass ihre Mutter sie zu selten besucht, sie vermutet, dass sie sich nicht wohl fühlt bei ihr: »An meinem 50. Geburtstag hast du auch nur 2 Stunden Zeit für mich gehabt, ein Film mit Theo Lingen war wichtiger. Was soll ich davon denken? Immer noch Deine Tochter«.

Dem Schicksal sieht man ungern in die Augen, ich habe die Mauer nie angesehen. Obwohl sie achtundzwanzig Jahre lang um mich herum war, habe ich ihren Anblick gemieden. Was ich nicht sehe, ist nicht da, mein Name sei Gantenbein. Ich habe die Mauer vergessen, um mit ihr leben zu können. Einmal, Ende der Sechziger, kann ich ihr nicht ausweichen. Ich muss ins Krankenhaus. Alles belegt, nur in einem Spital dicht an der Mauer ist noch ein Bett frei. Außer mir liegen dort Alte, Sieche und Sterbende, die Nähe der Mauer stellt für sie keine Versuchung dar, sie befinden sich bereits in einer anderen Welt. Eines Nachts sehe ich aus dem Fenster, da läuft ein Mann mit einem Koffer in der Hand friedlich im Niemandsland auf die Mauer zu. Zwei Grenzposten nehmen ihn fest, lautlos. Wer ist der Mann, ein Träumer, ein Somnambuler, ein Irrer on the road?

Deutsche Erzählungen 4:
Hinten, wo es schwarz wird

»Die Mauer war andauernd in meinem Kopf«, sagt W. »ich habe nur aus Versehen im Osten gelebt.« W., der Stadtlandschaften in Schwarzweiß fotografiert, kühl und unausweichlich, wuchs in den Fünfzigern in Magdeburg auf. Er wurde katholisch erzogen und traf in seiner Einfamilienhaussiedlung niemanden, der die DDR gut fand, »außer den Hundertfünfzigprozentigen, mit denen keiner geredet hat«. Die Kleinbürger von Magdeburg hätten nur gemeckert, heimlich natürlich. Seine Verwandten lebten alle im Westen. Er sei sogar weitläufig mit Helmut Kohl verwandt, Kohl habe aus Familiensinn seine Brötchen prinzipiell in der Bäckerei von W.s Großvater in Ludwigshafen-Oppau gekauft, das liegt direkt neben Oggersheim. Manchmal habe er, sagt W., diese Verwandtschaft als eine Art Sicherheitsgarantie empfunden. Falls er mal verhaftet würde und freigekauft werden müsste, hätte er sich an seinen mächtigen Verwandten wenden können. Als Kind war W. in den fünfziger Jahren ab und an zu Tante Hertha nach Westberlin gefahren. Sein Onkel Julius hatte bedeutungsvoll ins Nirgendwo gezeigt: »Da hinten, wo es schwarz wird, da ist Ostberlin!«

Der Westen, sagt W., bot die besseren Oberflächen, den ästhetischen Mehrwert, »der Westen war schön, der Westbesuch eher schnöde; er erschien als Kofferträger und Plastiktütentyp, wie Onkel Josef in seinem Nyltesthemd.« Seine Verwandtschaft habe ihn die ganze DDR-Zeit über eifrig mit Westsachen versorgt, sagt W. Nach 1990 stellte sich allerdings raus, dass er, der Verwandte aus dem Osten, Anspruch auf ein nicht unerhebliches Erbe im Westen gehabt hätte, Grund und Boden von der Familie seines Vaters. Als gute Katholiken hätten ihn die Westverwandten mit Paketen abgefunden, »die haben gedacht, das Erbe steckt sich sonst sowieso nur der Russe in die Tasche«.

W. klammerte den Staat aus seinem Leben aus, wie der Staat die Welt aus seinem Dasein ausgeklammert hatte: »Ich war DDR-Bürger, objektiv ja, aber ich war ohne jedes Wir-Gefühl.« Beim Studium in Weimar lernte er das Leben am Rande der Gesellschaft schätzen. Das Eingeschlossensein hatte die Kommilitonen zu einer realitätsabgewandten Bande von Träumern gemacht. Sie wohnten zwar in der DDR, waren mit ihren Gedanken und Gefühlen jedoch ganz und gar im Westen, wo die Love-and-peace-Hippies ein Leben aus Luftballons, Marihuana und Sphärenmusik zelebrierten. Die Osthippies kopierten die echte Hippiewelt, so gut es ging, sie trugen Shell-Parkas und Jeans, dazu DDR-Kletterschuhe. Sie nähten sich enge Hosen aus gestreiftem Markisenstoff. Die Hirschbeutel-Fraktion hatte die Wandteppiche mit den röhrenden Hirschen von den Wohnzimmerwänden ihrer Großeltern genommen und sich daraus Umhängetaschen geschneidert. Und es gab die »Fichten«. Die wurden so genannt, weil sie aus Dreiecken bestanden: dem Dreieck der langen Haare, dem Dreieck des Parkas und dem Dreieck der Schlaghose; die Fichten reisten quer durch die Republik den rebellischen Bands hinterher. Der alternative Westen kam öfter mal zu Besuch in den Osten, man hat sich in Budapest auf der Wiese getroffen und Hasch geraucht. Die den Osten nicht mochten, saßen mit denen zusammen, die den Westen nicht mochten. Die Westhippies konnten von der Welt erzählen, von Indien und Afghanistan, von Tanger und San Francisco. Die Osthippies lauschten ihnen hingebungsvoll; die DDR entfernte sich weiter und weiter aus ihrem Alltagsbewusstsein.

Als W. 1972 nach Berlin kam, lernte er die ersten Menschen kennen, »die lesen und schreiben konnten und trotzdem für die DDR waren«, die Emigrantenkinder. Erst da habe er was von den Wurzeln der DDR erfahren und angefangen, sie anders zu sehen, zudem habe ihn der Einfluss der Post-Achtundsechziger nach links getrieben. Links, sagt W., sei er heute noch. Was die Fernziele angehe. In seiner Altbauwohnung im Prenzlauer Berg gibt es ein Deckengemälde mit geheimnisvollen dunklen Blumenornamenten. W. und seine Frau sind erst vor kurzem eingezogen, sie freuen sich, dass sie mit den zugezogenen Westlern mithalten können, die Mieten in der Gegend steigen und steigen; Glück muss man haben und ein Gemälde an der Zimmerdecke.

Frau W. erzählt von einer Begegnung beim Friseur um die Ecke. Da sprachen die Friseurin und eine Kundin in karierten Hosen über einen Balkon, der zur Weihnachtszeit mit

Lichterketten überladen war wie eine Jahrmarktsbude. Damit unterschied er sich radikal von der Lichterkettenabstinenz rund um den Kollwitzplatz, wo man »so was nicht hat«. »Das sind bestimmt Türken«, vermutete die aus Schwaben stammende Kundin. »Vielleicht auch Ostdeutsche«, meinte die Friseurin. »Aber nein«, da war sich die Kundin sicher, »hier gibt's doch gar keine Ostdeutschen mehr.«

**

Der Schleier der Braut

An einem Vormittag im milden Winter 2008 bin ich wieder in der Bernauer, der Straße mit den bunten Buden, der Schicksalsstraße. Sie wirkt, als würde sie der Zeit ihr Geschick nachtragen, zerrissen und unbehaust, nichts für Flaneure. Jahrzehntelang war ich nicht hier, dabei verbindet die Straßenbahnlinie M10 das Viertel, in dem ich wohne, bequem mit diesem hier, vier Stationen sind es bis zur »Gedenkstätte Berliner Mauer«, einem nüchternen Bau zwischen nüchternen Bauten. Die Bernauer Straße sei der einzige Ort, an dem ein Abschnitt der Grenzanlagen mit allen Einrichtungen und Sperrelementen – Grenzmauer, Todesstreifen, Postenweg, Peitschenlampen und Hinterlandmauer – erhalten wurde, lese ich in einer Information der Gedenkstätte. Mir fällt ein Lied von damals ein, so muss es gegangen sein: »In Berlin steht eine Mauer / Trudirabaridibum / Gegen Brandt und Adenauer / Trudirabaridibum / Die wirft keiner um«. So hatte im August '61 unter dem frischen Eindruck der Ereignisse der Student der Philosophie Wolf Biermann zur Klampfe gesungen. »Mancher Opa kommt gehinkt, Trudirabaridibum / Zu der Mauer hin und winkt / Trudirabaridibum / Mit Tüchern vom Konsum«. Es war der Versuch, das Ungeheuerliche auf ein menschliches Maß runterzurechnen, vor allem aber, Hoffnung zu machen: »Liebesleute in Berlin / Trudirabaridibum / Keiner kann zum andern hin / Trudirabaridibum / Mauer, fall bald um!« Angesichts der Sprachregelung »Antifaschistischer Schutzwall« war allein der Gebrauch des Wortes »Mauer« schon rebellisch.

Da steht noch ein Stück Mauer, grau und glatt und unfassbar. »Natürlich gereinigt«, sagt die Museumsangestellte. Ein älterer Besucher zieht die Angestellte ins Gespräch. Er habe alles miterlebt, Mauerbau, Mauerfall und was danach kam. »Wiesbadener Würstchen«, murmelt er verächtlich, und sagt es noch einmal, so laut, dass alle es hören sollen: »Wiesbadener Würstchen.« Man ahnt, wovon er spricht, und hört es dann auch: dass der Westen, die Wiesbadener Würstchen also, den Osten über den Tisch gezogen hätte; die Angestellte lächelt neutral. Der Mann scheint öfter in der Gedenkstätte zu sein, hier wird das Verhängnis seines Lebens behandelt, in dieser Straße, in diesem Haus, zwischen diesen Fotografien, Stimmen und Videos, das Verhängnis – die Mauer; der alte Mann erwartet Anteilnahme. Er erzählt von einer Frau, die vor einem halben Jahr aus Westdeutschland nach Marzahn gezogen sei und nun weniger Rente bekomme, weil Marzahn im Osten liegt. »Die Mauer ist nicht totzukriegen«, sagt der Alte und hofft auf die Zustimmung der Museumsangestellten. Die setzt ihr neutrales Lächeln fort.

Die Gedenkstätte füllt sich. Schulklassen trödeln in lang auseinandergezogenen Gruppen mit ihren Lehrern durch die Räume. Geschichtsstunde am Tatort. »Es war schön hier«, steht im Gästebuch, »sehr aufschlussreich«, »very good«. Schweden, Franzosen, Polen, Engländer – die Mauer zieht Touristen an, Kalter-Krieg-Kick. Seminarräume, Prospekte, Filmprojektionen. Die Atmosphäre ist sachlich, alles lange her. Erst der Knopfdruck, der Zeitzeugen zum Sprechen bringt, gibt dem Damals die Gegenwart zurück.

Die Stimme von Jürgen Liftin. Er berichtet, wie sein Bruder das erste Opfer der Mauer wird, am 24. August 1961. Günter Liftin hat sich schon ein Zimmer gemietet im Wedding, seine Nähmaschine ist auch schon drüben, er ist Schneider von Beruf. Dann kommt der 13. August, und Günter Liftin ist im Osten. Er versucht, durch den Humboldthafen an das Westberliner Friedrich-List-Ufer zu schwimmen, hin zu seiner Nähmaschine; es sind immer die Details, die das Pflaster von der Wunde reißen. Die Stimme seines Bruders ist rau und berlinisch: »Die haben gestern den Ersten an der Mauer erschossen, erzählte mir ein Nachbar auf der Prenzlauer Allee. Hoffentlich nicht Günter, dachte ich, hoffentlich nicht mein Bruder, der war die letzte Nacht nicht zu Hause.« Es ist sein Bruder, sein großer Bruder. Vierundzwanzig Jahre alt.

Auf Knopfdruck Geschichte. Ich setze mich auf eine schmale Bank und höre die Stimmen von damals. Eine Reportage vier Wochen nach Mauerbau: »Menschen springen aus den Fenstern in den Westen, die siebenundsiebzigjährige Frieda Schulze springt mit ihrer Katze ins Sprungtuch. Die Bernauer Straße ist restlos gesperrt, Häuser wurden geräumt, in zwei Wohnungen brennt noch Licht. Frauen haben Kissen auf die Fensterbretter gelegt und gucken rüber in den Westen. Gerade fährt die Straßenbahn Nr. 2 vorbei. Die Mauer zwischen den Häusern ist mannshoch, manchmal sind Löcher dazwischen, durch die man in den Osten gucken kann; da laufen Menschen, da picken Tauben. Als ob nichts wäre.« Die Bernauer Straße, berichtet der Reporter, sei jetzt die berühmteste Straße Deutschlands.

Hier war es! Ich steige auf die Aussichtsplattform, die neu ist, stabil und metallen. Ich sehe, was ist und was war. In der Bernauer Straße hatte sich der Mauerbau in absurder Dramatik vollzogen. Die Häuser an der Südseite der Straße lagen im sowjetischen Sektor, die Gehwege im französischen, das muss man sich mal vorstellen. Während die Grenztruppen in den Erdgeschossen der Häuser die Fenster zumauerten, wagten Menschen über die Fenster der Obergeschosse im letzten Augenblick den Absprung in den Westen.

Der Blick zurück – ein Blick in mich selbst. Ich hatte den Mauerbau an jenem sonnigen Augusttag mit Hoffnung gesehen, meine Begeisterung für die Utopie war stärker als der Schrecken vor dem Bau des Monstrums, dessen fatale Folgen ich nicht absehen konnte. Jetzt würde es endlich losgehen mit dem Aufbau des Sozialismus, unberührt von den Störungen und Versuchungen des kapitalistischen Nachbarn. Dachte ich, dachten auch andere. Jetzt geht's los, rettungslos, rettungslos, und in ein paar Jahren kann das wieder abgeräumt werden. Siebenundvierzig Jahre später stehe ich hier oben im Wind auf der metallenen Plattform und spüre das kühle Design der Geschichte. Die Stadtlandschaft unter mir führt die konservierten Spuren der Mauer vor, eine Touristenattraktion von Weltgeltung. Die Mauerspuren in meinem Leben sind auch konserviert, jedoch nicht zu besichtigen, nicht einmal für mich.

Die neue Plattform ist anders als die eilig zusammengezimmerten provisorischen Gestelle auf den Postkartenfotos, die in der Gedenkstätte verkauft werden. Bernauer, Ecke Ackerstraße, Schwarzweiß, 1976. Ein Wohnhaus im Osten, im Westen die hölzerne Plattform, daneben ein Schild: »Ende des frz. Sektors«. Auf der Ostseite links die Versöhnungskirche, neun Jahre später wird sie ohne Scheu vor Glaube und Hoffnung gesprengt, um bessere Sicht für die Grenzposten zu schaffen. Vom Podest aus winkten die Westberliner mit weißen Tüchern in den Osten; die drüben antworteten auf ihre Weise. Sie taten, als seien sie beim Wohnungsputz und schüttelten Staubtücher aus, denn das »Winken und das Geben von Zeichen« war laut Grenzordnung verboten. Ein Foto zeigt eine Hochzeitsgesellschaft mit Braut und Blumenmädchen dicht an der Mauer in der Bernauer, Ecke Swinemünder Straße, September '61. Die Braut steht erhöht, damit die drüben ihr Kleid sehen können und den weißen Schleier über ihrem dunklen Haar. Die Verwandten hinten im Osten sind kaum zu erkennen, sie dürfen nicht nah ran an die Mauer, ein Grenzer passt auf. Einer der fernen Hochzeitsgäste, es ist eine Frau, traut sich, rüberzuwinken in den Westen. Vor vier Wochen sind die hier und die drüben noch davon ausgegangen, dass sie die Hochzeit gemeinsam feiern, der jetzige Zustand war unvorstellbar.

Liebende aus den geteilten deutschen Landen werden ab jetzt zu Königskindern, »sie konnten zusammen nicht kommen, das Wasser war viel zu tief«. Regina aus dem Osten, die

Eckard im Westen liebt, wird ihre Ohnmacht so ausdrücken: »Raketen werden ins Weltall geschickt, Menschen fliegen zum Mond, es muss doch möglich sein, von Ostberlin nach Westberlin zu kommen.« Nach vielen Jahren und mehreren Fluchtversuchen gelangt sie zu ihm, versteckt im Kofferraum eines Autos, ihr Herz schlägt so laut, dass sie Angst hat, die Grenzer könnten es hören.

Sagen Sie mir,
wie man die Sehnsucht abschafft!

Ich habe nicht Mutter oder Vater, Schwester oder Bruder, Kind oder Enkelkind hinter der Mauer gehabt; wenn ich mir vorstelle, es wäre anders gewesen, überkommt mich ein Phantomschmerz. Was Hildegard Kruse passiert ist, hätte mir auch passieren können, ich hätte womöglich das Gleiche getan, falls ich so mutig gewesen wäre wie sie. Ihre Geschichte ist in Filmen und Büchern dokumentiert. Es ist eine Familiengeschichte, ein Stück Leben, in das die Politik einbrach wie ein Dieb in ein ungesichertes Haus.

»Können Sie mir sagen, wie man die Sehnsucht abschafft?«, schreibt Hildegard Kruse 1965 in ihren Aufzeichnungen aus der Haft. Nach Verbüßung der Strafe soll sie nach dem Westen abgeschoben werden. Was hat sie verbrochen? 1961 flüchtet sie mit ihrer Familie in den Westen, weil ihr Mann es so will. Doch die Ehe ist zerrüttet, die Kinder können sich nicht eingewöhnen. Die älteste Tochter kehrt, als sie achtzehn wird, zurück in den Osten, nach Elbingerode, nach Hause, dahin, wo die Großeltern leben. Sie heiratet und bekommt Zwillinge. Frau Kruse, ihre Mutter, die Großmutter der Zwillinge, eine Brünette mit kühnen Gesichtszügen, neununddreißig ist sie da, bettelt beim Bürgermeister von Elbingerode um Besuchserlaubnis. Abgelehnt, Republikflüchtlinge dürfen nicht zu Besuch kommen. Sie schreibt an Walter Ulbricht. Keine Antwort. Die Behörden wollen nichts entscheiden, sie schieben die Sehnsucht der Hildegard Kruse auf die lange Bank. Sie hält das nicht aus, sie ist krank vor Heimweh. Sie will ihre Tochter wiedersehen, ihre Eltern, sie muss die Zwillinge in die Arme nehmen, sie muss. Und sie trifft einen Entschluss.

Ab morgen sei sie für vierzehn Tage weg, sagt sie ihrem Mann und reist nach Braunlage. Dort nimmt sie sich ein

Hotelzimmer im »Braunen Hirschen«, geht zum Friseur, fragt die Friseurin über die Grenzsicherungsanlagen der Gegend aus und besorgt sich ihre Ausrüstung. An einem Abend im November 1964, es ist Vollmond, macht sie sich auf den Weg. Sie hat eine Zange für die Zäune bei sich, eine Schachtel Ernte 23, eine Rolle Dextro Energen und ein Ofenblech zum Schutz gegen Minen. Füße und Knie umwickelt sie mit Scheuerlappen. Sie kriecht Zentimeter für Zentimeter auf die Zäune zu, durchkneift die Drähte, durchbricht den Minengürtel und taucht in das Dunkel des Waldes ein. Nach vierzehn Stunden erreicht sie Königshütte. Von da aus läuft sie noch einmal drei Stunden bis Elbingerode. Es ist früher Sonntagmorgen, als sie dort ankommt und sich heimlich in das Haus ihrer Eltern schleicht und in die Körbchen der Zwillinge schaut. Sie hat das Unmögliche geschafft. Endlich, endlich kann sie die Tochter umarmen, die Eltern, die Enkelkinder. Sie hält sich in der Wohnung der Tochter auf, kümmert sich um die Babys, heimlich, hinter zugezogenen Gardinen, keiner im Ort darf sie sehen, dieser Westbesuch ist illegal. Vier Wochen bleibt sie im Familienversteck. Dann bricht sie auf, in der Nacht, zurück in den Westen, zu ihrem Mann und den anderen zwei Kindern.

Sie hat Pech diesmal. Leuchtspurmunition, Schüsse, Verhaftung, ein Jahr Gefängnis. In ihren Aufzeichnungen aus der Haft bekennt Frau Kruse: »Ich bin ein echtes Harzer Kind ... ich brauche den Sommer mit seiner weichen Luft, den Duft der Wiesen und der herrlichen Harzer Tannen. Brauche den Anblick der braunen Harzkühe mit dem Glockengeläut ... die Musik der rauschenden Tannen, gepaart mit dem Röhren der Hirsche.« Im Dezember 1965 wird sie in den Westen abgeschoben, im April 1966 kehrt sie mit ihren Kindern zurück in die DDR: »Ich hatte einfach Sehnsucht nach Elbingerode. Können Sie mir sagen, wie man die Sehnsucht abschafft?« Es ist jetzt vierundvierzig Jahre her, dass sich Hildegard Kruse auf den Weg gemacht hat.

Der eigentliche Wert der Erinnerung bestehe in der Einsicht, dass nichts vorüber ist, sagt Elias Canetti. Ein Foto in der Mauer-Gedenkstätte, aufgenommen am 13. August 1961: Auf der einen Seite Grenzsoldaten, die Stacheldraht-Hindernisse errichten, zwei Schritte entfernt, auf der anderen Seite Westberliner, die ihnen dabei zusehen. Es sind durchweg Männer, sie tragen helle Hemden, es ist Sommer. Auf beiden Seiten wird gelacht, die jungen Männer scherzen miteinander. Vor allem meint dieses Lachen an diesem Sonntag im August '61, dass es niemals gelingen wird, Berlin zu teilen. »Die als Berliner Mauer bekannten Grenzanlagen um Westberlin hatten insgesamt eine Länge von 155 Kilometern«, informiert das Werbeblatt für »Taxi-Wall-Fahrten«, das in der Gedenkstätte ausliegt. Für sechzig Euro kann man sich im Taxi am ehemaligen Grenzverlauf entlangkutschieren lassen und die Reste der Grenzanlagen besichtigen, »jede weitere Person 10 Euro«. Lässt sich Unfassbarkeit rekonstruieren, Ohnmacht nachempfinden?

Die Straße ist, als stünde die Mauer noch. Als wolle die Leere, die sich über achtundzwanzig Jahre hier eingerichtet hatte, partout nicht weichen, auch zwanzig Jahre später nicht. Beton, Wind und Kahlheit bestimmen die Gegend, die merkwürdig ausgedünnt scheint, ohne Leben; Todesstreifen überdauern die Zeiten. Doch da, ein Lichtblick, das »Mauercafé«. Mit Durchgang zu einem Altenheim. Die Blumen auf dem Tisch sind welk, der Kaffee dünn, man könnte meinen, die Kannen kämen direkt aus der Pflegestation. Da tröstet es nur indirekt, dass man sich hier an einem »zentralen Ort der jüngeren deutschen Geschichte« befindet und dass im ehemaligen Lazarus-Krankenhaus bis 1985 »eine Vielzahl an Schußverletzungen von Mauerflüchtlingen aus der DDR behandelt« wurde. Drei Skandinavier, die nach der Gedenkstättenbesichtigung hier gelandet sind, vermuten, dass das Mauercafé auf Ostterrain liegt, weil es so ärmlich wirkt. Irrtum, hier ist Westen, und trotzdem ist der Kaffee dünn, und die Blumen lassen die Köpfe hängen. Der arme Wedding und die prosperierende Mitte sind an dieser Stelle strikt von-

einander getrennt, die Grenze ist noch da, nur seitenver-
kehrt.

Bei meinem zweiten Besuch im Mauermuseum gehe ich,
von Mitte kommend, die lange Ackerstraße hoch zur Bernauer. Die eine Hälfte der Straße ist mir vertraut, da gibt es
»Papa pane«, den Business-Italiener in der alten Ackerhalle,
ein paar Designerläden, ein Whisky-Geschäft, das Orph-
Theater und das abgelebte Altdeutsche Ballhaus hinten auf
dem Hof. Der Teil der Straße, der zur Bernauer führt, ist
still. Wie sprachlos noch immer angesichts dessen, was geschehen ist. Auf dem Friedhof an der Mauer liegt Walter
Kollo, der Operettenkomponist. Seine Hits sind auf dem
Grabstein eingraviert: Es war in Schöneberg im Monat Mai.
Was eine Frau im Frühling träumt. Solang noch Untern
Linden die alten Bäume blühn, kann nichts uns überwinden, Berlin bleibt doch Berlin. Kollo und sein Grab an der
Mauer – der tote Operettenkönig im Niemandsland. Tote
als Grenzgänger, Besuch nur mit Grabkarte. Ob man Le-
bende oder Tote besuchen wollte, immer brauchte man
einen Passierschein. Wer ein Familiengrab mit Oma, Opa,
Mutter und Vater auf einem Friedhof im Grenzgebiet sein
Eigen nannte, dem konnte passieren, dass er das Grab nicht
mehr besuchen durfte, weil »die Ausfertigung von Grabkar-
ten eine Verletzung der Grenzordnung der DDR« darstellte.
Beerdigungen auf Grenzfriedhöfen standen unter der Beob-
achtung von Posten mit Maschinengewehren, »Ruhe in Frieden« galt nicht im Todesstreifen.

Im Moment des Mauerbaus wird das Phänomen »Westbesuch« geboren. Obwohl die Mauer das Westberliner Gebiet umschließt, sind es die Ostberliner, die zu Gefangenen
werden, die man nur mit Genehmigung besuchen darf. Die
Bundesbürger steigen zu Missionaren einer schöneren Welt
auf, zu strahlenden Boten des Lichts. Sie verwandeln sich
in bunte Wesen, die im Grau des Ostens auftauchen wie
Schmetterlinge in der Wüste und wieder wegflattern in ein
Jenseits, von dem die Besuchten alles wissen und nichts,

eines aber ganz bestimmt: dass es dort besser sein muss als hier. Das Himmelreich auf Erden – diese atheistische Sehnsucht leisten sich die Ostdeutschen bei vollem Verstand. Seit er nicht mehr mit eigenen Augen zu sehen ist, wird der Westen zur Augenweide.

In der HO gibt es wieder mal keine Kaffeesahne, und der Westbesuch von Frau Hitzegrad parkt seinen stromlinienförmigen Ford Taunus – technisches Ereignis für die neugierigen Nachbarn – in der stillen Straße mit den Einschusslöchern vom letzten Krieg in den Fassaden. In der blanken Karosserie spiegeln sich kreischende Kinder wie in einem Zerrspiegel, groß und dick sein oder klein und dünn. Die Mauer ist aus Beton, doch sie atmet. Westluft dringt durch alle Poren, Ostluft auch. Die Königskinder rauchen Pennerlunge. Das eine Königskind macht einen Zug, haucht dem anderen seinen rauchgeschwängerten Atem ein und umgekehrt, so haben beide was davon. Das ist ihnen im Nachkriegsdeutschland beigebracht worden. Oder hinter Gittern. Die Teilung ist eine Art Knast, eine Strafe für den Krieg, den die Königskinder, einst ein Herz und eine Seele, angezettelt hatten.

»Wenn Sie in die DDR reisen, sollten Sie bei einem Besuch auch Ihrer engsten Verwandten nicht vergessen, dass sich die dortigen Lebensumstände von unseren freiheitlichen Verhältnissen zutiefst unterscheiden«, so steht es in der Broschüre »77 praktische Tipps für Besuche in der DDR und aus der DDR und für andere Kontakte hier und dort«, herausgegeben vom Bundesministerium für innerdeutsche Beziehungen. Die Broschüre gibt Tipps für gutes Benehmen gegenüber Unterlegenen: »Sie können sich ein eigenes Urteil von den Verhältnissen in beiden deutschen Staaten machen, Ihre Verwandten sind jedoch, wenn sie jünger sind, nicht in der Lage, sich durch eigene Erfahrungen ein Urteil über die Bundesrepublik zu bilden, weil sie keine Gelegenheiten zu Reisen in die Bundesrepublik oder ins westliche Ausland haben.« In dieser Situation sei für beide Seiten entsprechendes Taktgefühl vonnöten. DDR-Bewohner seien zur Überprüfung des DDR-offiziellen Bildes der Bundesrepublik Deutschland meist auf den Empfang westlicher Fernsehsendungen oder auf Schilderungen von Besuchern angewiesen. Auch auf die Reisekosten geht die Broschüre fürsorglich ein. Die Frage, ob eine Reise in die DDR billig oder teuer werde, müsse je nach Standort, Reiseprogramm und Brieftasche unterschiedlich beantwortet werden. Eine Reise zu Verwandten oder Bekannten sei trotz des zu zahlenden Mindestumtauschs immer noch billiger als die Buchung von Hotelzimmern. Eine Touristenreise in die DDR mit Hotelunterkunft und Verpflegung sei nämlich im Vergleich zu einer Pauschalreise etwa nach Jugoslawien oder Rumänien teuer. Doch müsse man sich fragen, ob eine Reise in die DDR mit der gewohnten Urlaubsreise vergleichbar sei.

Tröstlich für Päckchenpacker und ostwärts Reisende dürfte der Passus gewesen sein, dass nachgewiesene Aufwendungen für den Unterhalt von Verwandten in der DDR und Ostberlin nach dem Einkommensteuergesetz bis zum Höchstbetrag von 3 600 DM jährlich pro Person als außergewöhnliche Belastung steuerermäßigend berücksichtigt werden können, 40 DM pro Paket, 50 DM pro Besuch. Die Ostdeutschen, als sie das mitkriegen, sind beleidigt, weil man sie als außergewöhnliche Belastung von der Steuer absetzen kann.

Deutsche Erzählungen 5:
Tante Hilde aus Osnabrück

»Westbesuch war das Beste, was mir passieren konnte«, sagt Frau N., »ich spazierte mit meiner duftenden Westtante durch Nienburg an der Saale, ich schmückte mich mit ihr.« Fünfunddreißig Jahre später trinken Frau N. und ich Caipirinha in einer Cocktailbar. Irgendwie ist Tante Hilde aus

Osnabrück auch dabei, doch die trank am liebsten Asbach Uralt und ist schon achtzehn Jahre tot. Frau N. hatte eine Menge Westverwandschaft, die schickte eine Menge Pakete, manchmal waren Goldplomben im Reis versteckt, Gold war knapp in der DDR. Die Westverwandten blieben ihr trotz der Pakete relativ fremd, wirklich präsent war nur Tante Hilde, sie war die einzige, die die Familie im Osten regelmäßig besuchte. Tante Hilde, erzählt Frau N., sei eine attraktive Frau gewesen, mit langen braunen Haaren, ihr Mann hatte sie verlassen, und sie bekam die Hälfte seiner Rente, 1500 D-Mark. »Die Hilde lebt doch in Saus und Braus«, meinte die Verwandtschaft im Osten, ohne daran zu denken, dass sie im Gegensatz zu den Nienburgern allein 600 D-Mark für die Miete zahlen musste. »Sie lebt doch in Saus und Braus, die Hilde«, beharrten die Ostler, »warum ist sie nicht glücklich?«

Wenn Tante Hilde kam, fuhr die ganze Familie freudig erregt zum Bahnhof Magdeburg und wartete hinter dem weißen Strich, bis der Interzonenzug aus Dortmund über Helmstedt/Marienborn einfuhr und Tante Hilde ausstieg. In einem Kostüm mit Silberfuchsstulpen, das sie im Winterschlussverkauf erstanden hatte. Dazu trug sie lange cremefarbene Lederhandschuhe und selbst entworfenen Schmuck, beim Aussteigen klirrten ihre Ringe. Sie hatte zwei Koffer und einen Pappkarton bei sich. In dem einen Koffer waren ihre eigenen Sachen, in dem anderen die Geschenke, selbstgeschneiderte Kindermäntel, gebatikte Blusen und Shirts. In dem Pappkarton befanden sich Ausgaben von »Spiegel« und »Stern«, die die Tante im letzten halben Jahr für die Ostverwandtschaft angesammelt hatte. Im Zug warf sie den Karton in irgendeine Ecke. Wenn die Grenzer sie nach dem Karton gefragt hätten, hätte sie gesagt: »Meiner isses nicht.« Es hat keiner gefragt, sie kam immer durch mit dem Karton. Die Tante neigte zur Schwermut, flott und traurig ist sie gewesen. Es muss schwer sein im Westen, dachte Frau N., ihre Nichte. Später hat sie erfahren, dass der Mann, der die Tante

66

verlassen hatte, der einzige Mann in ihrem Leben gewesen war. Tante Hilde war vor dem Mauerbau aus Nienburg an der Saale ins Ruhrgebiet geflüchtet, erst nach Lünen, später lebte sie in Osnabrück. Tante Hilde war immer froh, wenn sie wieder mal in Nienburg sein konnte, sie litt lebenslang an Heimweh und freute sich jedesmal auf das Brot und die Wurst zu Hause. Zur Jugendweihe hatte sich Frau N. von Tante Hilde eine Flasche Bols Apricot gewünscht. Die bekam sie auch. Sie stellte die kostbare fremde Flasche auf ein Tischchen und nippte sie mit einer Freundin über Monate hinweg genüsslich leer. Bols Apricot aus dem Westen – Statussymbol einer vierzehnjährigen Ostgöre.

Ab Mitte der Achtziger durfte Frau N. ihre Tante einmal im Jahr besuchen, weil sie pflegebedürftig war, was sie in Wahrheit gar nicht gewesen ist, aber es musste eine »dringende Familienangelegenheit« her, damit die Nichte sie besuchen konnte. Also ließ sich die Tante für die DDR-Behörden vom Hausarzt in Osnabrück ihre Hinfälligkeit bestätigen. Als Mitbringsel wünschte sich Hilde »ein Brot aus der Heimat«. Dann schlenderten Tante und Nichte durch Osnabrück und machten Einkäufe. In Hildes Picobello-Wohnung gingen sie die Kleiderschränke durch, und die Tante fragte: »Was willst du haben, Eva, wenn ich tot bin?« Dabei tranken sie einen Asbach Uralt, der neben griechischem Ouzo, Bols Blue Curaçao und Bols Apricot auf einem blanken Teewagen stand; sie tranken einen Asbach Uralt, einen, nicht zwei, wohlgemerkt. Das sei ihre Vorstellung von bürgerlichem Leben gewesen, sagt Frau N., dieser Teewagen mit den schicken Flaschen. Irgendwann schaffte sie sich auch so eine Hausbar an, »die steht heute unbeachtet bei mir rum«.

1986 durfte Frau N., die Ärztin ist, zu einem Kongress nach Lindau am Bodensee. Auf der Fahrt dorthin stieg sie in München aus, was verboten war, aber wer hielt sich in den späten Achtzigern noch an solche Anordnungen. Frau N. besuchte Münchener Verwandte. Für die, sagt sie, sei sie eine Exotin gewesen. Eine Ostärztin mit vier Kindern, die auf Dienstreise in den Westen durfte! Was machen wir mit der, werden die gedacht haben, wir müssen ihr was bieten. Sie fuhren mit dem Ostbesuch auf die Zugspitze. Einmal die Zugspitze sehen, dachte Frau N., einmal und nie wieder! Es war Ende Oktober, die Sonne schien. Erst sind sie ein Stück mit dem Auto gefahren, dann gelaufen und später mit der Zugspitzbahn hochgegondelt. Sie weiß noch, dass sie ein gelbes Polohemd anhatte, eins aus einem Westpaket, und dass sie im Gras saß und weinte. »Ich weiß nicht mehr, was ich gesehen habe«, sagt Frau N., »ich weiß nur das Gefühl: Merk's dir, merk's dir, du siehst es nie wieder!«

***

Weißt du noch?

Du im Westen planst deine Fahrt zu den Verwandten wie eine Weltreise, kein Land ist exotischer als die DDR, keines schwieriger zu erreichen, nirgendwo musst du öfter um Erlaubnis bitten, nirgendwo wirst du so häufig kontrolliert, verdächtigt, aufgehalten, weißt du noch? Du fragst in Briefen nach den Wünschen der Verwandten und Freunde im Osten. Oder am Telefon, falls nach stundenlangem Warten und wiederholter Anmeldung endlich eine Verbindung zustande kommt, von Leipzig nach Hamburg, von Berlin-Steglitz nach Berlin-Pankow. Die wenigsten DDR-Bürger verfügen über ein Telefon. Wenn sie Glück haben, wird ihnen einen Doppelanschluss bewilligt, wenn der eine telefoniert, ist der Nachbar nicht zu erreichen. Mancher bekommt einen Mondscheinanschluss. Am Tage gehört er einem Betrieb, am Abend, wenn der Mond scheint, darf ihn ein Privathaushalt nutzen. Im Zeitalter der Flatrate – »Deutschland quatscht sich leer« – kann sich solche Sprachlosigkeit keiner mehr vorstellen.

Du besorgst, was die da drüben wollen. Sie wollen, was sie im Werbefernsehen gesehen haben, 8 x 4-Deo und Fenjala-Seife. Und Jeans, die schwer zu kriegen sind, weil sie aus der vorigen Saison stammen. Die Wünsche aus der Ostzone sind nicht immer bescheiden. Frau W. besucht Anfang der Sechziger ihre Tante in Leipzig. Sie bringt ihr Kaffee und Dosensuppen mit. Die Tante ist enttäuscht. Sie kramt in einem Stapel mit Reklamefotos, zeigt auf eine Autowerbung und sagt: »So einen Mantel wie die Frau da auf dem Bild, so einen möchte ich haben.« Du gibst dir Mühe, die Aufträge der Ostverwandten zu erfüllen, die Armen müssen schließlich in der Zone leben, während du das Wirtschaftswunder und Italiens Sonne erleben kannst mit deiner bärenstarken

D-Mark, die dir am Garda- wie am Plattensee bevorzugte Behandlung garantiert. Du bist das Goldene Kälbchen gewesen, um das ganz Europa tanzte, weißt du noch?

Vor den gefriergetrockneten Gesichtern der DDR-Grenzer aber, vor dieser für dich undurchschaubaren Macht, vor ihren Schikanen und Bosheiten zitterst du, folgst gehorsam ihren Anordnungen. Du nimmst dein Auto auseinander, wenn die Kontrolleure es so befehlen. Wuchtest geschäftig die Polster deiner Rücksitze hoch, eilst zum Öffnen des Kofferraums um den Wagen herum und stehst artig daneben, wenn die Kontrolleure den Bodenspiegel unter das Fahrzeug rollen, um nachzugucken, ob du vielleicht einen Flüchtling exportierst. Du willst alles richtig machen. Genießt den Grusel an der Grenze auch irgendwie. Kommst dir wie ein Held vor, wenn es dir gelingt, einen Schnittmusterbogen durchzuschmuggeln. Stehst schließlich als ersehnter Westbesuch, mit Tüten, Taschen und Blumenstrauß in einem Hausflur mit schmutzigem Paneel und kaputtem Treppengeländer, blitzblank gebohnert das braune Linoleum zu Ehren deines Besuchs. Es ist dir peinlich, wie sich die Ostler für jede Kleinigkeit überschwänglich bedanken. Wie sie die Schnittblumen bestaunen und Mon Chéri und Ferrero Küßchen und Früchtejoghurt und die Kiwis, die sie für Kartoffeln halten. Wie sie sich klein machen, um dich großzügig zu stimmen. Aber erhebend ist es doch, derart geehrt und geschätzt, ja überschätzt zu werden. Jeder Besuch im Osten ist eine Beförderung deines Egos. Du kannst der Versuchung nicht widerstehen, dem Affen Zucker zu geben. Statt in deinen kleinen Golf zu steigen, leihst du dir einen Mietwagen, einen großen, dicken Renommier-Mercedes; auch auf die Gefahr hin, dass die Ostbrüder dir den Mercedesstern abmontieren. Du tust alles, dem Bild zu entsprechen, das der Vetter aus Dingsda von dir entworfen hat, zeigst keine Schwäche, keinen Zweifel, nur Stärke, nur Überlegenheit – du bist der Held der westlichen Welt, dir gilt der Applaus. Haut den Lukas! Allerdings, schon gegen elf wirst du unruhig beim fröhlichen Beisammensein. »Es ist gleich Mitternacht, wir müssen zurück«, drängelst du, obwohl es mit der S-Bahn zum Tränenpalast nur zehn Minuten sind. Dir sitzt die Angst im Nacken, für immer in der Zone bleiben zu müssen.

Nicht alle nehmen die Rolle an, die ihnen die Verhältnisse andienen. Es gibt Westler, die ihre Überlegenheit nicht ausspielen. Sie lassen sich fallen bei ihren Besuchen im Osten, beklagen den Zwang zum Erfolg, die ständige Angst, nicht genug Leistung zu bringen, sprechen von Krediten, die sie abzahlen müssen, gestehen gelegentliche Sympathien für die sozialistische Idee. Und es gibt Ostler, die Geschenke ablehnen, um auf Augenhöhe zu bleiben. Weil sie sich schäbig gefühlt hätten in der Position der Kleinen, die immerzu was haben wollen und sich dafür lieb Kind machen bei Onkel und Tante von drüben. Die östliches Understatement bewusst gegen westliche Großspurigkeit einsetzen. Wir sind diese und jene, wenn wir uns begegnen, und in diesen und in jenen sind wir Kinder einer absurden Zeit, das Doppelte Lottchen im Kalten Krieg.

Die meisten Westdeutschen fahren erst gar nicht nach Ostberlin, nicht in die DDR. Manche trauen sich nicht einmal nach Westberlin, das liegt für sie bei den Russen, fast in Sibirien, da droht Verbannung. In den Fünfzigern wird ein Werbefilm gedreht, der die Bundesdeutschen nach Berlin locken soll: Der Reisebüro-Angestellte fragt den Kunden: »Haben Sie etwa Angst, nach Berlin zu fahren?« Der Kunde fühlt sich ertappt und bucht tapfer eine Reise nach Westberlin. Aber in die Zone zu reisen, in dieses dunkle, slawische Gebiet mit dem fremden Geruch, das ist noch mal was ganz anderes, das erfordert Kraft und Courage. Die meisten Westdeutschen blenden jenen Teil ihres Vaterlands aus, er verschwindet nach und nach aus ihrem Blickfeld. Wo liegt Cottbus, wo Suhl, und was ist eine POS? Deutschland – das ist die Bundesrepublik, sonst nichts. Zeit und Geld scheinen besser angelegt, wenn man nach Mallorca fliegt oder nach

Kreta, da wird man braun und kann Ouzo trinken. »Wir wollten, Friedhelm und ich, eigentlich im nächsten Urlaub an den Lago Maggiore, meinst Du, daß Leipzig damit konkurrieren kann?«, fragt Gerda E. aus Bochum in ihrem Brief vom August 1958 ihre Freundin in Leipzig. »Wir werden unsere Schritte übrigens nicht nach Korsika lenken, vielleicht fahren wir ins südliche Oberitalien, vielleicht auch nach Florenz«, so prahlt es in einem Brief aus den Sechzigern – alle Türen offen, was kostet die Welt? Und was kostet ein Besuch im Osten? »Zwischenzeitlich dürfen wir ja als weitere Erleichterung nunmehr pro Person 20 DM umtauschen. Für diese Preise können wir nach Frankreich, Oesterreich, an die Nordsee fahren«, geben Rosi und Dieter 1973 der Familie S. zu bedenken.

Die DDR verlangt zwar Eintrittsgeld, ist aber durchaus erreichbar. Doch noch zum achtzehnten Jahrestag der deutschen Wiedervereinigung, am 3. Oktober 2008, wird ein Radiokommentator so argumentieren: Natürlich verlange uns die deutsche Einheit weiterhin beträchtliche Kosten ab. Letztendlich aber sei sie doch noch ein Geschäft geworden, denn die Dresdner Frauenkirche, die Thomaskirche in Leipzig, die Seebrücke in Heringsdorf, die Luther-Gedenkstätten in Wittenberg und Eisleben lägen heute nicht mehr »in unerreichbarer Ferne«. Unerreichbare Ferne? Günter Gaus, erster Leiter der Ständigen Vertretung in Ostberlin, zeigt sich in einem Nachruf auf die DDR »nicht unglücklich« über jene, denen die Formalitäten für eine Reise dorthin zu beschwerlich waren und der Mindestumtausch zu kostspielig. Denn Stippvisiten produzieren Halbwahrheiten, meinte Gaus, es stimme ihn melancholisch, wenn er »die Expeditionsberichte über Grenzkontrollen, Straßenzustand, mitteldeutsche Gastwirtschaften und dortige Volkesstimme« höre, diesen Ton, der gemixt sei aus »Selbstbewunderung des erwiesenen Fahrtenmuts, Herablassung und Schulterklopfen sowie der Selbstgewissheit, mit der die bessergestellten zwei Drittel der Nation sich im Sinnen und Trachten des benachteiligten Drittels nach einem flüchtigen Blick auskannten«. Die sich trotz aller Widrigkeiten in den Osten wagen, bilden eine wackere Avantgarde. Selbstlose Pioniere sind sie, all die Verwandten und Bekannten, Freunde und Sympathisanten, Cousins und Cousinen, die die lichte Polonaise in die Wohnzimmer ihrer Brüder und Schwestern anführen. Wurde jemals ein Bundesverdienstkreuz für treuen Ostbesuch verliehen?

In regelmäßigen Abständen, Ostbruder, guckst du aus dem Fenster, endlich rollt das Westauto vor. Der Besuch steigt aus, und du zählst die Tüten, die sie in der Hand halten; weißt du noch? Du liebst sie und beneidest sie, diese nach Welt und Wohlstand duftenden Besucher, saugst gierig den Geruch des Westens ein. Schämst dich für deine Gier und für die Unterwerfungsrituale, die du als armer Vetter absolvierst. Du hofierst sie, die lieben Verwandten, und insgeheim hasst du sie für die Demütigung des beflissenen Dankens, die sie dir zufügen. Du findest es nämlich gerecht, dass sie dich beschenken, betrachtest es als selbstverständlich, sie haben mehr als du, aus historischen Gründen scheinen sie dir unterhaltspflichtig.

Der erste Satz lautet immer »Wie war die Kontrolle?«. Nach einer Schamfrist beginnt das Auspacken: Eine Tüte Meisterröstung, zwei Strumpfhosen von Kunert, Maiglöckchenparfüm von Avon, denn »Avon bringt Schönheit direkt ins Haus«, und, als Konterbande, die »Brigitte«. Und die Sachen, die sie drüben nicht mehr brauchen, die sie desinfizieren lassen müssen, bevor sie sie über die Grenze bringen dürfen. Achtzig Prozent ihrer Kleidung seien abgelegte Sachen aus dem Westen gewesen, erzählt eine Freundin, und dass das die größte Freude war. Auf dem Territorium der DDR erwachen die Dinge zu einem zweiten Leben. Du bist en vogue mit dem Glamour von gestern, wirst bewundert und beneidet mit den Resten der vorletzten Saison am Leibe. Mit den Jeans von Levi's und dem T-Shirt mit der Glitzerschrift bist du nicht mehr das sozialistische Semmelgesicht, sondern, so bildest du dir ein, ein neuer Mensch,

weißt du noch? Du hast gemeckert, über die Mangelwirtschaft, die Bonzen, die Preise in den Exquisitläden, und
der Westbesuch wusste, dass er sich hüten musste, in dein
Gejammer einzustimmen, denn dann konntest du überraschend zum Verteidiger deiner Verhältnisse werden, und
es gab Krach zwischen Rinderrouladen und Apfelkuchen.

Dein Selbstbewusstsein war fragil, und das hatte Gründe.
Weißt du noch, wie das war, als sie dir in Nessebar am
Schwarzen Meer das Hotelzimmer hintenraus zuwiesen und
du erleben musstest, wie die Zimmer mit Meerblick an die
Deutschen mit der D-Mark gingen? Als sie dir in dem
großen Restaurant in Brünn keinen Tisch gaben, weil du auf
die Frage der sozialistischen Brüder »Ost- oder West-Ger-
many?« kleinlaut »Ost« antworten musstest? Wie du dich
wertlos fühltest, weil dein Geld nichts wert war?

Tagelang bereitest du dich auf das Kommen der Westverwandten vor, überlegst, was du ihnen bieten, womit du
dich revanchieren kannst. Du besorgst Theaterkarten und
die Brecht-Gesamtausgabe, ersuchst mehrere Fleischer
gleichzeitig um Edelfleisch für »Westbesuch«. Du bestellst
Restaurantplätze und organisierst Kremserfahrten. Der
Besuch soll entschädigt werden für sein Westgeld, das er 1:1
hergeben muss. Der Besuch soll sich wohlfühlen und wiederkommen, jeder Westbesuch ist ein Guckloch, durch das
du in die Welt schmulen kannst. Du zimmerst ein Podest aus
Bewunderung und Anerkennung, auf dem die Besucher ihre
Ensuite-Vorstellung des Erfolgsstücks »Die Bessergestellten« geben können.

Fühlt er sich zu Hause auch manchmal klein, im Osten
wächst der Vetter aus Dingsda zur gewünschten Größe her-
an. »Man konnte als Westbesuch jemand sein, den es sonst
nicht gab«, erklärt Wolf Wagner, Professor in Tübingen.
»Man konnte sich in einen anderen Menschen verwandeln,
denn die Besuchten wussten nichts über die Wirklichkeit, die
man im Westen lebte, keine Behauptung konnten sie über-
prüfen.« Im schlimmsten Fall habe dieser Schleier des Nicht-

wissens, den die Mauer über die Besucher legte, zur Hochstapelei geführt. Immer aber habe er dazu verführt, Unvollkommenheiten oder beschämende Bestandteile der eigenen Biographie, die in der Regel vor Verwandten und Freunden nicht zu verbergen sind, zu verschweigen oder umzuwidmen. Nur zu leicht sei man in die Rolle des reichen Onkels aus Amerika geraten, »gönnerhaft, großspurig, freigiebig bis zur Protzigkeit«. Zwar sei es nach außen um Solidarität, Verwandtschaftspflicht und Freundschaft gegangen, aber darunter lag häufig »eine Gefühlsmischung von halb bewusstem Glück über die nur hier gelebte Großartigkeit«.

Deutsche Erzählungen 6:
Tanzmariechen

Tante Lilo und Tochter aus dem Westen machten regelmäßig ihre Verwandtenrundreise im Osten. Als Erste waren jedesmal die R.s dran, genauer: Herr R., es war nämlich seine Verwandtschaft. Katharina, seine Frau, ertrug die Besuche, wie sie sagt. Sie hatte die Arbeit mit den Vorbereitungen und wurde den Verdacht nicht los, dass der Westbesuch sie bemitleidete. Dass Tante und Tochter sich aufopferten, dass sie den Ostlern einen Gefallen taten mit ihrem Besuch, um danach die gute Tat abzuhaken. Tante Lilo war Rheinländerin und strahlte eine gewisse Herzlichkeit aus. »Du musst aber wirklich abnehmen«, sagte sie beim Abschied regelmäßig zu Katharina, die sich heimlich freute, dass der späte Babyspeck von Tante Lilos Tochter von Mal zu Mal praller wurde. Tante Lilo fragte nach den Wünschen der R.s und ließ so manchen Inhalt ihres Kosmetikkoffers zurück, wenn es sich ergab. Sie brachte Haarspangen, Strumpfhosen und glitzernde Accessoires mit, für die Kinder Matchbox-Autos. Katharina bedankte sich herzlicher für Sachen, die sie erneut bekommen wollte. Sie musste sich allerdings auch über eine Billiguhr freuen.

Die R.s haben Haushaltstage, Urlaubstage und das Wochenende zusammengelegt, um dem Besuch die ganze Zeit über zur Verfügung stehen zu können. Alles war genau geplant – Frühstück, Mittagessen, Abendbrot – und musste mühsam rangeschafft werden. Das Beste für den Besuch, er sollte einen guten Eindruck haben vom Leben im Osten. Bäckerschrippen gab es nur in einem weit entfernten Laden, das Auto war gerade in der Reparatur, also musste Katharina zu Fuß dorthin. Die Tochter der Tante verachtete Ostmarmelade und führte Nutella im Gepäck, und Westbrot, weil sie das Ostbrot nicht vertrug.

Katharina hatte alle Fenster geputzt und die Küche renovieren lassen, es könnte ja sein, dass Tante Lilo in die Ecken guckte. Sie graulte sich vor den langen Abenden mit dem Westbesuch und hatte deshalb ein ausführliches Kulturprogramm organisiert. An den kulturfreien Abenden wurde geredet, was Tante Lilo und Tochter vorgaben. »Nach unseren Dingen wurde nicht gefragt«, sagt Frau R. »Nicht nach meiner Arbeit, nicht nach meinen Auftritten als Chansonsängerin«; nicht einmal ihre neue Frisur hätten sie bemerkt. Katharina konnte nicht jeden Abend Alkohol trinken, nur damit ihr die Gepräche leichter fielen. Sie konnte nicht dauernd die Kleider des Besuchs loben. Sie konnte nicht stundenlang hören, was man wie trägt und warum das neue Auto besser ist als das alte. Dass die Grenzkontrollen unzumutbar seien, dass sie zwangsumtauschen mussten, dass es hier gezogen und da der Kaffee nicht geschmeckt hat und der Kellner unfreundlich war. Sie wollte sich nicht andauernd für die Zustände in der DDR entschuldigen. Sie habe es aber getan, sagt Katharina, sie habe Tante Lilo zum Munde geredet. Sie seien sich nicht nähergekommen, nicht am ersten Tag und nicht an den sechs folgenden Tagen. Das Unverfänglichste seien Tante Lilos unermüdliche Berichte über ihre Faschingskostüme gewesen und die Begeisterung für eine Schallplatte mit DDR-Marschmusik, die sich, wie die Tante meinte, wunderbar für den Auftritt der Tanzmariechen eigne.

Beim Abschied sah Katharina Tränen in Tante Lilos Augen und hörte sich lügen »Wir haben uns gefreut, euch endlich einmal wiederzusehen«. Sie würden nächstes Jahr wiederkommen, versprachen Tante und Tochter und stiegen in den süßen, kleinen Polo, ganz aus Türkis. Am Morgen danach habe sie gesungen, weiß Katharina R. noch, fröhlich sei sie auf einmal gewesen, ausgelassen. Und sie habe sich geschämt, als sie merkte, warum sie sang – der Westbesuch war weg!

❋❋❋

Auf Westbesuch in Polen

»Jetzt quetschen wir jeden, der gegen uns ist, an die Wand«, triumphiert Genosse G., Politbüromitglied, im Herbst nach dem Mauerbau.

Ich kenne diese Äußerung nicht, als ich kurz danach beginne, Philosophie zu studieren. Vielleicht würde ich dann gar nicht erst angefangen haben mit diesem Studium, das mir Angst macht mit Dogmen, Engstirnigkeit, Ordnungsgruppen und petzenden Kommilitonen. Ich will nichts wie weg und ziehe doch meinen Exmatrikulationsantrag zurück. Wolfgang Heise, Professor der Philosophie, der einzig glaubwürdige Philosoph dieser Universität, raucht Pfeife und überredet mich, weiterzumachen. Bleiben müsse man, sich durchsetzen, die Widersprüche zwischen Objektivem und Subjektivem durchschauen und ertragen lernen. Ich bleibe und darf für den Professor ein Material über Sigmund Freud zusammenstellen, während die anderen im Ernteeinsatz sind. »Sie fahren jetzt besser nicht in diesen Ernteeinsatz, die machen Sie fertig«, sagt er und meint meine Kommilitonen; es ist kurz nach Mauerbau, wer nicht für uns ist, ist gegen uns. Alles wird besser, nichts wird gut.

In den Vorlesungspausen renne ich von der Uni Unter den Linden ins Pressecafé am Bahnhof Friedrichstraße, wo sich Leute treffen, die eigene Vorstellungen von sozialistischer Zukunft haben und über Dogmatiker Witze reißen. Im Pressecafé redet man über Entwürfe neuer Formen für Lampen, Kaffeemühlen und Radios. Form ist Inhalt, auch im Sozialismus. Zu Hause höre ich den »Linken Marsch« von Majakowski: »Gaul Geschichte, du hinkst!« Das ist die echte Revolution, denke ich, eine dünne Philosophiestudentin, die die Haare kurz wie Jean Seberg in dem Godard-Film »Außer Atem« trägt und überzeugt ist von der Notwendigkeit der Mauer. Ich befinde mich in dem Kinderglauben, dass das fatale Ding nach fünf Jahren verschwindet. Dass die alten Männer im Politbüro den Jungen die Macht übergeben mit der Maßgabe: Fünf Jahre habt ihr Zeit, den Sozialismus stark zu machen, dann wird die Mauer wieder abgebaut. Die pathetische Überzeugung, im Augenblick des Beginns zu leben, trägt mich durch die Sechziger. »Im Osten haben wir ja gedacht, wir sind die Avantgarde«, erinnert sich ein ehemaliger Student aus Jena, »wir denken schneller, wir wissen mehr, wir feiern die besseren Feste, und wir haben die tolleren Frauen. Ein gewissermaßen elitäres Bewusstsein.«

Aufbruch, Schöpfung, Neubeginn. Auch ich fühle mich der Avantgarde zugehörig, einer Avantgarde, deren Gegner schon früh den Stillstand verordnen, noch aber ist Hoffnung: »Alles Alte prüft: Her, Kontrollposten Jugend! / Hier wird Neuland gegraben und Neuhimmel angeschnitten / Hier ist der Staat für Anfänger – Halbfabrikat auf Lebenszeit / Hier schreit eure Wünsche aus: an alle Ufer / Trommelt die Flut eurer Erwartungen! / Was da an deine Wade knallt, Mensch, die tosende Brandung: / das sind unsere kleinen Finger, die schießen nur ein bißchen Zukunft vor, Spielerei.« Das Gedicht von Volker Braun entspricht meiner Gefühlslage. Und »On the road« von Jack Kerouac, den ich für meine Diplomarbeit über die Beatniks und die junge Lyrik der DDR lesen darf, für den Vergleich »Revolte oder zielbewusstes Engagement«. Am Ende soll rauskommen, dass nur das »zielbewusste Engagement« zählt, nicht die Revolte. Das Buch von Kerouac kursiert unter der intellektuellen Jugend der DDR: »Das wurde wie heiße Ware völlig zerfleddert rumgereicht«, erzählt ein Wissenschaftler, »ich weiß noch genau, ich hab mich hingelegt aufs Bett und bin nicht mehr aufgestanden, bis ich das Buch zu Ende gelesen hatte. Ich wußte, da will ich hin, ich will durch ein riesiges Land fahren.«

Es beginnt, dass mir die Welt fehlt. »Was willst du denn in Rio, was willst du in Milano?« – ein hausgemachter Schlager, der die Vorteile der Sesshaftigkeit preist: »Schau, hier in diesem Städtchen gibt's manches hübsche Mädchen.« Der Sänger kommt zu dem Kurzschluss: »Drum lass doch dein Gepäck, und fahr erst gar nicht weg!« Ich fahre weg. Nach Polen. In ein internationales Studentenlager in den Masuren. Die Leichtigkeit des Seins überrollt mich wie eine warme Welle. Die Männer tragen Bluejeans, nicht wie bei uns muffige Beinkleider, die jede erotische Anwandlung in verlegenen Falten begraben. Am Abend tanzt man in einem großen Zelt nach amerikanischer Musik. Man diskutiert über Sartre und Wyspiański, zitiert Beckett und schmückt sich mit Kafka. Ein Duft von Jugend weht über die blauen Seen der Masuren.

In Polen entdecke ich, dass es mir nicht allein an Welt mangelt, sondern mehr noch an Jugend. Bei uns herrschen die misstrauischen Maßstäbe der alten Generation: Wozu Straßencafés, wer weiß, was da geredet wird. Als wir jung waren, sind wir zweimal die Woche in die Turnhalle gegangen, statt in Kaffeehäusern rumzusitzen. Die Beatles? Dieses ewige Yeah, Yeah, Yeah, das ist doch geistlos. Bluejeans? Farmerhosen zieht man zur Feldarbeit an, aber doch nicht in der Stadt. Twist? Obszöne Verrenkungen, unsere Menschen sollen Kasatschok tanzen wie die Genossen im Kaukasus oder wenigstens Lipsi, einen anständigen Paartanz mit Schlips und Kragen, ausgetüftelt vom Komitee für Unterhaltungskunst.

Der Kasatschok erreicht tatsächlich irgendwann die DDR, allerdings nicht über den Kaukasus, sondern über den Westen. Die alten Männer wissen um die Gefahren des Jungseins. Jungsein birgt das Wagnis des Übermuts in sich, und der kann schnell zur Rebellion führen. Ich bin verrückt nach Übermut. Polen ist die Offenbarung von Übermut, darauf muss ich nicht warten, bis ich sechzig bin, das kann ich jetzt haben, augenblicklich, mit dreiundzwanzig. Ich fahre auf Westbesuch in die Volksrepublik Polen, jedes Jahr zweimal, in den Semesterferien. Polen im Osten ist das westlichste Land, das ich erreichen kann, seine Türen stehen weit offen für Savoir vivre und Free Cinema, ohne die slawische Lebensart wegzuschließen. Weil ich Bordeaux und Verona nicht sehen darf, erkläre ich Warschau und Krakau zu meinem westlichen Ausland. »Dziwny jest ten świat« – seltsam ist diese Welt, die polnische Hymne der Sechziger schreit Czesław Niemen sich von der Seele, »Dziwny jest ten świat« ist das slawische Pendant zu »I can't get no satisfaction«, dieser gewaltigen Androhung von Jugend und Revolte.

Die Polen sind jung, der Altersdurchschnitt ist aus historischen Gründen niedriger als in allen anderen europäischen Ländern, sechseinhalb Millionen Menschen, zwanzig Prozent der polnischen Bevölkerung, wurden im Zweiten Weltkrieg getötet. In Warschau haben sie sofort nach dem Krieg ihre zerstörte Altstadt wieder aufgebaut, genau rekonstruiert, Stein auf Stein, Hand auf Herz, der Geschichte zum Trotz. Lebenslust und Humor sprudeln durch die Stadt wie Kaskaden von Konfetti. Studentenclubs, Theater auf Höfen, Jazz auf der Straße. Weltgewandt sind sie, lässig und voller Ironie. Ich kann es nicht fassen, dass das ein sozialistisches Land sein soll. Mein Erstaunen schlägt um in pure Schwärmerei, alles, was da nicht reinpasst, ignoriere ich, Spuren von Antisemitismus zum Beispiel. Meine Begeisterung ist unbeirrbar, Polen, die fröhlichste Baracke im sozialistischen Lager.

Die Polinnen tragen maßgeschneiderte Kleider und rauchen auf der Straße, elegantski ist das am häufigsten gebrauchte Adjektiv. Die Polen lieben Formen und Titel, küssen den Frauen die Hand und schenken ihnen Rosen. Sie glauben an Gott, die Jungen absolvieren den Katholizismus mit routinierter Hingabe, sie knien vor den Beichtstühlen und bekreuzigen sich in Kirchen, die man nicht mit ausgeschnittenem Sommerkleid betreten darf. In einem Kaffeehaus am Główny Rynek in Krakau, wo die Lüster antik sind und das Mobiliar hundert Jahre alt, mache ich Anstalten, mich an einen Tisch zu setzen, an dem schon zwei aufgeputzte ältere Damen Platz genommen haben. Mit verständnislosen Blicken geben sie mir zu verstehen, dass ich einen Fauxpas begangen habe – man setzt sich nicht an einen Tisch, an dem schon jemand sitzt, der vielleicht allein sein möchte oder ungestört ein Gespräch führen will, nicht in Polen. Ich war mir nicht bewusst, einen Formfehler begangen zu haben, bei uns zu Hause nahm man ungeniert an fremden Tischen Platz, in Polen ist man bürgerlich geblieben und individualistisch. Für die polnischen Künstler gibt es keine Parteilinie und keine Formalismusdebatte, Polen ist offen. Polnische Plakate, Filme, Musik und Malerei sind, in der Pose wie in der Vollendung, im Spiel wie im Ernst, avantgardistisch. Noch der letzte Straßenmaler, der seine Bilder an der Stadtmauer von Krakau verkauft, versucht Neues, und sei es bei der Abbildung von Apfelschimmeln.

Ihrer tragischen Vergangenheit begegnen die Polen mit Witz und Sarkasmus. Sie trinken Wodka und säen Zweifel, sie verausgaben sich. Im Grunde ihres Wesens sind sie Partisanen. Den berühmtesten von ihnen, Zbigniew Cybulski, den Maciek aus dem Kultfilm »Asche und Diamant«, treffe ich im Warschauer Studentenklub Dziekanka; der junge Schauspieler ist inzwischen aufgeschwemmt von Ruhm und Alkohol. Wenige Jahre später, an einem kühlen Morgen, verunglückt er auf dem Weg zu Dreharbeiten beim Aufspringen auf den Zug nach Łódź, es ist nur ein Moment, er macht den Partisanen unsterblich.

Der Anblick von Krakau in einer lauen Augustnacht. Die dramatisch beleuchtete Marienkirche auf dem gotischen Marktplatz, wo am späten Abend noch Blumen verkauft werden, die Saxophonklänge aus dem Studentenklub »Pod Jaszczurami«. Ich bin gerade erst mit dem Zug aus Warschau gekommen und von der Reise erschöpft, darf man angesichts von Schönheit weinen? Krakau ist die erste intakte alte Stadt, die ich sehe, meine Premiere europäischer Kultur. Allein der Umstand, dass ich dort französisch sprechen kann, weil viele Polen das Französische beherrschen, gibt mir das Gefühl von Weite. Viele meiner Generation machen es wie ich. Sie suchen ihr Italien, Spanien, Frankreich, Griechenland in Budapest, in Prag und am Balaton. Sie wollen was haben vom Leben und sehen zu, dass sie was abkriegen von der Welt. Knüpfen sich einen fliegenden Teppich europäischer Lebensart, einen Patchworkwesten im Osten. Es ist ein risikoloser Versuch, die Mauer zu überwinden. Eine der vielen Formen, sich dem DDR-Alltag zu entziehen, mit seinen Regeln, Gesetzen und Kontrollen zur Zähmung des Individuums.

Hunde, Plünderer, Kontrolleure

Die Wirklichkeit der Deutschen Demokratischen Republik entdeckt sich in ihren Verlautbarungen. In einer Sprache, in der herrschsüchtige Substantive die Verben unterdrücken und der Genitiv der Fall der Fälle ist. Die Angst an der Grenze beginnt mit der Angst vor der Dienstanweisung. Womöglich ist in Folgendem gar nicht von Hunden, sondern von Grenzpolizisten die Rede. Gehorsam, Unterordnung und Aggressivität sind schließlich Eigenschaften, die sich dieser und jener Kreatur anerziehen lassen. »Zur Erhöhung der Kontrolldurchführung durch den Einsatz von Diensthunden weise ich an«, bellt es in der Dienstanweisung Nr. 7/68 des Zollchefinspektors S., »dass nur Diensthunde mit einem Leistungsstand, welcher die Erfüllung der gestellten Aufgaben garantiert, zum Einsatz gelangen. Beim Ankauf bzw. der Zuteilung neuer unabgerichteter Diensthunde sind diese auf der Grundlage eines von den Operativabteilungen der Bezirksverwaltungen auszuarbeitenden Ausbildungsprogramms auf Bezirksebene unter Verantwortung des Offiziers für Diensthundewesen der Bezirksverwaltung zielstrebig und kurzfristig abzurichten.« Die tägliche Abrichtung, weist der Zollinspektor weiter an, habe insbesondere in der Unterordnung zu erfolgen, im Misstrauen der Diensthunde allen Personen gegenüber. Die Festigung und Erhöhung der Aggressivität habe durch das Verstecken von Personen und Gegenständen im Unterbau von Güterzügen zu erfolgen, durch Verstecken von Personen in Ladungen, Maschinen- und Freiräumen von Übungsschiffen oder DDR-eigenen Binnenschiffen. »Dabei ist zu sichern, dass diese Abrichtung von Reisenden oder Fremden nicht beobachtet werden kann.« Solchen Hunden möchte man nicht in die Pfoten geraten. Solchen Zollkontrolleuren auch nicht.

Jeder Zollkontrolleur soll ein Vorbild sein. Was ein vorbildlicher Zollkontrolleur ist, wird in der Dienstanweisung 21/69 definiert:

»Ein vorbildlicher Zollkontrolleur ist, wer ständig neue Versteckmöglichkeiten, die der Gegner oder andere Rechtsverletzer für ihre Handlungen nutzen könnten, aufspürt. Wer sich bei der Durchführung aller Kontrollhandlungen stets höflich und korrekt verhält und die geforderten Verhaltensnormen im Kontrollprozess und bei der Verfolgung von Zoll- und Devisenverstößen durchsetzt, d. h. eine qualifizierte, auf Rechtsnormen begründete Befragung durchführt, sich korrekt bei den Kontrollhandlungen verhält, besonnen und zugleich energisch, politisch bewusst und operativ klug in den verschiedenen Situationen reagiert.«

Ab und an aber verhalten sich Hund und Herrchen ganz und gar nicht im Sinne der Dienstanweisung. Zum Beispiel die Volkspolizisten im Verkehrskommando Binsenfleck/Heinrichsruh. Sie können dem Duft von Südfrüchten, dem Geschmack der Westzigarette und der Wirkung von Pornos nicht widerstehen und verschaffen sich während ihres Dienstes an der Transitautobahn westliche Genüsse. Ein Westberliner gibt im November 1962 den Hinweis, dass die auf dem Verbindungsweg Westberlin/Westdeutschland Dienst tuenden VP-Angehörigen durch Betteln um Westzigaretten das Ansehen der Deutschen Demokratischen Republik schädigten. Der wachsame Westberliner schickt seinen Brief direkt an den Ostberliner Minister des Innern. Die sofort einsetzenden Untersuchungen bringen Erstaunliches zutage. Im Verkehrskommando Schleiz haben die Verkehrspolizisten laufend Geschenke in Form von Zigaretten und anderen Westwaren von den Fahrern der West-Kraftfahrzeuge angenommen, ja eingefordert. Dieser Zustand hätte sich derart fortentwickelt, dass sich beinahe das ganze Verkehrskommando, einschließlich Zug- und Gruppenführer, »zu verbrecherischen Handlungen hinreißen ließ, indem die eingesetzten Kräfte zur offenen Bettelei nach Westwaren übergingen und bei Unfall-Kfz Diebstähle und Plünderungen durchführten.« Tote brauchen keine Apfelsinen, mögen sich die Diensthabenden gedacht haben, während sie sich die Früchte des Unglücks in die Tasche steckten.

Auch Plünderungen durch Autobahnarbeiter und Mitarbeiter des Abschleppdienstes seien durch die Sicherungskräfte des Verkehrskommandos gedeckt worden. Besonders unrühmlich hervorgetan hat sich VP-Hauptmann F. Er ließ die erbettelten Westzigaretten über seine Familienangehörigen zu Überpreisen an Zivilpersonen weiterverkaufen. Fünfzig Packungen sollen es gewesen sein. Schokolade, Kakao, Kaffee und Bananen verbrauchten Frau und Kinder des Hauptmanns im eigenen Haushalt. Die Methoden der Bettelei und Anbiederung seien äußerst vielseitig, steht im Untersuchungsbericht. Eine beliebte Methode sei gewesen, »Westfahrern die billigsten Sorten unserer Zigarettenmarken anzubieten, in der Hoffnung, eine entsprechende Gegenleistung von Westzigaretten zu erhalten«. Andere wiederum hätten sich Feuer zum Inbrandsetzen eines Zigarettenstummels erbeten, um besonders bedürftig zu wirken. Auch Hilfsdienstleistungen der verschiedensten Art hätten zu der Annahme von Geschenken geführt. Im Endergebnis dieses Zustandes sei es so weit gekommen, dass VP-Angehörige die Verkehrskontrollen nicht mehr mit dem Ziel durchführten, Ordnung und Sicherheit auf der Autobahn zu gewährleisten, sondern dazu, Kontakt mit Westfahrern aufzunehmen und sich persönlich zu bereichern. Die Anschuldigungen füllen ganze Aktenordner. Sogar unter dem Vorwand des »Gesamtdeutschen Gesprächs« sei der Kontakt zu Westbürgern gesucht worden. In einigen Fällen habe man sich während des Dienstes bis zu zwei Stunden lang miteinander unterhalten, auch über Sex: »Die im Kommando in erheblichem Umfange kursierenden pornographischen Bilder und Schriften übelster Art übten einen starken Einfluß auf die Untergrabung der Moral aus. Als Folge der Unterwanderung der Moral gin-

86

gen mehrere VP-Angehörige außereheliche Beziehungen ein und versumpften in Gaststätten.« Aus dem politisch-moralischen Zustand dieser Dienststelle, so »die erschütternde Bilanz«, hätte sich die Notwendigkeit ergeben, dieses Kommando vollständig aufzulösen. Immerhin werden die Verstöße gegen die sozialistische Moral Anfang der Sechziger noch nicht unter den Teppich gekehrt, sondern streng geahndet; das sollte sich später ändern.

Dringlichkeit Blitz

Archivarbeit ist wie Archäologie. Man buddelt sich in Akten ein, schlägt Schneisen durch dicke Papierhaufen, verguckt sich in daumennagelkleine Mikrofiches, kämpft sich durch öde Verlautbarungen, bürokratische Wiederholungen. Ich blättere in Akten, die einen intensiven deutsch-deutschen Kulturaustausch durch die Jahrzehnte belegen, mit handschriftlichen Notizen von Kurt Hager, dem Guru der Kulturabteilung beim Zentralkomitee der SED, Herr über die Hoffnung auf das höchste Ostprivileg: eine Westreise. »Eher nicht« steht da unter den Ersuchen um Genehmigung, oder: »Sehe keine Notwendigkeit« oder »Einverstanden« und »Kann zugestimmt werden«. Von Funktionär zu Funktionär wurden »Telegramme« verschickt, »Dringlichkeit: Blitz«, und »Kurzerhand«-Mitteilungen. Anträge von Schauspielern, Geigern, Bärendompteuren und Schlagersängerinnen auf einen Auftritt im Westen werden kurzerhand so oder so beschieden. Die Gründe bleiben intern.

Falls in den Einladungen aus dem Westen der Begriff deutsch-deutsch auftaucht, stehen die Chancen schlecht, das Deutsch-Deutsche schwäche das Anerkennungsbegehren der DDR. Deutsch-deutsche Distanz lautet der Marschbefehl. Reisekader, besonders wenn sie in Gruppen ausfliegen, tragen diesen Wünschen nach Abgrenzung gern Rechnung, zumindest formal. In einem Bericht »Zum Auftreten der DDR-Delegation bei den XIII. Westdeutschen Kurzfilmtagen in Oberhausen 1967« steht beflissen linientreu, dass im Gegensatz zu vergangenen Jahren die Mitglieder der Delegation Wert auf ein betont sachliches Verhältnis zu den Teilnehmern aus der Bundesrepublik gelegt hätten. Dadurch sei jeder Versuch von Kameraderie und Kumpanei unmöglich gemacht worden. Das selbstbewusste Auftreten der DDR-Delegation habe demonstriert, dass ihre Anwesenheit nicht vom Wohlwollen der Veranstalter und deren Anhang abhängig sei. Den Veranstaltern und der Presse sei so die Gelegenheit genommen worden, »den in den Vorjahren praktizierten gesamtdeutschen Rummel fortzusetzen«.

Ganze Theater, Zirkusse, Balletts und Orchester fuhren nach drüben, und ganze Chöre, Rockbands und Opernensembles von drüben wurden in die DDR eingeladen – Westbesuch, Ostbesuch. Das Dresdner Staatsschauspiel, so entnehme ich einem Fundstück, fährt im Mai 1966 mit Gorkis Szenenfolge »Feinde« auf Westdeutschlandtournee. Die Berichterstatter teilen mit: »Viele der Dresdner fühlten sich durch primitive Fragen zu Recht beleidigt. In Köln wurde die Schauspielerin E. gefragt, ob Dresden ›bei den Russen oder bei den Polen‹ läge und ob es ›gelegentlich Sonderzuteilungen auf die Lebensmittelkarten gäbe‹«. Nach der Rückkehr vom Gastspiel werden die Westpässe oft schon am Flugplatz von der Reisestelle eilig wieder eingesammelt, in einer Plastetüte. Erleichterung breitet sich aus, wenn alle zurückgekommen sind, denn jeder, der die Gelegenheit genutzt hat und im Westen geblieben ist, verdunkelt die Aussicht der Kollegen auf die nächste Westreise.

Das rostrote Gelände des Bundesarchivs in Berlin-Lichterfelde strotzt vor Geschichte, hier ist sie gut aufgehoben. Als Kadettenanstalt erbaut, später als staatliche Bildungsanstalt genutzt, besetzte 1933 die »Leibstandarte SS Adolf Hitler« das Grundstück und setzte ihre Marke, indem sie den Boden schnellstens mit Blut besprengte, Folge der Exekutionen während des sogenannten Röhm-Putsches. Damit die SS-Männer sich dennoch sauber fühlten, wurde ihnen eine Schwimmhalle errichtet, geschmückt mit starken, deutschen, steinernen Körpern. Von 1947 bis 1994 logierten hier die amerikanischen Streitkräfte, im Telefonbuch unter »Andrew Barracks« verzeichnet. Danach zog das Bundesarchiv ein. Jetzt sitzen in den Sälen Nutzer aller Nationen, stumm über Aktenordnern mit verblichenen Schriften und abgelebten Anordnungen. Australier, die sich für die Hierarchien der SED-Kader interessieren, Chinesen, die die Fünfjahrespläne der DDR studieren, und Dänen, denen am Segelsport des versunkenen Arbeiter-und-Bauern-Staates gelegen ist. Man sitzt da, gräbt und wühlt und stößt plötzlich auf eine Notiz, in der vergangenes Leben aufersteht, als sei es heute.

Der BRD-Arbeitsminister Norbert Blüm, meldet ein Telegramm vom 9. Mai 1987, »Dringlichkeit: Blitz«, der Blüm habe die Absicht, zu einer Jugendweihefeier nach Eggersdorf, Kreis Strausberg, zu reisen, privat, rein familiär. Ein Hin und Her von »Kurzerhand«-Blättern folgt, fieberhaft wird nach dem Namen der Familie gesucht, die Blüm zu besuchen plant. Ob er zur Jugendweihefeier ins Gesellschaftshaus Eggersorf gehen würde oder nur zum anschließenden Familienessen ins Restaurant Bacchus in Mahlsdorf – aufgeregte Vermutungen. Man findet heraus, dass am 9. Mai im Gesellschaftshaus zwei Feiern stattfinden, eine um 9 Uhr und eine um 10.45 Uhr, ungewiss sei eben, welche der Feiern der Blüm besuchen würde. Der Stand der Vorbereitung der Jugendweihefeiern in Eggersdorf werde durch den Genossen G. kontrolliert, »wenn der Name der betreffenden Familie bekannt ist, wird sofort informiert«. In beiden Etablissements wird die Saaldekoration geprüft, und die Speisekarte. Jeder, der aus dem Westen kommt, hat Anspruch auf Weltniveau, also soll auch der Aufenthalt des bundesdeutschen Ministers auf Weltniveau stattfinden, dazu bedarf es penibler »Maßnahmen und Festlegungen«. Aus den Dokumenten geht nicht hervor, ob Norbert Blüm nun tatsächlich zur Jugendweihefeier nach Strausberg fuhr oder nicht. Heute erzählt man sich in Eggersdorf, es sei nur ein Gerücht gewesen, dass er kommen wollte. Mit einem bloßen Gerücht also konnte man den Parteiapparat auf Trab bringen.

Die Archivarin H., eine blonde Frohnatur, berät die Suchenden. Frau H. hat es gern, wenn ab und an das pure Leben in das papierene einbricht, nicht nur Akten sind als Zeugen brauchbar, auch Menschen, auch Frau H., die Archivarin. Sie hat ihr Fach in der DDR studiert. Als »Geheimnisträger« durfte sie keine Westkontakte haben, das musste sie unterschreiben. Einmal, erzählt sie, ging sie in den »Wildschütz«, ein Restaurant in ihrer Wohngegend. Da setzten sich drei junge Männer an ihren Tisch. Westler. Sie hätte zahlen und gehen, hätte die Flucht ergreifen müssen vor dem Westkontakt. Tat sie aber nicht. Sie blieb sitzen. Erstens hatte sie Hunger, zweitens ist sie gesellig. Es wurde ein netter Abend. »Man hat doch diese Bestimmungen nicht eins zu eins genommen«, sagt die Archivarin, Geschenke durfte sie ja auch nicht annehmen, trotzdem habe sie die digitale Uhr, die ihr eine entfernte Verwandte mitgebracht hatte, vor aller Welt getragen. Den Kollegen gegenüber erwähnte sie so nebenbei, dass ihr Vater die Uhr jemandem abgekauft habe, der sie im Westpaket bekommen hatte.

Mon Chéri, mein Westpaket

»Baue eine Brücke, sende Briefe, Bücher, Pakete nach drüben« – so startete in den frühen Fünfzigern die Plakatkampagne, die die Bundesbürger aufrief, solidarisch zu sein mit den Brüdern und Schwestern in der Ostzone und das Band zwischen den Deutschen nicht reißen zu lassen, die nationale Nabelschnur darf nicht zerschnitten werden. Das Westpaket, fassbare Behauptung deutscher Zusammengehörigkeit, bleibt über die Jahrzehnte der Teilung ein Politikum. Von den Blockschokoladen, Bananen und Marzipanbroten, selbst von den Puddingpulvern sei ein inwendiges Leuchten ausgegangen, schreibt der Dichter Thomas Rosenlöcher. Das sei der Unterschied gewesen zwischen ihm und seinem Westonkel. Dass der Bananen meinte, wenn er Bananen gab, »wogegen wir das Leuchtbild eines anderen Lebens dankbar entgegennahmen ... das Aroma der Ferne im Leuchtbild der Banane«. Die östliche Dankbarkeit für das Westpaket spornt zu immer mehr Westpaketen an: »Und wieder ein Wohlstandsgletscher auf unserem Küchentisch«. Edelgard B. schwärmt ihrer Freundin in Essen vor, welche Wirkung die Sachen aus dem Paket im Osten entfalten: »Mit dem Pid-Deo-Spray falle ich überall sehr angenehm auf, der Duft der großen, weiten Welt! Dann habe ich das kleine 4711-Fläschchen in der Handtasche, jeder schnuppert: Aha, West!«

Der Osten bleibt nichts schuldig und schickt seinerseits Pakete. Selbst gedrechselte Leuchter, Filzpantoffeln, Kinderbücher, Dresdener Stollen, Weihnachtspyramiden und Nussknacker. »Der Nußknacker aus dem Erzgebirge möge euch immer an uns erinnern«, so steht es auf einer Weihnachtspostkarte aus Eisenach. In den siebziger Jahren bedankt sich eine Pfarrersfamilie aus dem Westen sehr höflich, aber auch bedrängt für das Nikolauspaket aus dem Osten: »Eine große Überraschung war da für jeden von uns drin: das wunderbar gestaltete Märchenbuch für die Buben, der selbstgestrickte Nikolausstrumpf und das Metermaß, damit sich die Buben nicht nur dem Geiste nach zu messen brauchen, und schließlich für uns Alte der wunderbare Tischbrokatläufer und für mich u. meinen Rauch das Büchlein über den Tabak. Und trotzdem haben wir bei all dem ein schlechtes Gewisssen u. Ihr wißt auch, weshalb.« Zu vermuten ist, dass die rührigen Päckchenpacker ihre Adressaten in Zugzwang bringen wollten und eine Gegengabe aus dem Westen erwarteten.

Während sich in den Ostpaketen Dinge befinden, nicht mehr und nicht weniger als Dinge, ersteht aus den Westpaketen eine Welt vom anderen Stern. Jedes Ding ein Fetisch, die Probe einer anderen Existenz. Die Dinge von drüben ermöglichen Millionen kleiner Grenzübertritte in östlichen Küchen und Wohnzimmern, zelebriert beim andächtigen Öffnen der Westpakete. Jedes dieser Pakete enthält politischen Sprengstoff, auch wenn er wie Niveacreme aussieht. Wer sich mit Fa-Seife wäscht, riecht nicht mehr nach DDR, wer Mon Chéri mit der Piemontkirsche isst, könnte Sehnsucht nach Frankreich kriegen, wer Kaba kostet, den Plantagentrank, der könnte das Bedürfnis entwickeln, allmorgendlich löslichen Kakao trinken zu wollen. Wer Westpakete bekommt, führt ein Doppelleben, eins in der DDR und eins im Paket.

Auch wer Westpakete austrägt, wird mitunter nicht ohne Arg betrachtet. In der frommen Weihnachtszeit spielt sich in einer Ortschaft im Thüringischen eine Posse ab, die selbst das Christkind zum Kichern gebracht hätte. Günter H., seit dreißig Jahren Hauptmann der Volkspolizei in Bad Salzungen, ist verheiratet mit Gudrun, seit zwanzig Jahren Zustellerin bei der Deutschen Post. Mitte Dezember 1984 wird der Hauptmann von seiner Dienststelle aus dem Urlaub zurückgerufen. Es gebe, so die Politaufseher seines Büros, die

Information, dass er seiner Frau beim Briefe- und Pakete-Austragen behilflich sei, darunter auch »Postsendungen aus dem nichtsozialistischen Ausland« – Weihnachtspakete aus dem Westen. Damit mache er sich zum »Postboten des Gegners« und beschädige das Ansehen der Volkspolizei. Die Genossen laden ihn zu einem »Erziehungsgespräch«, in dessen Verlauf der beschuldigte Hauptmann »in überheblicher Art und Weise lächelte und sich uneinsichtig zeigte«.

In Wahrheit ist Günter H. keineswegs zum Lachen zumute, er kocht vor Wut. Jedes Jahr, kurz vor Weihnachten, so erklärt er in einer Eingabe an das Zentralkomitee der SED, nehme er sich ein paar Tage Urlaub, um seiner Frau beim Austragen der Briefe und Pakete über eine zwölf Kilometer lange Tour zu helfen. Sie hätten vier erwachsene Kinder, die Weihnachten zu Besuch kämen, und für dieses große Familienfest müsse seine Frau in den umliegenden Kreisstädten umfangreiche Besorgungen machen. Dafür brauche sie Zeit, und deshalb würde er sie bei der Zustellung der Post unterstützen, so sei das jedes Jahr gewesen. Diesmal habe man ihm aufgrund eines anonymen Hinweises befohlen, vom Austragen der Westbriefe und Westpakete Abstand zu nehmen. Man habe ihm vorgeworfen, »Briefe ins Haus zu tragen, in denen der Klassengegner zu Botschaftsbesetzungen aufrufe«, und ihn der staatsfeindlichen Tätigkeit bezichtigt, er habe »auf das Gröbste die revolutionäre Wachsamkeit verletzt«. Ihm sei mit beruflichen Nachteilen gedroht worden. Die Vorgesetzten in Berlin beenden das Politmobbing der Provinzler gegen den »verdienstvollen« Genossen H. Der Vorwurf der staatsfeindlichen Tätigkeit sei überzogen, die Genossen in Suhl sollten bei der »Arbeit mit den Menschen« noch sorgfältiger vorgehen. Es sei jedoch erforderlich, dass »nur die bei der Deutschen Post fest Angestellten die Post für die Bürger zustellen«.

Das Ehepaar H. soll das Problem auf seine Art gelöst haben, erzählt man sich im Ort. Vor dem nächsten Christfest verkleidete sich der Hauptmann als Weihnachtsmann und zog die Westpakete auf einem mit Lametta geschmückten Schlitten hinter sich her. Von einem Weihnachtsmann kann man keine feste Anstellung bei der Deutschen Post erwarten.

Deutsche Erzählungen 7:
Neuruppin unvergessen

Greta Schwarzbauer ist ein Mädchen Ende fünfzig, eine zierliche Person mit braunen Augen, halblangem braunem Haar und einem kurzen Mantel, der ebenfalls braun ist. Sie kommt aus Lüdenscheid im Sauerland, wo Ende der Sechziger sowohl Wohlstand als auch Langeweile verbreitet waren. Für ein Jahr ging sie als Aupair nach London. Zurück nach Lüdenscheid wollte sie nicht. Weil Greta noch nicht einundzwanzig war, mussten die Eltern ihr schriftliches Einverständnis für den Umzug nach Köln geben. Dort lernte sie ihren späteren Mann kennen, einen Jurastudenten. Sie ließen sich Zeit mit dem Heiraten. Erst einmal gingen sie nach Westberlin, wo ihr Freund seine Referendarzeit absolvierte. Dann heirateten sie doch, denn eine wilde Ehe passte nicht ins konservative Umfeld des Juristen. Sie hätten sich in Berlin nie wie im richtigen Westen gefühlt, sagt Greta Schwarzbauer. Beim Wandern im Wald standen sie plötzlich vor der Mauer, und wenn sie nach Köln fuhren, sagten sie: »Wir fahren in den Westen«.

Herr Schwarzbauer stammt aus dem Osten, er wurde in Neuruppin geboren. Als Rudi sieben war, 1953, flohen die Eltern mit dem Erstklässler in den Westen. »Mein Mann hat Neuruppin nie vergessen«, sagt Frau Schwarzbauer, »seine Cousine Ingeborg lebte da mit ihren drei Töchtern, wir haben sie oft besucht. Wir haben auch Geschenke mitgebracht, klar. Lux-Seife, Schokolade für die Kinder, mal einen Schwimmer für die kaputte Toilettenspülung, mal eine Schiene für die Schiebetür, mal ein Mick-Jagger-Poster für die Töchter, obwohl das verboten war. Einmal hatten wir eine Plastiktüte von

Hertie hinten im Auto zu liegen; Propagandamaterial, befand der Grenzer und beschlagnahmte die Tüte.«

Die Schwarzbauers haben öfter Urlaub in Neuruppin gemacht. Sie sahen sich Rudis Geburtshaus an, das Heimatmuseum, das Fontane-Denkmal. Und sie sind den Bienbach entlang nach Boltenmühle gewandert: »Mein Mann liebt die Gegend über alles.« Waren die Ostdeutschen andere Menschen? »Die waren wie wir«, sagt Frau Schwarzbauer, »sie haben die gleichen Spiele gespielt, Rommeé, Canasta, Schwarzer Peter. Wir haben im Sommer auf dem kleinen Pachtwassergrundstück am Ruppiner See gesessen, Spargel gegessen, Brause getrunken und uns von unserem Leben erzählt, diese Art des einfachen Daseins hat mir gut gefallen.« Als Erstes mussten sich die Neuruppiner jedesmal die Erlebnisse von der Grenze anhören, da gab's immer was, die Anspannung musste sich lösen, erst dann hätten sie geplaudert, »die Neuruppiner von sich, wir von uns. Dass eine Kölner Bank pleite gemacht hatte, und wie schlimm das war. Dass die Töchter von Ingeborg nicht in die FDJ müssen, wenn sie lieber in die Kirche gehen möchten, alles ganz normal, wir haben aber auch nicht die reichen, überlegenen Westler rausgekehrt, das lag uns nicht.«

Als sie mal wieder ihre Verwandten in Neuruppin besuchten, seien sie gemeinsam in ein Restaurant gegangen, erzählt Frau Schwarzbauer. Da saßen am Nebentisch Leute, die auch aus dem Westen kamen. Die bestellten sich jeder zwei Portionen, weil es so billig war im Osten. Am Ende schafften sie nicht alles und ließen es liegen. Frau Schwarzbauer hätte in die Erde versinken mögen, so peinlich sei ihr das gewesen. Nach der Maueröffnung sind sie sofort nach Neuruppin gefahren. Plötzlich sah das Haus der Cousine armselig aus, so kahl, so trist. Frau Schwarzbauer meint, es könnte daran gelegen haben, dass November war und die Platanen beschnitten gewesen sind.

**

Es kommt der Tag, da musst du in die Ferne

Kamtschatkakrebs, Cocktails, Unterhaltungsshows – ein Luxusdampfer für Arbeiter, wer wollte aus einem Staat, der so was möglich machte, in den Westen fliehen? Vier Monate vor Mauerbau wird das große weiße Kreuzfahrtschiff »Fritz Heckert« an den Freien Deutschen Gewerkschaftsbund, den FDGB, übergeben. »Dieses herrliche Schiff zeugt vom kühnen Vorwärtsschreiten der Werktätigen unserer Republik auf dem Weg zum Sieg des Sozialismus, zu Wohlstand, Glück und Frieden«, verkündet der Festredner. Die »Fritz Heckert« ist das erste neu gebaute deutsche Kreuzfahrtschiff nach 1945, sie schwimmt nach Helsinki, nach Casablanca, nach Guinea. Die Passagiere dürfen an Land und sich die Welt ansehen. Jedesmal, wenn Landgang auf dem Programm steht, setzen sich ein paar Kreuzfahrer ab, in Schweden, in Casablanca, in Tunis. Am Ende tritt das Traumschiff mit einem Minus von sechsundzwanzig Passagieren die Heimreise an, der Westen ist stärker als der Traum, die Landgänge werden fortan beschränkt.

Um so erstaunlicher, dass vier Jahre nach Mauerbau, im September 1965, die von Laien gebaute Hochseeyacht »Berliner Bär« mit neun Mann an Bord zu großer Fahrt ins Mittelmeer ausläuft. Kein Fluchtversuch, sondern Segelleidenschaft. Nach acht Monaten, im Mai 1966, legt die Crew unbeschadet und vollzählig im Hafen von Stralsund wieder an. Wie kann das sein? Ein paar begeisterte Wassersportler hatten 1955 am Flakensee in Woltersdorf bei Berlin einen Segelverein gegründet, mit eigener Werkstatt. Irgendwann wollen sie weiter segeln als nur über Ost- und Nordsee, sie wollen aufs weite Meer hinaus, sie wollen einen eigenen Hochseekreuzer, »zugelassen für alle Meere und Ozeane«. Ausgerechnet im Sommer 1961 beschließen die

Männer, sich diese Yacht selber zu bauen. Es gab zu allen Zeiten Menschen, die man Enthusiasten nennt. In einem Land ohne Reisefreiheit, dem es noch dazu an Material für den Bau eines Hochseekreuzers mangelt, enthusiastische Pläne zu hegen, ist schon verrückt. Doch unter den Spinnern sind ein gelernter Bootsbauer und ein redegewandter Segelfreund mit besten Verbindungen zu Partei und volkseigenen Betrieben, also zu Stahl, Kupfer, Messing, Aluminium und Mahagoni, das macht das Ganze realistischer. Das Traumprojekt hat auch Neider, aber die Zahl der Sympathisanten ist größer. An jedem Wochenende, in jedem Urlaub, wird fieberhaft am Schiff gebaut, drei Jahre lang, immer mit dem Zweifel: Und wenn sie uns nicht rauslassen?

Man lässt sie. Der »Berliner Bär« segelt mit Genehmigung der höchsten Stellen und mit schwarz-rot-goldener Hammer-Zirkel-Ährenkranz-Flagge durchs Mittelmeer. Zur Crew gehören ein Reporter der Zeitung »Neues Deutschland« und ein Redakteur vom DDR-Fernsehen. Seit sie den Nord-Ostsee-Kanal passiert hat, raucht die Besatzung Pall Mall anstatt Karo. Nach dem Sturm in der Biskaya, den sie glücklich überstehen, trinken die Männer auf den Schreck heimatlichen Weinbrand Edel. Die Spanier staunen über den Besuch von hinter dem Eisernen Vorhang: Eine Segelyacht aus Mauer-Alemania! So schlimm konnte es nicht sein mit dem Eingesperrtsein, wenn DDR-Bürger auf große Fahrt durch die Meere gehen können, mögen sie gedacht haben. Die Ausnahme soll propagiert werden, als sei es die Regel, über Ozeane zu segeln. Eine Propagandamaßnahme?

Deutsche Erzählungen 8:
Der Segelfreund

»Es war Seglerleidenschaft«, sagt Dr. Müller, der die Woltersdorfer Crew gut kannte, »an erster Stelle war es Seglerleidenschaft, erst an zweiter Stelle politisches Kalkül.«

Segeln ist auch Müllers Leidenschaft. Genau genommen bedeutete Müller das Segeln mehr als seine Arbeit als Dozent
für Demographie am Institut für Ökonomie und Planung
des Volksbildungswesens. Vielleicht lag es daran, dass sich
beim Segeln nicht alles planen lässt, nicht der Wind, nicht
das Wetter, nicht die Strömung. Segeln ist Herausforderung,
die Arbeit am Institut dagegen ließ sich dösend erledigen.
Die H-Jolle war Müllers Boot, da war er ein paarmal DDR-
Meister. Vorher ist er Ostzonenmeister im Schwimmen gewesen, Deutscher Meister im Wasserball, Deutscher Meister
der DDR war er auch mal. Die flatterhaften Bezeichnungen
für Müllers sportliche Leistungen zeigen das Auf und Ab
der deutschen Dinge, die schwankten und sich blähten wie
die Segel im Wind. Walter Ulbricht war gegen die weißen
Sportarten, erzählt Müller, Segeln, Tennis, Hockey – alles
zu bürgerlich. Jürgen Vogler, in den Fünfzigern Vierter in
der O-Jolle bei der Olympiade in Melbourne, konnte den
Staatsratsvorsitzenden überzeugen: »Genosse Ulbricht, wir
werden den Klassenfeind in seinem eigenen Revier schlagen,
wir werden beweisen, dass Arbeiter die besseren Segler
sind.«

Im Segelsport gab es immer deutsch-deutsche Kontakte,
die seien nicht zu verhindern gewesen, sagt Müller. Auch
wenn die DDR-Delegation vor Regatten verdonnert wurde,
sich unter keinen Umständen mit den bundesdeutschen
Seglern zu verbrüdern, stand man am Morgen in Kiel doch
gemeinsam neben den Booten und redete übers Segeln. Zu
Regatten in Ungarn und in der Tschechoslowakei reisten
auch Westler und trafen dort Ostler, auf neutralem Boden
sozusagen. Ein fröhliches Fest veränderte Müllers Leben.
»Ihr müsst unbedingt kommen«, hatte er 1988 aufgeräumt
an seine westdeutschen, österreichischen und Schweizer
Segelfreunde geschrieben und sie herzlich zur Jubiläums-
regatta an den Müggelsee eingeladen, Anlass: Die »Piraten-
klasse« wurde fünfzig. Das Jubiläum wurde ordentlich ge-
feiert, mit Radeberger Bier und Aalen von den Köpenicker

Fischern. Am Montag danach rief der Vizepräsident des Deutschen Turn- und Sportbundes bei Dr. Müller an: »Was war da los am Wochenende?« Einer der Segler, ein IM – der dicke Michael war's – hatte Meldung erstattet über die unerlaubten deutsch-deutschen Berührungen. Müller wurde aller Sportämter enthoben.

Im Sommer darauf fuhr er in Urlaub an den Balaton, Anfang September 1989 kam er zurück. »Dr. Müller, Sie sollen sofort zum Chef!«, empfing ihn die Sekretärin seines Instituts. Sein Vorgesetzter schlug ihm etwas Überraschendes vor. Er solle seine Habilitation schreiben, irgendein Thema würde sich schon finden, Müller sollte aus dem Studienbetrieb verschwinden. »Warum denn das?«, fragte der überraschte Demograph. »Hol dir die Antwort von deinem Sport!«, knurrte der Vorgesetzte und deutete die unerlaubten Westkontakte an, den nicht angemeldeten Westbesuch beim Vereinsfest in Grünau, das bereits über ein Jahr her war, manchmal mahlten auch die Mühlen der Stasi langsam. Müller ergriff Panik: Die wollen mich nicht mehr, die buchten mich ein, ich muss hier weg. Er fuhr zu seiner Freundin. »Sabine, Koffer packen, wir fliegen nach Budapest!« Ungarische Segelfreunde halfen ihm, in den Westen zu entkommen, Hamburger Segelfreunde standen ihm finanziell bei. Eine Flucht acht Wochen vor Mauerfall.

Im Westen lud ihn der Deutsche Seglerverband zu einem Gespräch, ein Mann vom Bundesnachrichtendienst war auch dabei. Dr. Müller wurde als »Präsident des größten ostdeutschen Amateur-Segelklubs« begrüßt. Die Herren fragten ihn aus. Berühmte DDR-Segler, DDR-Sportfunktionäre – wer wo wie was, Name, Verein, Adresse. Ich komme hier ja vom Regen in die Traufe, dachte der Flüchtling erschrocken, stand auf und ging.

Die Mauer war weg, Müller blieb in Hamburg. Arbeit fand er nicht in seinem Beruf, sondern bei einem Segelausstatter am Rödingsmarkt, als Einkaufsleiter. »Der Laden stand wie 'ne Wand gegen mich«, sagt Müller, »da kommt einer aus dem Osten und löst ein Hamburger Urgestein als Chef ab!« Müller sorgte dafür, dass der Degradierte dasselbe Gehalt bekam wie er, da war der Bann gebrochen. Doch das Glück war ihm nicht lange hold in Hamburg. Seine Freundin trennte sich von ihm, er wurde gekündigt. Mit der Wissenschaft war es sowieso vorbei, er war über fünfzig. Der Personalchef der Hamburger Handwerkskammer gab ihm einen guten Rat: »Wenn Sie sich bewerben, Herr Dr. Müller, schreiben Sie nie, dass Sie nicht in der SED waren, das gilt bei uns als Karriereverzicht!«

Müller fühlte sich einsam in Hamburg, keiner suchte seine Nähe, keiner lud ihn ein. Er dachte, das sei so, weil er aus dem Osten kam. »Doch die besuchten sich auch gegenseitig nicht, die waren alle gegeneinander abgeschottet«, sagt er, »man traf sich nur im Segelklub. Diese Hamburger Männer führten ein Parallelleben. Die Kinder aus dem Haus, die Frauen alt, die Häuser kalt; da mochten sie nicht sein.« Müller hatte Heimweh. Dennoch blieb er sechs Jahre in Hamburg, bevor er nach Berlin zurückkehrte und sich fragte: Warum bin ich eigentlich abgehauen? Er hatte die Angst von damals vergessen.

***

Reise in ein fernes Land

Wer fährt schon freiwillig in dieses Land! – diese Meinung hätten sie im Westen oft gehört, und es hätte sie »als letzte Gesamtdeutsche« mitten ins Herz geschnitten, »gerade so, wie wenn man von Grimma erzählt oder von Pirna, von Küstrin oder von Kühlungsborn – und todsicher kommt die Gegenfrage: Wo liegt das eigentlich?« Im März 1964 begeben sich drei Journalisten aus Hamburg, Marion Gräfin Dönhoff, Rudolf Walter Leonhardt und Theo Sommer, auf die »Reise in ein fernes Land«. Sie durchstreifen in ihrem Volkswagen die exotischen Gefilde des Arbeiter-und-Bauern-Staates, sie bemühen sich, ohne Vorurteile aufzuschreiben, was sie dort erleben. Sie berichten über den Braunkohlegestank zwischen Böhlen und Espenhain, über die ineffiziente Wirtschaft und die Neue Ökonomische Politik, die endlich so was wie einen Sinn für Gewinn erkennen lasse. Sie schwärmen von der sanften Ostseeküste, vom Thüringer Wald und den Burgen an der Saale. Sie registrieren die beschwerlichen Umstände einer Fahrt in den Osten. Noch nie in ihrem Leben seien sie so oft kontrolliert worden wie am 12. März 1964, als sie von Hamburg nach Strausberg fuhren, sechzehnmal an einem einzigen Tag, und das als geladene Gäste.

Beim Wiedersehen mit dem anderen Teil Deutschlands sei ihnen bewusst geworden, wie sehr sich die Bundesrepublik bereits verändert hatte, »im Sinne einer gewissen Amerikanisierung«, wie es in ihrem Buch »Reise in ein fernes Land« heißt. Und die DDR? Die gleichen Backsteinbauten wie in Schleswig-Holstein, nur schäbiger, kaum Neonlicht, dunkle kleine Städte, wenige Autos. Das Zeitalter der Fußgänger und Bierkutscher sei dort noch nicht zu Ende, man erlebe »eine Art Freilichtmuseum deutscher Vergangenheit«. Sie hatten das Gefühl, in eine Welt gekommen zu sein, die dreißig Jahre hinter der ihren zurückläge. Das Telefonbuch von Weimar, einer Stadt mit 65 000 Einwohnern, umfasse ganze elf Seiten, berichten sie, und dass in den Hotels Zeitungen mit kyrillischen Buchstaben und chinesischen Schriftzeichen ausliegen, die »Unità« und die »Tribuna Ludu«, aber keine »New York Times«, keine »Neue Zürcher Zeitung«, kein »Observer«. Und dass im Reisebüro nicht die blaue Adria, das sonnige Spanien, Mallorca oder ein Flug auf die Bahamas angeboten werden, sondern Reisen nach Ungarn, Moskau, China und in die Mongolische Volksrepublik. Ein fernes Land eben, die andere Hälfte der Welt. Aber sie entdecken auch Angenehmes. Das Essen, zum Beispiel in Wurzen, sei ganz ordentlich gewesen. In einem kleinen Gasthof hätten sie für Zweimarkfünfundachtzig ein Gulasch bekommen, das in Hamburg Viermarkfünfzig koste. Die Reisenden teilen ihren Lesern mit, dass in dem fernen Land, das sie besucht haben, niemand mehr hungert oder friert. Sie geben Ratschläge für Päckchenpacker. Extra-Gutes sollen sie schicken, Salami, Frankfurter Schinken, ausgefallene Käsesorten, Virginia-Tabake – »gute Seife, teures Parfüm, nahtlose Strümpfe – das sind willkommene Geschenke«. So sei das nicht mehr, dass »das, was wir wegwerfen möchten, gerade noch gut genug ist für die ›Brüder und Schwestern‹«.

Im Westen, so die Hamburger, herrsche die Vorstellung, dass Kommunisten bar jeder Moral seien, dass es ihnen allein um Machtausübung ginge. Das Komplizierte aber sei, dass die Kommunisten von der Moral so durchdrungen seien, dass sie andere zu größter Hingabe und Opferbereitschaft inspirieren könnten. Dass in mancher Hinsicht der Idealismus im Osten größer sei als im Westen: »Die drüben glauben wirklich, man könnte die Welt verändern und die Menschheit von der Versuchung des Bösen befreien.« Sie fragen einen jungen Geschichtsdozenten nach dem Sinn des Lebens, und der antwortet, dass der Sinn seines Lebens in dem Versuch liege, Not, Elend und Ausbeutung zu beseitigen. Sie bemerken »enthusiastischen Schwung«. Die verblüffendste Erfahrung der DDR-Fahrt sei gewesen, »dass drüben soviel Lauterkeit am Werke ist, soviel Hingabe, soviel unbezweifelbares moralisches Wollen«. Es sei aber der Verdacht nicht abzuschütteln, dass der Missbrauch des Idealismus fortlebe, »wie stets, wenn eine Sache über alles gestellt wird«.

Deutsche Erzählungen 9:
Herr Frank und das Käfighuhn

Herr Frank stellte die Sache des Sozialismus über alles. Er war Geistesschaffender und hatte eine Aversion gegen Hühner. Er musste sich aber mit ihnen beschäftigen, weil er Ende der Sechziger eine Dissertation schrieb, in der Hühner eine Rolle spielten. Frank begab sich in ein Kombinat für industrielle Tierzucht und studierte das Verhalten der kleinen, weißen Hühner, die extra für die Käfighaltung gezüchtet worden waren und auf ihrem engen Areal besonders viele Eier legten. Mit der Zeit gewöhnte er sich an die Hühner, er gewann sie sogar lieb und nahm eins mit für den eigenen Garten, wo das Huhn ein freies Leben haben sollte. Ein befreundeter Verhaltensforscher riet Frank von dem Vorhaben ab; das kleine weiße Käfighuhn würde in der Freiheit kaputtgehen. Herr Frank nahm es dennoch mit nach Hause und baute ihm einen weitläufigen Holzstall mit viel Auslauf.

Das Huhn fraß nicht und trank nicht. Es sprang andauernd in die Höhe; es wollte seinen Durst stillen auf die Weise, wie es seinen Durst gestillt hatte, als es noch im Käfig war; dort kam das Wasser von oben, und das Huhn musste springen, um zu trinken. Der besorgte Hühnerhalter stellte mit Wasser gefüllte Fotoschalen im Stall auf. Das Huhn stand nun mit den Beinen im Wasser, kam vor Durst fast um, trank aber nicht. Frank kaufte auf dem Markt vier Junghühner, die auf einem Hühnerhof aufgewachsen waren. So ging es. Von der eigenen Art ließ sich das Käfighuhn belehren und trank das Wasser wie die anderen Hühner. Und dann, plötzlich und unerwartet, wurde das kleine weiße Käfighuhn Chefin über die Bauernhühner. Wenn es legen wollte, machten die anderen Platz, die Chefin probierte die Nester und suchte sich in aller Ruhe eins aus. Wie kann es sein, dass ein Huhn, das aus der Unfreiheit kommt und fast daran verdurstet, zur Chefin über Hühner wird, die in Freiheit groß geworden sind! »Sehen Sie sich doch unsere Kanzlerin an«, meinte Herr Frank.

Dass er in Freiheit groß geworden sei, kann man von Herrn Frank nicht behaupten. Er hat eine preußische Erziehung hinter sich, sein Vater, ein Prokurist, hatte den Sohn zu unbedingtem Gehorsam erzogen. Abends beim Ausziehen mussten die Sachen auf Kante liegen, für »lange Ohren« gab es Dresche, Kinder durften nur reden, wenn sie gefragt wurden. Der Vater, der nicht nur Prokurist, sondern auch Ortsgruppenleiter der NSDAP gewesen war, starb in einem Internierungslager der Sowjetarmee. So ein Geschick, möchte man meinen, hätte den Sohn von aller Politik fernhalten müssen. Doch der wollte es besser machen. In seiner ersten eigenen Wohnung, einem möblierten Zimmer in Potsdam, legte Herr Frank seine Sachen abends nicht mehr auf Kante, sondern schmiss sie auf den Fußboden; kleine Rebellion gegen das preußische Reglement des Vaters, ein Aufbegehren ohne Konsequenz. Er wurde zum glühenden, unbedingten Verfechter der Diktatur des Proletariats in einem antifaschistischen Arbeiter-und-Bauern-Staat. Der junge Heißsporn war begabt und ehrgeizig, er stieg schnell auf. Als höherer Angestellter ging er öfter zu öffentlichen Veranstaltungen. War der »Augenzeuge« zugegen, nahm die Kamera jedes Mal Herrn Frank ins Visier, weil er so smart wirkte mit seinem dunklen Haar, den grünen Augen und der langen, schmalen Nase, so geschniegelt und gebügelt; er sah irgendwie nach Welt aus, das gefiel den DEFA-Kameramännern, das schuf internationales Klima.

Herr Frank verliebte sich in eine Kollegin, ein zartes, bleiches Mädchen, das eben, die Mauer war noch nicht gebaut, von West- nach Ostberlin übergesiedelt war, eine von seinen Vorgesetzten hochgeschätzte politische Entscheidung, sie war auf die »richtige Seite« gewechselt. Die beiden waren im selben Betrieb tätig, sie tranken öfter zusammen Tee, er war begeistert von ihrem Witz, sie von seiner Redegewandtheit. Eines Tages erschien Frank nicht auf der Arbeit, bei seiner Korrektheit ein sensationeller Vorfall. Das Mädchen befand sich ebenfalls nicht am Platz. Privattelefone waren nicht vorhanden, Aufklärung schien vonnöten, man lebte schließlich in Walter Ulbrichts sozialistischer Menschengemeinschaft, wo sich jeder um jeden kümmern sollte. »Vertrauen ist gut, Kontrolle ist besser« – das Leninwort machte damals die Runde. Also handelte man und schickte die Kollegin Pölzel los, nach dem Rechten zu sehen. Die Genossin Pölzel, eine schlaue, neugierige Person, eilte zum möblierten Zimmer des Mädchens und klingelte dort so gegen Mittag. Das Paar auf seinem schmalen Liebeslager schreckte auf. Herr Frank kroch unter das Bett und harrte in seinem würdelosen Versteck aus, bis Frau Pölzel nach lauerndem Sich-Umgucken und halbherzigen Genesungswünschen zögernd die Wohnung verließ. Es war eines der wenigen Male im Leben des Herrn Frank, dass er vom Pfad des Pflichtbewusstseins abgewichen war.

Der Korrekte heiratete das Mädchen, was bei allen Vorteilen den Nachteil mit sich brachte, dass er nun Westverwandtschaft hatte, die jederzeit zu Besuch in den Osten kommen konnte. Das war für Frank, der zur »Kaderreserve« gehörte, heikel. Über alle Westkontakte, bedeuteten ihm die Genossen, wird »von uns« entschieden: »Du sagst vorher Bescheid, und wir sagen, was wir darüber denken und was wie zu geschehen hat.« Wovor, fragte sich Frank damals, wollen mich die Genossen bewahren, vor westlichem Glitzer, vor Geheimdiensten oder vor mir selber? Auf die einfache Frage »Etwas dagegen, dass ich zu Ostern, zu Weihnachten, zum Geburtstag mit meiner Frau nach Westberlin fahre?« kam zunächst immer die hinhaltende Auskunft »Du bekommst Bescheid«. Später dann folgte die Ablehnung, mit dem Hinweis, man könne sich ja im Osten treffen. Doch wie sich alsbald herausstellte, waren die familiären Begegnungen im Osten ebenfalls genehmigungspflichtig. Als dann die Mauer stand, musste er melden, wenn sich Westbesuch bei ihm angekündigt hatte. Manchmal durfte er ihn empfangen, manchmal nicht, ganz nach Gusto der Genossen oder politischer Großwetterlage.

Pfingsten, das liebliche Fest, war gekommen, als der Schwager aus Schleswig-Holstein mit Frau und Kind die Franks besuchen wollte. Die Formalitäten waren erledigt, die Rinderrouladen bestellt. Frank machte Meldung, eine Formalität, er rechnete mit Genehmigung. »Du bist nicht zu Hause, wenn deine Westverwandten kommen«, wurde ihm harsch beschieden, »du bist auf Dienstreise!« Frank folgte den Anweisungen, wie er zeit seines Lebens Anweisungen gefolgt war. Er packte seine Waschtasche und besprach mit seiner Frau die Ausreden, die wahren Gründe konnte sie dem Schwager nicht erzählen, denn der brachte der DDR ohnehin wenig Sympathie entgegen und verstand nicht, warum seine Schwester überhaupt jemals in den Osten gegangen war. Also schwindelte sie, dass ihr Mann, der sich so auf den Besuch gefreut habe, plötzlich dringend dienstlich nach Prag musste.

In Wahrheit saß Herr Frank über Pfingsten zwischen leeren Doppelstockbetten im Kinderferienlager seines Betriebs in der Nähe von Ferch, außer ihm war nur noch der Hausmeister zugegen. »Ein Sonderauftrag«, brummte der Ausgesperrte, wälzte Akten und fuhr viel Rad. Am Abend des Pfingstmontags, nachdem sie den Westbesuch am Tränenpalast verabschiedet hatte, holte ihn seine Frau aus der Verbannung. Zur Entschädigung für beider Pein gingen sie fein essen. Seine Frau äußerte während des Essens, dass sie es überflüssig fände, Meldung zu erstatten, wenn man Familienbesuch erwartete. »Also, Frank« – sie sprach ihn prinzipiell mit seinem Nachnamen an –, »in diesem Punkt stimme ich nicht mit dir überein«, sagte sie und trank ein Glas Wein mehr. Ihr Mann, froh, dem pfingstlichen Exil entronnen zu sein, hielt sich an diesem Abend mit seiner Meinung zurück, er fühlte sich als Märtyrer im Sinne der Sache und wollte sich dieses erhabene Gefühl von niemandem zerstören lassen, nicht von seiner Frau und nicht von sich selber.

Die Partei, meint Herr Frank an einem verhagelten Frühlingstag vierzig Jahre später, die Partei hätte die Untertanentradition der preußisch-deutschen Geschichte ausgenutzt, anstatt sie abzuschaffen; das habe er gerade in einem guten Buch gelesen. Das kleine weiße Käfighuhn, doziert er triumphierend, sei ein Beispiel für die Veränderungsfähigkeit aller Kreatur. Anerzogene Eigenschaften könnten abtrainiert werden und sich in unverhoffte Qualitäten verwandeln.

***

Veränderungsfähigkeit beweisen auch die Autoren des Buches »Reise in ein fernes Land«. 1986, zweiundzwanzig Jahre nach der ersten DDR-Fahrt, wird dieselbe Zeitung ihre Reporter, nunmehr sechs statt drei, ein zweites Mal in die Gegend zwischen Weimar und Rostock schicken, diesmal nicht in ein »fernes Land«, sondern auf die »Reise ins andere Deutschland«, in die »menschlich gewordene DDR«, denn die ist inzwischen der geduldete zweite deutsche Staat. Wie sehr sich die beiden Teile Deutschlands in zwei Welten entwickelt hätten, »wie fremd sie einander geworden sind, das kann nicht mehr weggeredet werden«, registriert Marlies Menge, Ostberliner Korrespondentin der »Zeit«, und zitiert nicht ohne Sympathie die Meinung einer Ostfrau: »Mir sind die Westdeutschen zu momentan, alles ist irgendwie Mode, sogar Gefühle und politische Überzeugungen. Bei uns kann man sein, wie man wirklich ist und muss nicht dauernd demonstrieren, wie erfolgreich man ist.«

Der Westdeutsche reise unbefangener nach Polen oder in die Sowjetunion als in die DDR, werden die Reporter an sich selber feststellen, dort lebten zwar auch Kommunisten, und manches sei fremd, aber das seien schließlich andere Länder, mit anderer Sprache, anderen Sitten. Umgekehrt sei es ebenso. Die Deutschen aus der DDR empfingen französische oder amerikanische Besucher gelassener als die Leute aus der Bundesrepublik. Trotz oder wegen aller Befangenheit sind die Journalisten 1986 milde geworden, verständnisvoll, wohlwollend. Sie sparen nicht mit Anerkennung. Dass vieles besser, bunter, behaglicher geworden sei im anderen Deutschland, schreiben sie. Dass es mehr Autos gebe, mehr Jeans, mehr Lässigkeit, weniger Minderwertigkeitskomplexe. »Drüben hat sich ein zweites deutsches Wunder vollzogen, ein gebremstes, gedämpftes Wunder, aber dennoch.« Sie sprechen von der menschlichen Wärme, die sich unter anderem darin ausdrücke, dass keine ausländischen Taktstraßen bestellt würden, die das »übliche, eher gemächliche Arbeitstempo« der sozialistischen Werktätigen allzu sehr beschleunigen könnten, denn das wäre Ausbeutung. »Sie glauben an das, was sie sehen, die Aufbauleistung ringsum, ihren verbesserten Lebensstandard, die Geborgenheit auch, die ihnen ihr Staat bei allen Kümmerlichkeiten und Kümmernissen bietet.«

Mit ihrem guten Eindruck vom »anderen Deutschland« sind die Reporter nicht allein. Ein großer Teil der westlichen Presse und des westlichen Fernsehens sieht die DDR in den achtziger Jahren wesentlich hoffnungsvoller als die, die dort leben. Erich Honecker, von dem zu Hause inzwischen jedermann ahnt, dass es mit seinem politischen Talent nicht weit her ist, wird von westdeutschen Industriebossen umschwärmt und hofiert. Sie bescheinigen dem kleinen Mann mit dem geflochtenen Sommerhut Kompetenz und Weitsichtigkeit. Franz Josef Strauß borgt ihm Milliarden Valuta-Mark, zu seinem 75. Geburtstag wird eine Gratulationscour im Westfernsehen ausgestrahlt. Dadurch steigt sein Ansehen auch bei den eigenen Landeskindern wieder. Da sie alles glauben, was der Westen ihnen erzählt, glauben sie auch ein bißchen von dem, was der Westbesuch über ihren Staatsratsvorsitzenden zu sagen hat. Guck mal einer an, doch nicht so schlecht, unser Erich, wenn der Beitz von den Krupp-Werken das meint und der Strauß und der von Bohlen-Halbach!

Es käme ihnen vor, hatten die Journalisten 1964 noch geschrieben, als hätten sie es mit Bewohnern einer fernen Insel zu tun gehabt, und nicht mit Angehörigen ihres eigenen Volkes, die doch »die gleiche Geschichte durchlebt haben und dieselbe Sprache sprechen wie wir«. Die 86er Bilanz ist eindeutig positiv. Es herrsche Bewegung anstatt Stagnation, stellen die Journalisten fest, die Zaghaftigkeit hätte selbstbewusster Gelassenheit Platz gemacht, die Trübsal sei verflogen, das Grau weiche freundlichen Farben. Der DDR drei Jahre vor ihrem Ende Stabilität und Gelassenheit zu bescheinigen, ist kurios; was sie sahen, war ein Potemkinsches Dorf in freundlichen Farben. Das Grau von 1964 immerhin war echt und nicht ohne Hoffnung gewesen.

Besuch von der Revolution

Mitte der Sechziger bin ich noch lange nicht verloren für den Sozialismus, doch Zweifel greifen Raum, leise rumort der Stillstand. Was ich im Philosophiestudium lerne, ist nichts als Theorie, Anwendung des Marxismus unerwünscht. Die Jugend im Osten fühlt sich alt. Trotz »Jugendkommuniqué«, »Jugendmode«, »jugendgemäßer Tanzmusik«, trotz Singeclubs und Lyrikbewegung, auf deren Podien ein mutiger Dichter die Frage stellt: »Jungs, lebt ihr überhaupt noch?«

Da kommt das Jahr '68. Die Beatles singen »All you need is love«, die Rolling Stones »Sympathie for the devil«, und im Westen ist Revolution. Rote Fahnen auf dem Kurfürstendamm! »Jünglinge stehn in Universitäten / Und Söhne auf, die ihre Väter hassen« – bisher hatte ich das nur als expressionistisches Gedicht gelesen, jetzt geschieht es auf den Straßen von Westberlin, Hamburg, Tübingen und Heidelberg, ich kann es jeden Abend im Westfernsehen sehen. Der Dienstreisende P. aus Ostberlin erlebt es live. Er recherchiert in Düsseldorf für einen Film zum 150. Geburtstag von Karl Marx. Nach Feierabend steht er am Tresen eines studentischen Bierlokals in der Altstadt. Trubel, laute Rockmusik vom Band, die Stimmung gefällt ihm. Da, plötzlich, unmittelbar nach »My generation« kracht »Die Internationale« aus den Verstärkern, »Völker, hört die Signale!« Der Dienstreisende blickt um sich: Wo bin ich?! Na ja, denkt er mit leiser Genugtuung, die hier sind eben jetzt auch bei Marx angekommen. Als ihn ein Mädchen anflirtet, gehen sie raus auf die Straße, weg vom Lärm. »Wann können wir uns treffen?«, fragt sie. »Das ist nicht so einfach, ich muss morgen wieder weg, ich komme von drüben«, erklärt er. Darauf sie: »Na und? Dann bleib doch hier!«

Widersprüche ohne Lösung: Während in Prag sowjetische

Panzer gegen den »Sozialismus mit menschlichem Antlitz« rollen und alle Hoffnung auf Bewegung, Reform und Veränderung niederwalzen, dem marxistischen Weltbild zum Hohn, brandet aus dem Westen eine unerwartete Renaissance des Marxismus gegen den Eisernen Vorhang, Jugend will die Welt verändern. Jugend steht auf, Jugend fordert die Aufklärung der Vergangenheit ihrer Väter. Sie heben die Fäuste und singen die Internationale. Sie tragen Porträts von Liebknecht und Luxemburg, Marx und Lenin durch die Straßen, Ikonen, die an den Bürowänden der DDR zu Altpapier vergilben. Losungen gegen den Vietnamkrieg und die Unterdrückung der Dritten Welt, die im Osten nur noch als Phrasen wahrgenommen werden, bekommen ihren Ernst wieder. Die Studenten verteidigen die Bilder des Revolutionshelden Che Guevara gegen Polizei und Wasserwerfer. In der DDR wird er aus Fernsehberichten über die Studentenbewegung im Westen rausgeschnitten. Der Guerillero gilt als Anarchist, sein Bild ist eine Gefahr. Kaum ragt auf einem Foto eine Baskenmütze ins Bild, schon werden die Funktionäre nervös. Die kubanische Revolution ist für die alten Männer im Politbüro keine Legende, sondern eine exotische Kaprice aus dem fernen Lateinamerika. Unsere Barrikade ist der Bauplatz, das revolutionäre Programm der Plan – Vorsicht diktiert Stillstand. Walter Ulbricht sieht mit Argwohn auf die roten Fahnen im Westen: »Auf die Straße zu gehen, haben unsere Studenten nicht nötig. Sie lernen fleißig und singen fröhliche Lieder.«

Einer ist da auf den Foren und Tribünen, in den Hörsälen und auf den Kongressen, der schreit mir aus dem Herzen – Rudi Dutschke. Dutschke, der in Luckenwalde aufwuchs. Das Westfernsehen schickt ihn abends in mein Wohnzimmer. Die Worte, die er heiser in die Menge ruft, sind mir nicht fremd. Ich kenne sein Denken, es ist dialektisch. Ich kenne seine Ideale, sie sind sozialistisch. Was ich bisher nicht kennengelernt habe, ist politische Leidenschaft. Dutschke, eine Figur zwischen Liebknecht, Jesus und Saint-Just, bebt vor Pathos. Er haucht dem verstaubten Marxismus Frische und Zeitgeist ein. In seinen Reden finde ich meine Intentionen wieder. Achtundsechzig hält mich bei der Fahnenstange, Achtundsechzig ist die vorübergehende Sanierung einer Utopie. Dieser Westbesuch hat Hoffnungsgrün im Gepäck.

Manchmal kommt die Revolution zu uns nach Hause. Die Westfreunde, die den Achtundsechzigern zuzurechnen sind, tragen lange Haare, schäbige Shirts, ausgefranste Jeans und Lederjacken im Thälmann-Stil. Sie hupen vor unserer Haustür »Ho-Ho-Ho-Tschi-Minh« und heben aus dem Autofenster die Faust zum Rot-Front!, wenn wir vom Balkon gucken. Das hat Bürgerschreck-Schick, wir fühlen uns einbezogen. »Die Apo hat Betriebsferien«, erklären sie grinsend, als wir nach der Außerparlamentarischen Opposition fragen. Die Transparente mit dem Wort Revolution warten in den Büros des SDS, des Sozialistischen Deutschen Studentenbundes, auf den Semesterbeginn. »Bei uns ist es nur in den Semesterferien still«, kontern sie, »bei euch immer.« Dieser Westbesuch regt auf. Die Frage »Was ist revolutionär?« wird zum Thema in meiner Redaktion. Ich schreibe einen Text, in dem ich mir, Vorsicht und Bekenntnis vorausgeschickt, die Frage erlaube, ob es richtig sei, dass nach der siegreichen Revolution der Feierabend den ganzen Tag währt, das Wochenende zum Sinn der Woche wird, die Bequemlichkeit des Denkens alltäglich und das Mittelmaß zum Maß aller Dinge. Mein Kommentar erscheint sicherheitshalber als Leserbrief, »weil in ihm nicht alles zu Ende gedacht« sei.

Der Westen ist immer dabei – sogar die Erfüllung unserer Sehnsucht nach Widerstand gegen die Bewegungslosigkeit in der sozialistischen Gesellschaft holen wir uns von dort. Der Steckbrief mit den Gesichtern der polizeilich gesuchten RAF-Terroristen hat für uns die Poesie des Radikalen, die Morde sind nicht Wirklichkeit, sondern eine Ballade, ein blutiges Märchen hinter der Mauer, hinter den Bergen bei den sieben Zwergen.

Die Aneignung der Achtundsechziger-Attitüde reicht bei einigen DDR-Intellektuellen bis tief in den Alltag hinein. Einmal verlassen wir in grauer Frühe rotweinselig den Künstlerclub Möwe und begeben uns auf die lange Suche nach einem Taxi. Freund L. überkommt ein menschliches Bedürfnis. Er pinkelt an den Rinnstein in der Reinhardtstraße. Da fordert ihn ein Volkspolizist auf, seinen Ausweis zu zeigen. »Keine Gewalt!« – der Pinkler hebt pathetisch die Arme über den Kopf und ruft uns durch die nächtliche Straße zu: »Ihr seid meine Zeugen, dass ich keine Gewalt anwende.« In diesem Moment fühlt sich L. wie ein Revolutionär. Der Volkspolizist lässt sich in seinen Amtsgeschäften nicht irritieren. Er kassiert drei Mark und stellt dem Betrunkenen eine Quittung aus: »3 Mark Gebühr wegen Verunreinigung öffentlicher Straßen und Plätze«.

»Geht doch nach drüben!«, rufen die Leser der Bild-Zeitung den sozialistischen Demonstranten auf den Westberliner Straßen zu. Der Schauspieler Wolfgang Kieling tut es. Er war mit dabei, als am 17. Februar 1968 auf dem Kurfürstendamm zwölftausend Studenten gegen den Vietnamkrieg protestierten. Am Rande der Straße hatten sich hohnlachende Kleinbürger aufgestellt. Sie beschimpften Kieling. Der spiele im Fernsehen doch immer die Mörder, da sei es kein Wunder, dass so einer mit den Roten marschiere. Kieling, der ohnehin einiges satt hat im Westen, geht daraufhin rüber in die DDR, in »das einzige deutschsprachige Land, von dem ich mit Gewissheit sagen kann, dass es an den Verbrechen der amerikanischen Politik keinen Anteil hat«. Er möchte »ohne Hektik, Steuerangst und Profilierungspanik« seiner künstlerischen Arbeit nachgehen. Vor allem ohne die Springerpresse, die gegen den berühmten Schauspieler hetzt, weil er die Goldene Kamera zurückgegeben hat. Die Bild-Zeitung wünscht Kieling gute Reise: »Wenigstens einer, der die Konsequenzen zieht. Der nicht gegen die demokratische Ordnung der Bundesrepublik muffelt und trotzdem ihre Segnungen genießen will. Schade, daß so wenig andere Linksradikale seinem Beispiel folgen. Hinter Mauer und Stacheldraht, in ihrem sozialistischen Paradies, müssen sie sich doch eigentlich viel wohler fühlen als bei uns.«

Zwei Jahre hält es der Schauspieler aus in der DDR, dann zieht er zurück in den Westen, mit der Erklärung, dass er »leider auf verschiedene Annehmlichkeiten nicht mehr verzichten« könne. Resigniertes Ende einer Stippvisite.

Es ist eher die Ausnahme, dass Achtundsechziger in die DDR übersiedeln oder als Westbesuch auftauchen. Vielleicht wollen sie nicht sehen, was aus revolutionären Idealen wird, sobald sie sich anschicken, real zu werden. Es gibt linke Intellektuelle, die jahrzehntelang mit bundesdeutschem Pass in Westberlin leben, ohne ein einziges Mal in Ostberlin gewesen zu sein. Sie wollen nicht als Westbesuch mit Chiquita-Bananen aufkreuzen, in ihrem Programm steht der Konsumverzicht. Rudi Dutschke, der Studentenführer, fürchtet sich nicht vor Berührungen mit dem realen Sozialismus. Er ist im Osten aufgewachsen und besucht regelmäßig seine Mutter in Luckenwalde. Vorher geht er jedesmal zum Friseur, findet später ein Mitarbeiter des Zentrums für Zeithistorische Forschung in Potsdam heraus. Ob er wie richtiger Westbesuch eine Geschenketüte dabeihatte, ist nicht überliefert. Im Heimatmuseum von Luckenwalde sind sein Pullover und seine Lederjacke ausgestellt, in seinem Geburtsort Schönefeld gibt es ein Straßenschild, auf dem »Rudi-Dutschke-Platz« steht, hinten am Ortsausgang.

Manch einem Achtundsechziger fehlt hier und da ein Zahn. Die Betroffenen sind stolz darauf, die Zahnlücken weisen sie als Linke aus, die sich nicht dem Kapital verkaufen und deshalb kein Geld für den Zahnarzt haben. Mit abnehmender Revolutionsbegeisterung allerdings steigen sie erfolgreich ins Immobiliengeschäft ein, zeigen ein makelloses Gebiss und Fotos von ihrem Anwesen in Spanien, die sie in der Brieftasche tragen.

»Das Modell DDR war gut«, wird 1990 ein Westlinker

beharren. »Ja«, wird mit müder Nachsicht ein Ostdeutscher entgegnen, »wie das so ist mit Modellen, 1:1 sieht es dann eben anders aus, schön ist es nur in der Idee.«

Deutsche Erzählungen 10:
Links, links, links

Er war links, ist links und wird links bleiben, bis ihn der grüne Rasen deckt. TSB, so sein Revolutions- und Künstlername, zählt sich zur Elite der Achtundsechziger-Bewegung, die sei schon ab 1964 vorbereitet worden. »Wir waren eine Minderheit, nicht mehr als zwanzig bis dreißig Leute«, sagt er, »ich dachte damals, dass wir niemals mehr werden würden. Und doch wurden wir mehr, viel mehr.« Der lebenslängliche Revolutionär in der braunen Lederjacke, die die Brandspuren von Jahrzehnten in Ehren hält, wurde in Zittau geboren, aufgewachsen ist er in Oybin. Ein Rotarmist, so meint er, habe 1945 seine Wiege geschaukelt. 1951 türmte die Familie über Westberlin nach Lübeck, dem Stammsitz der Firma Katz & Klump, Eisenbahnschwellen, später zogen sie um nach Gernsbach, wo der Vater Vorstandsmitglied von Katz & Klump wurde.

Der Sohn des Vorstandsmitgliedes war schon als Schüler links, er studierte in München Theaterwissenschaft und Soziologie. 1964 war er das erste Mal nach der Republikflucht seiner Familie wieder in der DDR und besuchte das Leipziger Dokumentarfilmfestival. Auf einer Pressekonferenz stand der einundzwanzigjährige TSB auf und widersprach Herrn von Schnitzler vom legendären Schwarzen Kanal, als dieser Ludwig Erhard lobte. »Ich habe ihn«, erinnert sich TSB zufrieden, »links überholt.« Ein Stück dieser Diskussion wurde im Fernsehen gezeigt, der Katz & Klump-Vater sah das und verbot dem Sohn, Weihnachten nach Hause zu kommen.

Auf der Rückfahrt über Probstzella hatte TSB einige

Bände der Marx-Engels-Gesamtausgabe im Gepäck. »Propagandamaterial«, befand der Bundesgrenzschutz, »steigen Sie aus!« Sie telefonierten lange und lieferten den verdächtigen Reisenden in der Bahnhofsmission ab. Am nächsten Morgen fuhren sie ihn nach Coburg und nahmen ihm sein Adressbuch weg, in dem, wie sie behaupteten, konspirative DDR-Namen stünden, sie drohten mit einer Anklage wegen Landesverrats. »Die kam aber nie«, sagt TSB und grinst.

Einmal, um 1965 muss es gewesen sein, saß er vor dem Berliner Ensemble in Berlin, der Hauptstadt der DDR, und hatte zufällig ein blaues Hemd an. Ein Westtourist kam vorbei und fragte ihn, ob er in der FDJ sei. »Ja«, antwortete der Revolutionär aus dem Westen und spielte einen FDJler nach seinem Geschmack. Er fand die DDR bieder und zu wenig links, und es machte ihm Spaß, den idealen DDR-Bürger zu verkörpern, seinen, des Westlinken Entwurf: linksradikal, stolz, im besseren Teil Deutschlands zu leben, an materiellen Dingen gänzlich uninteressiert. »Donnerwetter«, mag der Tourist nach diesem Vorspiel gedacht haben, »Donnerwetter, so eine Askese, so eine Moral!« TSB fuhr oft in die DDR, er verehrte Brecht und die linke Ästhetik, er besuchte Freunde. Einmal, es war das erste Mal, dass die Ostfreunde ihn um etwas baten, ersuchten sie ihn um eine Badezimmerarmatur aus dem Westen, weil die östlichen Plastewasserhähne immerzu abfielen. »Nun also auch die«, dachte der tief enttäuschte Revolutionär. Er brachte die Armatur über die Grenze, aber es war ein Riss in seinem Idealbild vom selbstlos sozialistischen DDR-Bürger im besseren Teil Deutschlands, es machte ihn traurig. Ihm selber ging es doch auch nicht um Materielles, er trug seit '68 dieselbe Jacke und dieselben Jeans, um dem gedankenlosen Konsumrausch keinen Tribut zu zollen. Seine Wasserhähne waren nicht chromblitzend, sondern stumpf und verkalkt. Vermutlich entdeckte er in dem schnöden Wunsch seiner Ostfreunde eine revisionistische Tendenz zur bürgerlichen Dekadenz.

Noch heute sieht TSB die Aufgabe der Kunst in der Veränderung der Welt. Seine mit enormem Aufwand betriebenen Agitprop-Aktionen sind theatralische Provokationen der vorherrschenden Meinung, dass der Kapitalismus das Ende der Geschichte sei. Seinen »Arbeiterbund für den Wiederaufbau der KPD« kann man als einen wirklichkeitsfernen Verein sehen, als weltfremde Sekte; Konsequenz im Widerstand gegen den Zeitgeist ist ihm nicht abzusprechen. Dass der Verein nur ein paar hundert Mitglieder hat, ficht ihn nicht an, aus wenigen können viele werden. Die Bolschewiki seien auch mal wenige gewesen, wie die Achtundsechziger. »Eine Wiederholung des sozialistischen Experiments findet nur statt«, sagt er mit wissendem Lächeln, »wenn es Leute gibt, die das vorbereiten; ich werde es nicht mehr erleben, aber es kommt.« Der Münchner Revolutionär möchte seine letzte Ruhe auf dem Hugenottenfriedhof in Berlin-Mitte finden, sozusagen als Westbesuch will er begraben sein, er hat die Stelle auf der kleinen Wiese schon gemietet.

***

Herr Berger von der Stasi

Anfang der Siebziger taucht ein Mann in der Redaktion auf, Mitte vierzig, mit gescheitelter Vorkriegsfrisur und langem, braunem Ledermantel. Der Mann will zu mir, vermutlich hat er sich vorher mit dem Chefredakteur verständigt. Seine Erscheinung verdunkelt mein winziges Büro. Er zeigt mit Schwung seine rote Klappkarte vor – so nennt man den Stasi-Ausweis –, stellt sich sächselnd mit »Berger« vor und sagt, dass er sich gerne mal ein Stündchen mit mir unterhalten wolle. Nein, nicht hier, nett bei einer Tasse Kaffee: »Nu gucken Se nich so ängstlich, wir fressen keinen.« Falls man den Männlichkeitsidealen des Ufa-Kinos folgt, mag Berger als gut aussehend gelten. Es ist nicht Angst, was ich spüre, eher eine lästige Spannung.

Zwei Tage später bittet er mich telefonisch ins Operncafé. Er bestellt Mokka und sowjetischen Weinbrand und beginnt in einem Ton, den er für weltmännisch hält, mit mir zu plaudern. Es ist Nachmittag, Herbst, draußen herrscht Dunkelheit. Ein paar Tische weiter sitzt ein Kollege bei einem außerehelichen Tête-à-tête ; wir sind also beide illegal. Der sieht doch, mit wem ich hier sitze, denke ich, der sieht doch, dass ich mit so einem Typ niemals privat Kaffee trinken würde. Herr Berger in seinem Lehreranzug erklärt mir die schwierige und wichtige Arbeit der Staatssicherheit. Ich höre artig zu, meine Strategie ist opportunistisch: erst mal Verständnis spielen. Schließlich, stimme ich ihm zu, hat jedes Land seinen Geheimdienst, auch die DDR, die ja im Westen nicht gerade beliebt sei, bräuchte so etwas, und so weiter. So zu reden fällt mir nicht schwer, denn ich bin immer noch von der Idee dieses zweiten deutschen Staates überzeugt. Nur, leider, leider, sei ich für so eine schwierige Tätigkeit ganz und gar ungeeignet; ich sei zu schwatzhaft,

viel zu offen, alles, was ich erlebte, würde ich sofort rum-
erzählen. Und das Wichtigste: Meine Arbeit und mein Kind
würden mich derart in Anspruch nehmen, dass für Geheim-
dienstarbeit einfach keine Zeit bliebe. Herr Berger lässt
noch zwei Weinbrand kommen. »Ich«, wendet er mit melan-
cholischem Blick aus tierbraunen Augen ein, »habe sogar
meinen Beruf, den ich sehr geliebt habe, für die Sicherheit
aufgegeben.« Er sei eigentlich Flugzeugkonstrukteur, aber
um der Sache willen … Kurzum, er ist ein Märtyrer und
Frauenheld; man muss allerdings wissen, dass die DDR-
Flugzeugindustrie bereits Ende der Fünfziger eingestellt
worden war und dass mein Männertyp anders aussieht als
Berger von der Stasi.

Er bestellt mich ein zweites Mal. Er versucht, mir be-
schwörend in die Augen zu sehen und stellt was überaus
Mondänes in Aussicht: »Sie bekommen von uns ein Me-
daillon um den Hals. Mit einem Mikrofon drin. Wie Mata
Hari.« Und in den Westen reisen könne ich auch. Er bietet
mir sozusagen die Welt an. Und die Hinrichtung, falls er
überhaupt weiß, was mit Mata Hari passiert ist. Bei dieser
Mischung aus Biedersinn und Lächerlichkeit, begleitet von
der völligen Verkennung meiner Person, beginnt für mich
die Entdämonisierung des Mannes mit dem Klappausweis.
Ich gebe ihm sogar den Rat, sich ein bisschen konspirativer
zu kleiden: »Mit diesem Haarschnitt und dem Ledermantel
könnten Sie im Film auftreten, in einer Geheimdienst-
komödie!« – »Meinen Sie wirklich?«, fragt Berger und betrachtet sich irritiert im Foyerspiegel des Operncafés. Um
ihn endlich loszuwerden, sage ich ihm, dass es auch meinem
Mann missfallen würde, wenn ich mitmachte. Berger zwin-
kert und pokert mit Geheimwissen: »Sie erzählen doch
sonst auch nicht alles Ihrem Mann!« Als diese Art von
Erpressungsversuch ebenfalls fehlschlägt, lässt er von mir
ab – mit der Weisung, zu schweigen. An die ich mich nicht
halte. Die Redaktion meiner Zeitung ist klein und intim,
der Kantinentisch eine Nachrichtenbörse, und die Ge-

schichte vom falsch kostümierten Stasi-Mann lässt sich lustig erzählen.

Der Schauspieler Hans H. H. vom Berliner Ensemble, so geht die Legende, verkleidete sich privat gern als Stasimann, mit Ledermantel und Schlapphut. Er behauptete, das würde Eindruck auf Frauen machen.

Man sieht sich

Alles ist rot. Die Auslegware auf dem Bahnsteig und auf den Bahnhofstreppen, die Fahnen auf dem Vorplatz, die Rosen in den Delegationszimmern, die Bademäntel im Hotel. Ein Wink mit der Fahnenstange: Hier spielt die Musik des echten Sozialismus, hier wohnen die wahren Hüter des sozialdemokratischen Erbes. Am 19. März 1970, morgens um halb neun, kommt Westbesuch in Erfurt an. Willy Brandt fährt mit einem Sonderzug ein, der BRD-Bundeskanzler wird mit Willi Stoph, dem DDR-Ministerratsvorsitzenden, über die deutschen Dinge reden. Rot ist die Farbe der Liebe. Willi holt Willy vom Bahnhof ab und begleitet ihn zum Hotel »Erfurter Hof«. Auf dem Bahnhofsvorplatz hat sich eine aufgeregte Menge eingefunden, die den Kanzler der Bundesrepublik enthusiastisch begrüßt. »Willy, Willy!«, jubeln die Sprechchöre, als die beiden Willis vor dem »Erfurter Hof« eintreffen. Später präzisieren die Erfurter ihren Ruf, damit sich nicht etwa der falsche Willi gerufen fühlt: »Willy Brandt ans Fenster!«, skandieren sie, als könnte ihnen augenblicklich der Erlöser erscheinen, halleluja! Brandt lässt sich für einen Augenblick im Erkerfenster seines Zimmers im zweiten Stock sehen, mit einer Handbewegung nach unten weist er die Begeisterung der Menge in die Schranken des Maßvollen, Triumphator in Rührung und Ratlosigkeit: »Ich fürchtete, hier könnten Hoffnungen wach werden, die sich nicht würden erfüllen lassen«, erzählt er in seinen Memoiren. Für den Nachmittag sind eilig Sprechchöre organisiert worden: »Hoch, hoch, Willi Stoph!«

Dieses und die darauffolgenden Treffen führen zum Grundlagenvertrag, der die »Normalisierung der deutsch-deutschen Beziehungen in praktischen und humanitären Fragen« erlaubt. Man kann zwischen Westberlin und Ostberlin wieder telefonieren, man darf sich besuchen, was sechs Jahre lang nicht möglich war. Ostern 1972 kommen zum ersten Mal wieder die Westberliner nach Ostberlin. 1975 sind es dreieinhalb Millionen, die die DDR besuchen. Menschliche Erleichterungen. Mehr Rentner fahren in den Westen, mehr DDR-Bürger dürfen »in dringenden Familienangelegenheiten« rüber. »Nation ist, wenn man sich sieht«, definiert kurz und bündig Willy Brandt.

Nation ist, wenn man sich mustert, vergleicht, missversteht. Sich einander nähert und voneinander entfernt, um sich erneut anzunähern und erneut zu entfernen. Was den Westler erschrecke, beobachtet ein Besucher 1972, sei »der Geist eines verklemmten Kleinbürgertums, eine enge und stickige Provinzialität«. Die Leute da drüben seien zwar sehr fleißig, sehr tüchtig, aber »zu brav, zu untertänig, zu kleinkindhaft«.

Ein Ostberliner kommentiert die Situation von der anderen Seite aus: »Elf Jahre hamse über die Mauer jekiekt und jewinkt. Als dann die ersten Ostern 1972 von Westberlin kamen, war das natürlich ein tränenreiches Sich-Umarmen. Aber das legte sich. Da prahlt der Vetter mit seinem Mercedes, wieso? Ick zahl für meinen Wartburg auch achtzehntausend Mark, ick arbeite jenau wie der. Da fragt die Tante: Wirklich, das Pfund Kaffee kostet bei euch vierzig Mark? Immer Preise, Preise! Dann kam der Punkt, wo man sagte: Um Gottes willen, nun kommen die wieder, Tante Emma, Onkel Willi. Diesmal hau ick auf 'n Tisch.«

Die Journalistin Eva Windmöller und der Fotograf Thomas Höpker aus Hamburg leben in den Siebzigern zwei Jahre lang als Korrespondenten in einer Neubauwohnung in Ostberlin. Es gebe kaum ein Land auf der Welt, das so unfotogen sei wie die DDR, klagt der Fotograf. Das Leben spiele sich nicht auf der Straße ab, sondern in den Familien und Institutionen, die Straßen seien ausgestorben und langweilig. Niemand würde flanieren, alle gingen nur zur Arbeit oder in die Kaufhalle, es würden sich keine Straßenszenen entwickeln wie in anderen Ländern. Hinzu käme die Monotonie der Architektur, keine Winkelungen, nur schnurgerade Fluchten ohne Ecken und ohne Geheimnisse. Markante Gesichter fehlten, Extreme. Es gebe keine verrückten Leute, alles sei artiges Mittelmaß.

Sehr deutsch findet die Reporterin Eva Windmöller das andere deutsche Land. Jene Leute im Westen, schreibt sie, die den Namen DDR immer in Anführungsstriche setzten, meinten, dass sich die Ostzone zu Unrecht Deutsche Demokratische Republik nenne, weil das nicht mehr Deutschland sei, sondern schon Russland. Wer aber als Tourist dorthin reise, stellt die Reporterin fest, befände sich plötzlich »zwischen Fachwerk und Backsteingotik, in Barockgärten und Biedermeierzimmern«. Da sei weniger Asphalt, mehr Kopfsteinpflaster, es gebe weniger Autos, keine Abholmärkte und Tankstellenshops. »Da ist noch so etwas wie gutes, altes Deutschland, etwas wie Sonne über Rapsfeldern und auf Buchenlaub, Leiterwagen und Nachtigall … Da war noch nicht Amerika, da ist noch vieles, wie es immer war … und wenn man Glück hat und die Kneipe offen ist, gibt's Sülze mit Bratkartoffeln.«

Wenn man dann wieder für drei Wochen in Hamburg sei, fern der DDR und telefoniere nach drüben, habe man vieles schon wieder vergessen, es sei, als telefoniere man mit einem anderen Stern. Auf offiziellen Empfängen, so Windmöller, würden die anderen Deutschen ihre Radarantennen auf die Westler einstellen, würden sie prüfen über erhobenem Sektglas. Zu vorgerückter Stunde werde die Verbrüderung oft nur durch ein Warnlicht im Hinterkopf der Genossen verhindert, es leuchte auf, wenn deutsch-deutsche Freundschaft auszubrechen drohe. Auf beiden Seiten sei »ein ideologischer Eros im Spiel, eine Art Hassliebe wie zwischen Geschwistern, die sich trotz tiefer Entfremdung zu gut kennen, um neutral miteinander umzugehen.«

Bei privaten Feten im Osten beobachtet die Reporterin, dass Westlerinnen auf den ersten Blick den besseren Auftritt haben, mehr Glamour ausstrahlen. Ihre ostdeutschen Schwestern würden im Schönheitsteil der »Brigitte« in der Make-up-Serie »Vorher–Nachher« allesamt unter die erste Kategorie fallen, außer etwas blauem Lidschatten verzichteten sie auf Maske. Im Laufe des Abends aber würden sie aufholen, sie hätten »eine unnachahmliche Art, zu beobachten, leise zu lächeln und dann plötzlich aus dem Stand heraus sehr direkt zu sein«. Dahinter stecke ein Selbstbewusstsein, das nicht von äußeren Dingen abhänge. Andererseits brächte die Gleichheit einen Typ Mensch hervor, dem der Stachel des Ehrgeizes fehle, der gehorsam, obrigkeitsgläubig und angepasst sei. Biederkeit allüberall. Die Salzstangen, die Sofakissen mit Kerbe, die Parteinelken in Zellophan, die verstaubten Blattpflanzen unter Neonlicht, die Aktentaschen und Wattejacken, die geblümten Einkaufsbeutel und die Nylonblusen überm Rock, außerdem werde zuviel Torte gegessen.

Alles wahr, alles unwahr. Der Knick im Sofakissen kommt in den besten Familien vor, auch im Westen. Biederkeit zeigt sich so oder anders. Provinzialität, Mittelmaß und Opportunismus existieren in vielerlei Spielart. Auch Karrierismus kann spießig sein. Kurz nach Mauerfall bin ich auf einem wichtigen Empfang eines wichtigen Verlagshauses. Man plaudert, macht einander Komplimente, ist nett, so es sich lohnt. Da erscheint der Boss. Ich kenne ihn, weil sein Konzern die Zeitung, bei der ich arbeite, aufgekauft hat und er öfter in die Redaktion kommt, um Auflagensteigerung anzumahnen. Der Boss steht an einer Art Tresen, ich daneben, in diesem Moment bin ich der Macht zufällig nahe. Und dann, erst ungläubig, dann irritiert, nehme ich eine unterirdische Bewegung wahr. Männer im Smoking drängeln mich Schritt für Schritt weg vom Tresen, weg von dem Mann, der die Macht verkörpert. Unaufhaltsam wie eine Naturgewalt schiebt sich die schwarze Herde näher und näher zum Mächtigen. Als gehorche sie einer Vorbestimmung. In der Herde ist auch der nette Kollege aus Hamburg, mit dem ich

mich eben noch prima unterhalten hatte. Ein physisch spür-
barer Verdrängungsvorgang spielt sich da ab, unbewusst und
instinktiv, sozusagen genetisch, der Stärkere überlebt. Nach
zehn Minuten bin ich weg vom Fenster, »der Stachel des
Ehrgeizes« war mir noch nicht gewachsen.

Deutsche Erzählungen 11:
Glasperlenneger

Eine überwiegend schwarz gekleidete und existenziell ge-
stimmte Ost-West-Melange traf sich in der mit Palmen,
Katzen, Vögeln und Sammlerstücken aller Art angefüllten
Pankower Altbauwohnung der Malerin K. In den weitläufigen, verkramten Räumen redete man sich bei der Musik
von Pink Floyd über Kunst heiß. Popart, Kippenberger,
Warhol, Sitte, Tübke, Womacka. An solchen Abenden ver-
gaßen sie, dass sie Ost- und Westdeutsche, Bundes- und
DDR-Bürger waren.

»Wir hatten jeden Abend Westbesuch«, sagt Leonore K.,
»ich habe Essen und Rotwein rangeschafft, sie brachten den
Whisky mit. ›Den muss man mit Verstand trinken‹, be-
merkte einer. Ich weiß noch, dass mir das nicht gefiel«, erzählt die Malerin und fährt fort: »Wir haben uns nicht als
Unterlegene gefühlt, im Gegenteil, wir hatten eine größere
Unabhängigkeit, denn uns ging es nicht um Geld, nur um
die Kunst; damals war das ein Gefühl, zwanzig Jahre später
weiß ich, was es bedeutete. Wir haben uns nicht angebiedert
bei unseren Auftraggebern, das gab uns Souveränität gegenüber den Westfreunden. Andererseits bewunderten wir sie
wegen ihrer Arbeitsbedingungen. Sie fuhren nach Amerika,
in den Orient, nach Indien; wir hingen an ihren Lippen,
wenn sie von ihrer schicken, professionellen Welt erzähl-
ten.«

Die Freunde brachten Tom-Waits-LPs und Art-déco-
Gürtelschnallen aus New York mit. Die Malerin revan-

chierte sich mit Landfrauenstrümpfen aus einer BHG, einer Bäuerlichen Handelsgenossenschaft; die Westfreundin hat in Manhattan großen Eindruck gemacht mit dem Landfrauensex aus Fontaneland. Bei größeren Tauschgeschäften allerdings hätten auch sie sich wie typische Ostler verhalten, wie Glasperlenneger, die wertvolle Antiquitäten für ein paar angesagte Schallplatten oder eine Lederjacke verhökerten. Manches ist Frau K. im Nachhinein peinlich. Wie sie sich abgelegte Klamotten schenken ließ und sich nicht traute, zu sagen, dass sie ihr nicht gefielen, wie sie sich übertrieben bedankte und die Sachen hinterher wegschmiss. Für ein gebrauchtes Aufnahmegerät von Sony hatte sie einem Westfreund drei Grafiken von sich geschenkt, er verscheuerte sie kürzlich in einer Galerie, dabei hatte sie ihm die Grafiken persönlich gewidmet. »Verräter«, sagt Frau K., »mit dem spreche ich kein Wort mehr.«

Ein anderer hat als Westbesuch richtig Geld verdient. Wenn sie zusammen essen gingen und die Ostler die Zeche bezahlt hatten, ließ sich der Westfreund die Quittung geben und rechnete sie bei seiner Firma als Spesen ab. Essen, trinken und sich dafür honorieren lassen – Gewinner können rechnen. Andere wiederum bezahlten den Ostfreunden das Hotel, als die in den Achtzigern mal nach New York reisen durften. Sie führten sie zum Essen aus und legten ihnen mit aller nur denkbaren Großzügigkeit die Stadt N.Y. zu Füßen; Menschen sind verschieden, Westbesuche auch. »Wie lange sich das alles hält!«, sagt Frau K., »wie Familienknatsch.« Schmutzige Wäsche, saubere Wäsche, die deutsche Aussteuer.

***

»Deutschland und deutsch, das sind Begriffe, zu denen wir stehen«, verkündet Willy Brandt und dass es einer Politik bedürfe, die die Bewahrung der Nation erstrebe, auch wenn sie in verschiedenen Staatswesen fortexistiere. Wandel durch Annäherung. Vor allem im Alltag müsse die Nation zusammengehalten werden, Bindung brauche Verbindungen. Im zehnten Jahr nach dem Mauerbau, Dezember 1971, wird das Transitabkommen unterzeichnet. Von da an dürfen auch die Westberliner regelmäßig zu Besuch nach Ostberlin.

»Waffen, Funkgeräte, Munition, genehmigungspflichtige Gegenstände?«, fragen die Ost-Grenzer und nehmen mit Pokerface die Reisedokumente ins Visier. Sie verhalten sich, wie sie es in ihren Schulungen gelernt haben. Freundlichkeit wäre eine Schwäche gegenüber dem Klassenfeind, Verbindlichkeit Kollaboration. Befehlston und Einschüchterung hingegen demonstrieren die Überlegenheit des sozialistischen Systems. Anhalten, Aussteigen, Zusteigen verboten, der Missbrauch der Transitstrecken ist zu verhindern, Flüchtlinge im Kofferraum werden mit Infrarotgeräten aufgespürt.

Ost und West rollen nebeneinander her und werfen verstohlene Blicke auf die Nachbarspur. Im Vorüberfahren werden Vergleiche zwischen den langsam tuckernden Ost-Trabis und den rasanten Westautos gezogen, wieder einmal werden die Ostler überholt. Die Überlegenheit der Westschlitten liegt so auf der Hand, dass es manchem BMW-Fahrer peinlich ist: Bloß schnell vorbei! »Mein Auto ist ein Faradayscher Käfig, der mich abschirmt«, erinnert sich ein Autor namens Holger in seinem Erlebnisbericht im Internet, »das Land, durch das ich fahre, bleibt geheimnisvoll und unerreichbar. Ich bin wie ein Raumfahrer in seiner Kapsel. Ich darf die vorgeschriebene Bahn nicht verlassen. Und dabei würde ich so gerne mal eins jener Dörfer besuchen, die ich von weitem sehe!« Das Land, durch das er gefahren sei, hätte ihn kaum interessiert, meint hingegen der Schriftsteller F. C. Delius. Die Blicke der Brüder und Schwestern in den Autos seien für ihn »nicht anders als die der Grenzer – misstrauisch und mürrisch. Wir meinten, in ihnen oft den Neid auf unsere Autos, auf unser anderes Leben zu sehen … Bei diesen Reisen gab es kaum etwas Schöneres als das berauschende Gefühl, hinter Helmstedt endlich Gas geben zu dürfen, bei Hof endlich die fränkischen Berge im selbstbestimmten Tempo zu nehmen oder auf der Avus den weit leuchtenden Funkturm zu begrüßen. Das westliche Freiheitsgefühl, was wäre es gewesen ohne die Transiterfahrungen?«

Eine dieser Erfahrungen sind die Bußgelder, die von DDR-Seite bei jeder passenden und unpassenden Gelegenheit erhoben werden. Eine Lastwagenfahrerin lässt, während sie auf Abfertigung wartet, den Motor laufen. Das macht zwanzig D-Mark Bußgeld. »Die da haben doch auch den Motor laufen«, entgegnet die Gemaßregelte und zeigt auf den DDR-LKW neben sich. »Ja«, belehrt der Volkspolizist die Westbürgerin, »dieser Motor springt ja auch nicht wieder an, wenn man ihn ausmacht, Ihrer aber, der springt wieder an.«

An Raststätten darf angehalten werden, da parken Wartburgs und Volkswagen einträchtig nebeneinander. Hermsdorfer Kreuz, Michendorf und Magdeburg-Börde sind Ost-West-Begegnungsorte, legal und illegal gleichermaßen. Berührungen on the road, wo deutsch-deutsche Blickwechsel alles sagen und nichts. Die Menschen aus dem Osten wirkten auf ihn so fremd wie Mondbewohner, teilt Holger im Internet mit, und dass er auf die sensationelle Oberweite der Servierin gestarrt und sich dabei gefragt hätte, ob er ohne Westgeld überhaupt für irgend jemanden hier von Bedeutung sein würde, geschweige denn für die Bedienung mit dem schwarzen BH. »Bestimmt möchte sie ohnehin lieber, dass ich im Westen bleibe und ihr lauter tolle Sachen mitbringe.« In den Raststätten gibt es Intershops mit billigen Zigaretten und preiswertem Wodka. Da kann man tanken, essen, trinken. Menschliche Bedürfnisse befriedigen. Die Toiletten benutzen, wo Ostmänner und Westmänner dicht nebeneinander stehen und, wie Holger anmerkt, »ihre Schwänze über dieselben Pissbecken halten, wenigstens in dieser Beziehung sind wir uns ähnlich«. Nation ist, wenn man sich sieht.

Bills Ballhaus

Was macht ein Seemann, wenn er Sehnsucht hat? Er fährt hinaus. In der Fischerklause in Warnemünde ist die Sehnsucht Programm. Da singt und spielt der Hein auf dem Schifferklavier, da wird geschunkelt und gesungen und sich gesehnt, was das Seemannsgarn hält, die Pappmachénixe mit den spitzen Brüsten lächelt dazu, und die Ostseewellen wallen an den Strand. »Einmal noch nach Bombay, einmal nach Shanghai, einmal noch nach Rio, einmal nach Hawaii, nach Hawaii.« Von welch subversiver Bedeutung sind solche Texte in einem Land, in dem die Sehnsucht gegen Mauern rennt! In DDR-Zeiten werden Seemannslieder zu Protestgesängen. Man sitzt dicht an dicht, isst gebratene Heringe, trinkt Nordhäuser Doppelkorn und sehnt sich laut und deutlich nach der Ferne: Einmal nach Hawaii! Erst wenn du in der Fremde bist, weißt du, wie schön die Heimat ist. Auf der Reeperbahn nachts um halb eins ist die Stimmung der Ostsee-Urlauber auf dem Höhepunkt: In Hamburg sind die Nächte lang. Sie hocken alle in einem Boot, Mauerkinder am Rande der Klippe. Schroff ist das Riff, und schnell geht ein Schiff zugrunde, La Paloma ohé. Wenn der Mann mit dem Schifferklavier Freddy Quinns »Es kommt der Tag, da musst du in die Ferne« anstimmt, schunkelt die ganze Klause in seliger Verbrüderung. Was macht ein Seemann, wenn er Sehnsucht hat? Er fährt hinaus.

Weitaus handfester als in der Fischerklause geht es in der Rostocker Storchenbar zu. Da kann man die Welt anfassen, küssen und mit nach Hause nehmen. Seit Anfang der Sechziger der Überseehafen gebaut wurde, kommen Seeleute aus aller Herren Länder in Scharen in den Storch, wo Mädchen auf sie warten, mit gemischten Gefühlen: Neugier, Einsamkeit, Lust, Trost, Fernweh. »Man glaubte, in einer Bar in

Bagdad zu sein«, berichtet ein Zeitzeuge, exotisch sei es gewesen, überall dunkelhäutige Männer, Turbane und Frauen mit Temperament; hauptsächlich englisch sei gesprochen worden – eine Weltoase mitten in der abgeschlossenen DDR.

Ein Schiff wird kommen. Die Mädchen rufen im Hafen an und fragen, welche Schiffe erwartet werden. Heute laufen die F's ein, die I's oder die G's. Gemeint sind die Filipinos, die Italiener, die Griechen; Letztere sind begehrt, sie sehen gut aus und lassen sich nicht lumpen. Eins der Mädchen arbeitet im Überseehafen bei der Spedition: »Ich saß an der Quelle und konnte alles gleich weitergeben: Hallo, Kinder, Filis sind im Anmarsch ... ich klapperte abends die Bars ab. Die Mädels brauchten mich bloß zu sehen, und schon fragten sie: Eh, Beate! Hast du in der Maklerei schon auf die Zettel geguckt?« Der Umtauschkurs von D-Mark zu Ostmark steht eins zu zehn, bei Dollars soll er eins zu zwanzig gestanden haben, zehn Dollar gleich zweihundert Ostmark. Für niedrig entlohnte Filipinos, die unter Billigflaggen zur See fahren, ist eine Nacht im Storch garantiert lustiger als ein Abend auf der Reeperbahn. Manche Mädchen nehmen Geld, manche nicht. »Ich kam abends von der Arbeit zurück, und auf einmal sehe ich – hoppla – Dollars in der Anbauwand«, erzählt eine, dabei hätte sie gar nichts von Geld gesagt am Morgen danach. Manche Mädchen werden schwanger vom Storch und der Welt, denn die Beziehungen zu den Seeleuten sind keineswegs nur materieller Natur, Sehnsucht ist im Spiel, zuweilen Liebe. Tagsüber habe man die nächtlichen Gäste manchmal in der Stadt gesehen mit ihren Schokobabys, berichtet eine Zeitzeugin, ein brauner Seemann sei mit zwei kleinen Kindern an der Hand gelaufen, so mancher Matrose führte während seines Aufenthalts in Rostock eine Art Familienleben.

»Alter Bilbao-Mond, da wo noch Liebe lohnt«, schwärmte Brecht im Song von Bills Ballhaus: »Brandylachen waren wo man saß, auf dem Tanzboden wuchs das Gras, und der grüne Mond schien durch das Dach, 'ne Musik machten sie, da wurde was geboten für sein Geld! Joe, mach die Musik von damals nach.« Bills Ballhaus ist nicht nur in Bilbao, Bills Ballhaus ist auch in der Rostocker Storchenbar. Einmalig sei die Stimmung im »Storch« gewesen, erzählt ein Mädchen. Bevor ein Schiff auslief, seien alle runter von Bord gekommen. »Die Filis stellten sich vorn an die Tanzfläche und begannen zu singen. Ringsum alle Weiber betrunken, die Kellner klatschten mit, überall lagen Flaschen. Es war wunderschön. Zum Schluss bedankten sich die Filis für alles. Diese Zeit möchte ich nicht missen.« Joe, mach die Musik von damals nach!

Deutsche Erzählungen 12:
Der Mann im Nebel

»Westmänner, sinniert Frau S., »Westmänner, was war eigentlich das Besondere an ihnen? Sie brachten einem die Welt ins Haus, sie hatten einfach mehr davon gesehen.« Die hatten mal als Kellner in Barcelona gejobbt, ein Praktikum in Boston absolviert und ein Studium in Cambrigde. Die konnten von ihren Erleuchtungen auf Goa erzählen, davon, wie der Strand in Australien aussieht, und von den Künstlerrestaurants am Savignyplatz in Westberlin. Das verlieh ihnen eine Aura. »Westmänner waren größer als Ostmänner und sprachen mehrere Sprachen.« Ihren ersten Westmann lernte Frau S. mit fünfzehn kennen, im Frühjahr 1961. Sie war Ferienpflegekraft in der Charité, durfte sogar Spritzen verabreichen, wegen Personalmangel, denn viele Ärzte und Schwestern waren nach dem Westen abgehauen. Eine Frau aus Westberlin, die öfter ein krankes Kind besuchte, sagte eines Tages zu ihr, dass ihr Neffe sie gerne kennenlernen würde, sie hätte ihm viel von der hübschen, blonden Hilfsschwester erzählt. Er war Student der Anglistik, eine kurze Romanze. Danach traf sie Bernd von der DKP. Wenn sie an ihn denkt, denkt Frau S. zuerst an die Dinge, die er mitbrachte, obwohl sie ihn nie darum gebeten hatte. Er deckte sie ein mit allem, was möglich war, von Dijonsenf bis Nutella, von Tee bis Toffifee, von Toilettenpapier über Meister Proper bis Sunil. Seine Eltern standen einem Supermarkt vor, es war eine Art Überredungsversuch, der fehlschlug. Über seine unglückliche Liebe schrieb der naturverbundene Bernd ein Buch, dreißig Gedichte süß und bitter.

Das Besondere an Westmännern war, dass sie im Ungefähren blieben. Die Frau im Osten war immer zu erreichen, ihre Welt lag vor ihnen wie ein offenes Buch. Sie dagegen wusste vom Mann im Westen nichts. Der Westmann blieb immer der Mann von draußen, der Mann im Nebel. Er konnte ohne Aufsehen wieder verschwinden, sich in Luft auflösen. Vielleicht war das ein eigener erotischer Reiz. Mathias, der Arzt, sah aus wie der Held eines Bastei-Romans, dunkelhaarig, gebräunt, hübsch und gütig. Er verdiente 15 000 DM im Monat und brachte seiner Ostgeliebten ganze Paletten mit Erdbeeren an, im Dezember, das machte was her. Und einmal zwei sündhaft teure Pullover. Als er sie kaufte, hätte er sich vorgestellt, wie sexy sie darin aussehen würde und habe einen Steifen gekriegt, da sei ihm der Preis egal gewesen, das hatte er Frau S. berichtet, entzückt von sich, seiner Potenz und seiner Großzügigkeit. Er war ein begeisterter Achtundsechziger, ein Rudi-Dutschke-Fan, ein sogenannter Linker.

Einer ihrer Verehrer hatte Frau S. ein überaus galantes Angebot gemacht: »Für dich miete ich eine Kutsche mit drei schwarzen Rappen und hol dich hier raus.« Darum sei es ihr nie gegangen, sagt sie, »ich wollte die Westmänner in meine schöne sozialistische Heimat umtopfen«. Sie wollte, dass Mathias rüberkommt zu ihr in den Osten, denn es war eine große Liebe. Sie teilte ihm mit, was er da verdienen würde, da nahm er Abstand. Er mochte nicht in Ostberlin leben, mit Ofenheizung, HO-Laden an der Ecke und Urlaubsreise nach Bulgarien. Eigentlich hatte er ihr noch einen kleinen

Fiat Uno schenken wollen, aber da war es schon aus. Er blieb einfach weg, sie dachte, er wäre tot. Aber nein, irgendwann, nach vielen ratlosen Versuchen, hat sie seine Sprechstundenhilfe am Telefon gehabt. Er lebte in Westberlin, wie gewöhnlich, nur für sie war er unsichtbar geworden, der hübsche Mathias, verschwunden im Nebel der Teilung.

***

Las Palmas ist wie immer

»Lieber Tommy, Las Palmas ist wie immer«. In der U-Bahn zwischen Pankow und Thälmannplatz sitze ich neben einem Schwulen, der seinem Nachbarn mit gezierter Betonung einen Brief vorliest. »Las Palmas ist wie immer«, teilt ihm ein Westfreund mit. Las Palmas ist wie immer – so beruhigt der Freund den Freund hinter der Mauer, damit er nicht denken soll, es sei sonst was los in Las Palmas, Beachpartys, Diskos, Darkrooms gar. Nein, Las Palmas ist wie immer. Um das zu schreiben, muss man mehr als einmal in Las Palmas gewesen sein, womöglich jedes Jahr. So etwas werde ich nie im Leben jemandem mitteilen können, niemals kann Las Palmas für mich sein wie immer, niemals. »Las Palmas ist wie immer«, wiederholt der mit »Lieber Tommy« Angeschriebene angeberisch. Als gehöre ihm ein Stück von Las Palmas, weil er jemanden kennt, der Las Palmas kennt. Der Satz bleibt den ganzen Tag bei mir, Subjekt, Prädikat, Objekt; oder ist es eine Adverbialbestimmung der Zeit, des Umstands? Las Palmas ist wie immer – ein Satz aus einer unerreichbaren Welt.

Erreichbar ist Bulgarien, der Süden des Ostens. Drei Tage Bahnfahrt oder vier mit dem Trabi, 2100 Kilometer über Prag, Brno, Bratislava, Budapest, Calafat, Vidin, Sofia, Burgas. »Nach 46 Stunden angekommen, Auto fährt noch, Grüße aus dem Süden.« Auch mit der Interflug lässt sich Bulgarien erreichen, aber das ist den meisten zu teuer. Die Urlauber schreiben Ansichtskarten, auf denen von Trauben, Pfirsichen und Aprikosen berichtet wird, »riesige Felder gibt es davon. Es ist ein herrliches Land.« Man könne sich als DDR-Reisender nur das Nötigste leisten, klagt einer auf bunter Postkarte, man fühle sich behandelt, »wie eben DDR-Touristen behandelt werden«. Die Ostdeutschen würden zusehen, wie die Neckermann-Kunden in die neuesten russischen Jumbojets steigen und in Hotels wohnen, die ihnen so gut wie verschlossen sind, notiert 1972 eine westdeutsche Reisende. Die täglich miesgemachten Brüder aus Hamburg und München sonnten sich derweil am Schwarzen Meer, flögen zur Bärenjagd in den Kaukasus und würden »angeben wie die nackten Wilden«.

Einmal bin auch ich in Bulgarien, in Varna. Nachsaison, am Nachmittag schon herbstliches Wehen in der lauen Luft. Plötzlich das Schild: Istanbul. Was für ein Wort! Istanbul, not Konstantinopel – der Schlager scheint in meinem Gedächtnis auf wie eine Leuchtschrift: Istanbul not Konstantinopel. Hört sich exotisch an, hört sich nach Abenteuer an, nach Ferne und geheimnisvoller Fremde. Auf dem Schild steht, dass man mit dem Schiff nach Istanbul rüber kann, die Abfahrzeiten am Vormittag sind auch dabei, mit Stunde und Minuten. Von Varna in Bulgarien nach Istanbul in der Türkei – es wäre so einfach, wenn ich nicht aus Mauerland käme. Wenn in türkischer Nacht hell der Halbmond lacht – das aber gilt nicht für mich, das gilt immer für die anderen. Und das gilt nicht für Tausendundeine Nacht, das wird noch gelten für Zehntausendundeine Nacht. Not Istanbul, not Konstantinopel.

Das Verlangen nach Welt lässt sich nicht stillen, es wuchert ins Grenzenlose. Eltern geben ihren Kindern Sehnsuchtsnamen. Jacqueline, Nicole, Vanessa. Norman, Enrico, Mike, Kevin. In Kindergärten und Grundschulklassen scheinen sich, wenn man sich blind stellt und nur auf die Namen hört, ganze Kontinente zu versammeln. In den Kinderzimmern von Diana und Marcel hängen Bravo-Poster, auf den Schreibtischen der Erstklässler liegen Pelikan-Füller und Tintenkiller aus dem Intershop. Auf den Spielplätzen der Neubauviertel von Berlin-Marzahn und Leipzig-Grünau herrscht akustische Völkerfreundschaft: »Jackeline, komm nach oben, Essen is fertig, kannst Enriko mitbringen!« Nomen est omen, hoffen die Mütter und Väter der kleinen

Kosmopoliten, und sie werden recht behalten. Jacqueline und Enrico wird die Welt offenstehen. Falls sie es aufs Gymnasium schaffen und ihre Eltern nicht in Hartz IV fallen.

Die Sehnsucht nach einer Utopie hat sich endgültig in die Sehnsucht nach dem Westen verwandelt, ein Vorgang von historischer Dimension. Auch wenn man im Osten bleibt, lebt man im Westen, man ist sein eigener Westbesuch. Der Westen als »Himmelreich auf Erden schon«, die reiche Warenwelt macht's möglich. Die Vorsilbe West als Gütesiegel der Moderne, West gleich Welt. Das Präfix entscheidet über die Qualität: Westmark, Westpaket, Westfernsehen. Westkaffee, Westschokolade, Westzigaretten. Westarmatur, Westauto. Westmannfraukind. Westbesuch. »Wie war die Fete gestern? Gut, sehr westlich.«

Flucht ins Königreich

Sich der DDR zu entziehen, gehört zum Dasein in der DDR. Jedem seine Nische. Seine Datsche, seine Laube, sein Zelt, sein Westpaket. Briefmarken sammeln, nackt sein unter Nackten, im Wodkarausch oder bei den Pilzen im Wald. Bloß nicht hier sein, im Immergleichen, Entziehung anstatt Ausreise. Elitäre Existenzen entziehen sich auf ihre Art, sie gehen ins innere Exil, trotz ideeller Übereinstimmung mit dem »Hier«. Sie wohnen gern in abgenutzten Altbauten mit hohen Zimmerdecken, Flügeltüren und Messingklinken des Jugendstil. Sie haben nichts Konkretes im Sinn, sie planen nicht, die Grenze in Richtung West zu überwinden. Sie wandern in heroische Vergangenheiten aus. Bei dieser Art von Exilanten spricht man von »Innerer Emigration«, die Flüchtlinge bleiben im Innern und überfliegen mühelos und ohne Visum eine poetische Grenze. Sie halten sich bei den Internationalen Brigaden im Spanischen Bürgerkrieg auf oder in der jungen Sowjetunion mit Eisenstein und El Lissitzky. Oder fliehen wie ein Goethe-besessener Kameramann und sein Dresdener Freundeskreis in die Weimarer Gesellschaft zur Zeit der Herzogin Amalie. Sie veranstalten Séancen, wo sie, kostümiert und bei Kerzenschein, das Leben der Ahnen kopieren, hinter sich das Bücherregal mit den Goethe-Erstausgaben, für die der Besessene ein Vermögen aufgewendet hat. Nur wer die Sehnsucht kennt ...

Noch toller treiben es die Freunde B. und K. Sie etablieren über Jahrzehnte, in aller Stille und zu ihrem eigenen Ergötzen, im real existierenden Arbeiter-und-Bauern-Staat ein eigenes staatliches Gebilde. Eine real existierende Monarchie mit eigener Sprache, mit eigener Zeitrechnung, eigener Religion und Staatsverfassung. Sie bauen sich zwei Königreiche mit fünf weitläufigen Schlossanlagen aus Pappe, Gips und Draht im Maßstab 1:50. Ein Utopia, ein Nicht-Ort in irgendeinem Rokoko, eine »selbständige politische Einheit« auf dem Territorium der DDR, untergebracht im Durchgangszimmer einer Ostberliner Altbauwohnung, belebt von Hunderten winziger, historisch genau bestimmter Figuren, geformt aus Papiermaché mit Zinnkern. Treu ergebenes Gesinde, Hofdichter, Kanzleisekretäre, salutierende Kompanien vor Fürstendenkmälern – das Politbüro hätte sich in dieser hierarchischen Ordnung vermutlich pudelwohl gefühlt. Auch die Inschrift in Landessprache am Schloß Pyrenz hätte dem Staatsratsvorsitzenden Honecker gefallen: »Tiuk de Pe is alle wachn Pe – Freue dich, der König ist allerzeiten der König«. Und erst die eigene Zeitrechnung! In den Achtzigern war mal erwogen worden, die europäische Sommerzeit-Umschaltung innerhalb der DDR abzuschaffen. Einige Gelehrte waren sogleich zur Stelle und erklärten in der Parteizeitung, die Zeitverschiebung sei unnötig, rein ökonomisch brächte sie gar nichts. Doch darum ging es nicht. Die Amtswalter hatten Höheres im Sinn: Sie wollten die Sendezeiten des Westfernsehens aus dem Takt bringen. Wenn die Tagesschau um 20 Uhr begänne, wäre es im Osten bereits abends um neun! Vielleicht wäre es überhaupt am besten gewesen, wenn die gesamte real existierende DDR-Gesellschaft in einer Art innerer Emigration versunken wäre. Unabhängig von irgendeiner Realität sonst; die Freunde B. und K. lieferten das Modell. Der eine, B., wollte wirklich mal in die weite Welt emigrieren und fand sich in einer Gefängniszelle wieder, wegen versuchter Republikflucht. Einen feudalen Hofstaat zu etablieren, ist ein ungefährlicheres Exil. »Ach weißt du«, sagte mir K. neulich, »wir haben da nicht viel gedacht, wir haben's gemacht. Innere Emigration, Nischenexistenz – das sieht man erst hinterher so, da will jeder Opfer gewesen sein, natürlich.« Dyonien und Pelarien, die Königreiche der Freunde B. und K., haben die DDR überlebt und sind heute eine Attraktion im Schloß Heidecksburg in Rudolstadt.

Am einfachsten funktioniert die Entziehung aus dem kargen Alltag, die Flucht vor der führenden Rolle der Arbeiterklasse und der Diktatur der Kellner und Verkäuferinnen, beim Essen in den wenigen Restaurants, in denen irgendwie Westen ist, irgendwie Bürgertum, irgendwie Welt, da geht man auch gern mit Westbesuch hin. Zum Beispiel in die »Offenbachstuben«.

Deutsche Erzählungen 13:
Pariser Leben

Bimbos Mutter saß an Tisch 3. Sie war aus Bayern zu Besuch in der Hauptstadt der Deutschen Demokratischen Republik. »Seid nett zu meiner Mutti!«, hatte ihr Sohn, der an dem Abend verhindert war, seine Kellnerfreunde gebeten. Bimbos Mutti hatte bei einer Freundin fünf Westmark in fünfundzwanzig Ostmark getauscht. Für ihre fünf Westmark bekam sie folgendes Menü, Klaus Gütschow, einst Oberkellner in den Offenbachstuben, weiß die Abfolge noch genau, auch dreißig Jahre danach:
Als Apéritif ein Martini
Zum Auftakt Schwalbennestersuppe
Als Hauptgericht Schweinesteak »Orpheus in der Unterwelt«
Zum Après Olympisches Dessert, bestehend aus Pumpernickel, Sauerkirschen und Schlagsahne, in der Kuchenform gefroren. Bereitet nach dem Rezept von Johannes Mario Simmel in »Es muss nicht immer Kaviar sein«. Den Abschluss bildete ein Mokka, dazu 4 cl Deutscher Weinbrand, Burgkrone.
Das Ostwestpublikum an den weiß gedeckten Tischen in dem schmalen, langgestreckten Lokal, einem Künstler- und Diplomatentreff, war Gütschows Leben, ein Vierteljahrhundert lang. Die Klientel ist außergewöhnlich gewesen: Dirigent Leonard Bernstein, Countertenor Jochen Kowalski,

Chansonnier Jürgen Walter. Die Ständige Vertretung mit Bahr und Bräutigam, die Britische Militärmission im Schottenrock, die Exzellenzen der italienischen, französischen, amerikanischen Botschaft und ein Siegfried vom Zentralrat der FDJ. Bibi Johns, Roy Black, Lothar Bisky, Allendes Leibarzt Dr. Bartulín, Alfred Hrdlicka, Günter Grass und die Kessler-Zwillinge. Dazu die homosexuellen Freunde der Kellner und die Ostberliner Bohème-Geliebten der Serviererinnen. Die Stasi war auch dabei. Irgendwann geschah ein Mord. Agententhrillerkulisse, untermalt von Operettenmelodien. Jetzt geht's los, rettungslos, rettungslos ... Ein Milieu, das erst im Rückblick nach Halbwelt aussieht; das Publikum von damals fand die Offenbachstuben vor allem behaglich. »Westgäste waren auf den ersten Blick zu erkennen, die sind auch im Winter braun gebrannt gewesen«, sagt Klaus Gütschow. Manche von ihnen, erzählt er, zahlten ihre Zeche eins zu eins in West wie Ute aus Charlottenburg, die meinte, dass es auch eins zu eins noch billiger sei als in westlichen Restaurants dieser Preisstufe; aber Ute war die Ausnahme. Die Britische Militärmission brachte Geschenke mit, Trinkstrohhalme für Heißgetränke und Rohrzucker für den Irish Coffee.

Gütschow sieht nach Joop aus, Sunnyboy mit Vergangenheit, blond, blauäugig, smart. Einmal, das weiß er noch, war Evelyn Künneke zu betrunken, um mit ihrem eigenen Wagen zur Grenze zu fahren. Da hat er die 110 angerufen und den Sachverhalt geschildert. Es kam ein Volkspolizeiauto mit Fahrer und Beifahrer zu den Offenbachstuben. Der eine Polizist setzte sich mit der Diva in ihren Wagen, der andere fuhr im VP-Auto hinterher, Westbesuch hatte Anspruch auf Sonderbehandlung, so oder so. Am Checkpoint Charlie lieferten sie die Künstlerin ab: »So, hier dürfen Sie ja wieder mit Alkohol Auto fahren, Frau Künneke!«, meinten die Volkspolizisten und machten sich auf den Weg zurück zum Revier.

Im Sommer 1984 reservierten amerikanische Kongressabgeordnete, die in Sachen Menschenrechte unterwegs waren, einen Tisch bei Offenbach. Die fuhren in einem Ikarus-Bus vor, erzählt Gütschow, direkt auf den Bürgersteig, das fand er dreist. Der Besuch der Kongressabgeordneten war *die* Gelegenheit für die Freundin des Barkeepers. Sie wartete schon vier Jahre auf die Genehmigung ihres Ausreiseantrags. An jenem Abend wollte sie einem der Abgeordneten einen Bittbrief übergeben. Der erste Versuch scheiterte, sie geriet an einen Stasimann, der murmelte »Das geht hier nicht« und wandte sich brüsk ab. Oberkellner Gütschow, herausragendes Talent des Tafelsilbers und fröhlicher Kenner der Materie Mensch, empfahl ihr einen Typen mit gepunkteter Krawatte. Als der nach dem Essen in den Bus stieg, übergab sie ihm den Brief, vierzehn Tage später durfte sie ausreisen. »Darauf bin ich heute noch stolz«, sagt Gütschow, »dass ich auf den Richtigen getippt habe.«

Der Traum vom Loch in der Mauer

1977. Der Mann, der das Café Unter den Linden betritt, wirkt wie eine Mischung aus Humphrey Bogart und Peter Falk. Er trägt einen gestreiften Anzug und ein gestreiftes Hemd, das auf irgendeine Weise dazu passt. Ich erkenne ihn sofort. Aber das Auge, das kaputte Auge, ist es überhaupt noch da? Es scheint verschwunden zu sein in dem, was die Zeit der Person hinzugetan hat, ein Bärtchen auf der Oberlippe, graumelierte Schläfen, Falten. Zwanzig Jahre Leben eben. Er erkennt mich auch, bestellt sich einen Mokka und duzt mich. Natürlich duzt er mich, wir haben eine Weile zusammen studiert. Heute treffe ich andauernd welche von uns, sagt er, Lehmann sitzt nebenan. Gaudeamus igitur. Ich denke nicht gern zurück ans Studentenleben, aber dieser hier, von der wachen Intelligenz, die heiter macht, der ist eine angenehme Erinnerung. Er erzählt, ich frage, er erzählt. Kurz nur sei er hier, ansonsten in Afrika, für zwei Jahre. Mein Herz springt – o Gott, der ist in Afrika, und wo bin ich?! Er halte da ML-Vorlesungen, Marxismus-Leninismus, die Leute dort könnten es brauchen, plaudert der Kommilitone mit dem Glasauge. Klein und dunkel seien die Menschen in Tansania, höflich und rücksichtsvoll, anders als hier. Ach, sage ich, und? Vierunddreißig Grad, feucht, abends fünfundzwanzig, die Landschaft wunderbar. Erst hätten sie, er und seine Frau, seine zweite Frau, in einem Hotel am Indischen Ozean gewohnt, jetzt lebten sie in einem Haus mit Air-condition. Indischer Ozean, Air-condition! – ich fühle mich provinziell. Einen Boy hätten sie haben können, erzählt der Mann aus Afrika, einen Boy hätte er aber nicht gewollt, Diener passten nicht in sein marxistisches Weltbild. In Tansania, sagt er, trinkt er jeden Abend einen Sonnenuntergangs-Gin. Ich stelle ihm viele Fragen, er hat keine einzige an mich.

Meine Mittagspause ist zu Ende, ich gehe zurück in das Immergleiche. Es gibt einen Kalendereintrag von diesem Tag, in Gedichtform, es ist der 10. Oktober 1977: »Es wird nun nicht mehr anders / Alles bleibt wie es ist / Still still still. Nun ist nichts mehr zu tun / Alles ist in Ordnung. / Still still still / Die Zeit tritt auf der Stelle / Bin zu schwach loszulaufen / Bin dafür still still still.« Es sollte ein Songtext für eine Freundin werden, bevor er fertig wurde, war sie schon ausgereist.

Am Bahnhof Friedrichstraße spricht mich ein arabischer Mann an: »Willst du sein meine Frau, wenn ich komme zu Besuch in Osten? Bringe ich schöne Strumpfhose und schöne Kaffee. Gehe halb zwölf über Grenze, komme zwölf Uhr zurück, zahle die Eintritt und kann bleiben ganze Nacht.« – »Nein, danke«, sage ich höflich, als wäre seine Unverschämtheit eine ganz normale Frage gewesen, die ein Mann einer Frau stellt. Die Gewöhnung an absurde Verhältnisse macht immun gegen Beleidigungen. Einmal gehe ich mit einer Freundin aus Westberlin in die Nachtbar Lindencorso, nicht weit entfernt vom Tränenpalast am Bahnhof Friedrichstraße, wo ich sie abhole. Ich habe den Abend damals aufgeschrieben, vor allem das Warten in der Schlange vor der Tür der Bar: Zwischen Lindencorso und Glaspalast rotiert eine mitternächtliche Ost-West-Drehtür. Westmänner treffen Ostfrauen beim Tanzen. West muss um zwölf ausreisen und darf fünf Minuten nach zwölf wieder rein, das kostet an der Grenze noch einmal fünfundzwanzig D-Mark. Ost hält solange den Platz in der Bar frei. Die Schlange vor dem Lokal ist lang. Der Einlasser merkt sich die Gesichter von denen, die wieder rein dürfen. Manche aus der Schlange winkt er vor, die Menge murrt. Ein Kampfschwimmer der Nationalen Volksarmee und ein Bauingenieur aus Potsdam führen die Attacke an: »Pass mal uff, ick beschwer mich bei deinem Parteisekretär. Dir muss man wohl erst fünf Westpiepen ins Maul stecken, bevor du die Türe uffmachst. Du lässt doch bloß Kanaken und Arbeitslose rin, 'n anständiger

DDR-Bürger hat hier nichts zu suchen, der hat ja keen Westjeld.« Der Kampfschwimmer spricht einen Afrikaner an. Der versteht nicht gut deutsch. Das bringt den Kampfschwimmer auf. Er sagt, und es soll wohl auch ein bisschen spaßig sein: »Schreib dir dit hinter deine schwarzen Löffel.« Beleidigungen in alle Richtungen.

Der Kommilitone mit dem Glasauge erscheint mir im Traum. Ich träume von bunten, warmen, engen Straßen. Abendlicht. Paris, London, Westberlin, was weiß denn ich. Gedränge. Hummer, die in Körben liegen, Luft, die nach Benzin riecht und nach Yardley-Lavendelseife, die gab es mal im »Exquisit«. Die Türen der kleinen Kneipen stehen offen, ich gehe in eine, weil sie »Marseille« heißt, die Schrift aus roten Sternen hängt im Fenster. Der Kellner bringt mir, als sei das selbstverständlich, den Wein. Es ist vertraut hier, gar nicht fremd. Auf hohen Hockern sitzen Jean-Paul Belmondo und Jean Seberg, sie küssen sich, die Frau behält die Augen offen, lächelt mir zu. Merkt denn keiner, dass ich illegal hier bin, heimlich, ganz und gar verboten? Ich gehe wieder auf die bunte Straße. Plötzlich steht er vor mir, der Intelligente mit dem Glasauge, der Mann aus Afrika. »Du hier?« Er wird rot. »Wie lange lebst du denn schon nicht mehr in der DDR?« Die Röte in seinem Gesicht wird heftiger. »Anderthalb Jahre«, sagt er. Immer die Hundertfünfzigprozentigen, denke ich, die hauen immer zuerst ab. Konvertieren, konvertieren, konvertieren. Ich muss zurück, muss zurück, zurück. Ich bin im Westen; wie ich hergekommen bin, weiß ich nicht, irgendwo war ein Spalt, eine verborgene Tür, ein Durchgang. Jetzt will ich zurück. Ich renne, stolpere, falle hin, stehe wieder auf, ich habe wahnsinnige Angst, wie soll ich ohne Pass, Visum, Ein- und Ausreiseerlaubnis zurück, sie werden mich schnappen, werden fragen, wie ich durchgekommen bin, da vorne sind sie, in ihrem Glashaus, ich kann sie sehen mit ihren Dienst-an-der-Grenze-Gesichtern, wie sie alles kontrollieren, ohne Genehmigung werden sie mich einsperren. Ich habe Angst und wache auf.

Diesen Traum habe ich, mit Abweichungen in der Personnage, in achtundzwanzig Mauerjahren ein Dutzend Mal geträumt. Beim Aufwachen war ich immer glücklich. Ich hatte den Westen gesehen und lag zu Hause im Bett.

Deutsche Erzählungen 14: Rate mal, wer hier ist!

Die erste Westreise des Regisseurs war ohne Wiederkehr. Es war die Ausbürgerung. An einem Mittwoch hatte der Bus direkt vor dem Abschiebeknast gehalten, »Fischers Reisen«. Freigekauft. Im Gefängnis gesessen hatte er »wegen republikfeindlichen Verhaltens«. Seine Frau ebenfalls, sie wartete im Bus auf ihn. Mit ihnen waren etliche Kriminelle, die die DDR für D-Mark loswerden wollte. Ein absurder Konvoi. Voran fuhr ein Auto mit Stasi-Offizieren, es folgte der goldene Mercedes von Anwalt Vogel, dann »Fischers Reisen«. Es war sehr still im Bus. Anspannung, Lähmung, Angst, dass im letzten Moment noch was schiefgehen könnte. In Helmstedt schließlich hieß es »Willkommen in der Freiheit«, jeder bekam ein Päckchen mit Pikkolosekt und Bananen. Dann ging es ins Aufnahmelager nach Gießen. Dort holten Freunde sie ab und fuhren sie nach Solingen, zum Vater von Hannes Sch. Auf der Autobahn hatte der Entlassene angefangen zu begreifen, wo er war. Es sind die Schriften und Namen gewesen, die das Ersehnte bestätigten: »Hoek van Holland. Kopenhagen. Abfahrt Marburg«. Zeichen des Westens. Es war Juli. Auf einem Rastplatz ging er barfuß auf eine Wiese und pinkelte auf einen Rosenbusch, einen Westrosenbusch, er glaubte und fühlte es jetzt, dass er im Westen war. Er wollte in Hamburg leben, das war sein Wunsch. Hamburg würde ihm nicht fremd sein, nicht die Lakonie der Menschen dort, nicht ihre Zurückhaltung, er kam ja aus dem Norden, aus Mecklenburg. Die oft beschworene Wärme der DDR würde ihm nicht fehlen.

»Meine Mutter hat mir die Sehnsucht nach der Welt vererbt«, sagt Hannes Sch. Jedes Mal, wenn sie von einem Besuch ihres Bruders in Westdeutschland zurückkam, das ist in den Fünfzigern gewesen, war sie neu eingekleidet, eine Frau mit fremdem Geruch, die plötzlich was Geheimnisvolles an sich hatte. Sie brachte ihren Kindern Schokolade und Kaugummi mit. Der Vater von Hannes' Freund Hansi wurde morgens mit einem schwarzen EMW von zu Hause abgeholt. Auch Hannes' Vater, ein höherer Kader der Rostocker Neptun-Werft und Mitglied der SED, wurde abgeholt, sein EMW war rot, schwarz war mehr. Der kleine Hannes gab dem kleinen Hansi einen Westkaugummi, der wollte ihn nicht. »Kaugummi verklebt das Arschloch, hat mein Vater gesagt, dann kann man nicht mehr kacken.« So löste Herr Bosicke, Hansis Vater, das Westproblem.

Hannes' Vater löste es anders. Nachdem er ein Parteiverfahren wegen »sozialdemokratischen Papismus und unsozialistischen Lebenswandels« sowie eine Geliebte und einen unehelichen Sohn am Hals hatte, verließ er seine Frau und seine sechs Kinder und kehrte dahin zurück, wo er hergekommen war: nach drüben, ins Bergische Land. Die Schwester des Vaters und Oma Solingen, die Großmutter, hatten stellvertretend für ihren treulosen Sohn und Bruder ein schlechtes Gewissen und schickten eine Menge Pakete an die verlassene Ostfamilie. Sie kamen häufig zu Besuch. Mit schweren Koffern stiegen sie aus dem Interzonenzug, lange waren sie unterwegs gewesen auf quietschenden Schienen, in voll besetzten Abteilen, in denen alte Leute mit viel Gepäck stumm und bleich den Kontrollen entgegensahen.

»Wie war's an der Grenze?« – wie immer die erste Frage nach der Ankunft auf dem Bahnhof. In der Straßenbahn wurde dann aufgeregt erzählt: »Eine Frau, die war hochschwanger, die musste alles auspacken, die haben sie rausgeholt aus dem Zug. Ihr könnt euch nicht vorstellen, wie die Grenzpolizisten jede Ecke, jedes Gepäckstück durchschnüffelt haben.« – »Ist das alles?«, hat einer die Großmutter gefragt. Oma Solingen war stolz, dass sie geantwortet hatte, »Ja, das ist alles«, obwohl es nicht alles war. Zu Hause wurden feierlich die Koffer aufgemacht, es roch nach Apfelsinen, Kaffee und den säuberlich unter der Wäsche gestapelten Schokoladentafeln. Alles glitzerte und glänzte. Das war nicht der Westen, das war die Welt. Hier ist Mecklenburg, mein Zuhause, und da ist die Welt, und die will ich erobern, hat Hannes angesichts der verheißungsvollen Koffer gedacht. Mit dreißig dann war ihm klar, dass es nicht sein konnte, dass er niemals im Leben in New York auf dem Empire State Building stehen würde. Er stellte einen Ausreiseantrag.

Wir sitzen in der »Bar Gagarin«. Juri, der Kosmonaut, hatte auf die Welt herabgesehen, Hannes, der Filmregisseur, wollte sie von innen sehen. Konzentriert starrt er in das rubinrot schimmernde Weinglas in seiner Hand: »Die DDR war für mich eine soziale Behinderung.« Dann taucht er wieder ein in die Vergangenheit: »Onkel Walter aus Hückeswagen, das ist ein ganz anderer Westbesuch gewesen als Oma Solingen. Onkel Walter war Sparkassendirektor, für mich war er Chef der Deutschen Bank.« Der Onkel kam nicht mit dem überfüllten Interzonenzug, sondern mit einem silbergrauen Ford Taunus, die Karosserie sah amerikanisch aus. Der Onkel trug glänzende schwarze Bankerschuhe mit genähten Kappen und schlug die Beine übereinander. Er ging nicht in Pampuschen durch die Wohnstube, sondern in Hausschuhen aus Ziegenleder. Seine Frau, Tante Lenchen mit dem seidigen Haar, berichtete von der Grenze. »Das kann doch kein Mensch aushalten, Else«, beschwerte sie sich bei ihrer Schwägerin. Onkel Walter kam forthin allein auf Besuch nach Lübz, einmal brachte er eine Wasserpistole mit, mit der man um die Ecke schießen konnte.

»Du kannst dich jederzeit an Onkel Walter wenden, Hannes«, hatte die Mutter auf dem Totenbett gesagt, als sie mit neununddreißig starb. Als er 1985 ankam im Westen, rief er hilfesuchend seinen Onkel Walter aus Hückeswagen an, einen nunmehr alten Herrn mit Haus und Pferd. »Wir sind jetzt im Westen, Onkel Walter.« Schweigen. Nach einer langen Pause sagte der Onkel: »Das kommt ja sehr überraschend, ich weiß auch nicht.« Dann schwieg er wieder. Onkel Walter aus Hückeswagen wollte seine Ruhe haben. Für Hannes Sch. war es eine Entzauberung; er bestellt noch eine Karaffe Wein, der schimmert unbeirrt rubinrot.

Dass Billie, seine Frau, den ersten Tag im Westen nur in der Badewanne gelegen hat, weiß er noch. Und das erste selbst eingekaufte Westfrühstück. Wie er jemanden fragte: »Wo ist die Kaufhalle?« – »Supermarkt, meinen Sie, gehen Sie zu Edeka, da kriegen Sie alles.« – »Krieg ich da auch frische Brötchen?« – »Ja, klar, ist doch Edeka.« Er ist reingegangen und hat nur eine riesengroße bunte Wand wahrgenommen. Da ist er wieder raus. Draußen hat er sich an eine Bude gestellt, wo Bauarbeiter Kaffee tranken, er trank auch Kaffee. Dann hat er einen zweiten Anlauf genommen, ist wieder rein und hat unter hundert Schinkensorten einen ausgesucht. Er brauchte ein Dreivierteljahr, um gut gelaunt in einen Supermarkt gehen zu können. Er kaufe noch heute blind, Hauptsache Schinken.

Im Westen wurde Herr Sch. zum Westonkel: »Ich schickte Pakete in die DDR, alles schnell bei Aldi eingekauft, die Dankesbriefe beschämten mich. Heute wissen die Wessis, dass sie durchschaut sind und anerkennen, dass die Ostdeutschen sich das nicht anmerken lassen.« Als vier Jahre später die Mauer fiel, klingelte bei ihm zu Hause in Hamburg öfter das Telefon: »Rate mal, wer hier ist, wir sind gerade auf der Reeperbahn.« Es waren ehemalige Kollegen aus der DDR, die taten, als seien sie schon immer seine besten Freunde gewesen. Sie hatten hundert Mark Begrüßungsgeld und einen Wunschzettel für zweitausend. »Ich kann nicht sagen, dass ich begeistert war«, sagt Hannes Sch.

∗∗∗

Ein Schimmer durch die geschlossene Tür

Zweimal im Jahr ist Messe, Ausnahmezustand. Scharen von westlichen Unternehmern und Messesonderzüge mit unternehmungslustigen Frauen aus der ganzen Republik rollen an, Studentinnen, Verkäuferinnen, Sachbearbeiterinnen. Leipzig zieht sie an wie die Motten das Licht. Die einen möchten für zwei Mark fünfzig leben wie Gott in Frankreich, die anderen wollen sich sonnen im Glanz des Westens. Manche der Frauen nehmen Urlaub, andere lassen sich krankschreiben, um in Leipzig dabei sein zu können. Der Langeweile entgehen, was erleben, Westen riechen. Für zehn Tage im Dunstkreis der Welt sein. Die bürgerliche Bezirksstadt verwandelt sich während der Messe in einen sündigen Ort mit lasterhaftem Nachtleben. Geschäft und Erotik, Lebenslust und Berechnung gehen eine Liaison auf Zeit ein. Der betuchte Westbesuch ist in den großen Hotels Merkur, Astoria, Stadt Leipzig und Am Ring untergebracht, in den Nachtbars wird in Valuta gezahlt. Vertreter kleinerer Firmen wohnen im Privatquartier, wo die »Messemutti« alles daransetzt, dem Messegast einen angenehmen Aufenthalt zu verschaffen, mein Leipzig lob ich mir. Die Leipziger freuen sich, wenn sie zur Messezeit ihr Gästezimmer nicht an einen Produktionsleiter aus Karl-Marx-Stadt, sondern an einen Geschäftsmann aus Reutlingen oder Bielefeld vermieten können. Weit öffnet sich in so einem Fall das Tor zur Welt. Die Aussicht auf Westgeld macht die Leipziger zu äußerst rührigen Gastgebern. Westgäste muss man sich organisieren. Entweder man spricht sie auf dem Flughafen Mockau persönlich an oder hat so seine Beziehungen, zu Taxifahrern oder sonst wem.

Deutsche Erzählungen 15:
Ein grauenhaft schöner Geruch nach Westen

Anja Steiner sitzt im blühenden Garten ihres Hauses, schaut liebevoll auf die Pfingstrosen und denkt zurück an die Zeiten der Zimmerherren. Herr Wiese, Großeinkäufer aus Hamburg, war schon in den Sechzigern bei den Schwiegereltern von Frau Steiner Messegast gewesen. Wiese hatte einen Sohn, der als Regieassistent an jenem Leipziger Theater diente, an dem Frau Steiners Schwiegervater Intendant war; so geriet der Großeinkäufer in den Künstlerhaushalt. Für Wieses Ankunft wurde das ganze Haus umgekrempelt. Das Silberbesteck geputzt, die Servietten gestärkt, das teure Porzellan aus der Vitrine geholt. Der Westbesuch sollte nicht merken, dass seinetwegen die Kinder aus ihrem Zimmer ausziehen mussten, also war es wichtig, alle Spuren zu verwischen. Das Kinderzimmer wurde bis in die letzte Ecke ausgeräumt und mit einem hellgrünen Schleiflackbett und passendem Tischchen möbliert.

Herr Wiese, ein gutmütiger kleiner Mann um die sechzig, sah aus, wie ein typischer Vertreter aussieht, wenn er nicht Dustin Hoffman in »Tod eines Handlungsreisenden« ist, erzählt Frau Steiner. Wiese war Einkäufer für »Quelle«, er kaufte Arbeitskleidung, die in einem Textilkombinat in Lößnitz/Erzgebirge hergestellt wurde. Pünktlich um neunzehn Uhr am Abend kam der Quelle-Mann aus den Messehallen nach Hause und machte sich frisch. Wenig später stapfte er die geschwungene Holztreppe runter, setzte sich in das Wohnzimmer des Theaterintendanten und seiner Gattin und wollte unterhalten sein. Hier stießen Welten aufeinander, die niemals aufeinandergestoßen wären, wenn es die Lust auf Westgeld nicht gegeben hätte. Wiese trank Wernesgrüner Bier und redete so gut wie nichts. Und wenn er ein paar Worte verlor, dann über Arbeitskleidung. Er lobte die Qualität der DDR-Ware, die pünktliche Einhaltung der Termine und die günstigen Preise. Arbeitskleidung war sein

Thema, sein einziges. Das Intendantenpaar wusste zu Wieses Ausführungen wenig zu sagen und übertrug die Unterhaltung des Messegasts ab sofort dem jungen Paar in ihrem Haus, das später auch die Vermietung übernahm.

Der nächste Stamm-Messegast, Herr Kröger aus Frankfurt am Main, war Vertreter für Reprotechnik. Er war kinderlieb und brachte manchmal für die beiden kleinen Töchter des Hauses hübsche Kleidchen mit, die seine Frau in Frankfurt am Main ausgesucht hatte. Das Kinderzimmer wurde nun nicht mehr so akribisch ausgeräumt, das Regal mit den Kuscheltieren blieb an der Wand. Kröger duftete eindringlich nach Old Spice und mit ihm das ganze Haus, »ein grauenhaft schöner Geruch nach Westen«. Der stets gut gelaunte Messegast verbrachte die Abende außer Haus mit seiner Leipziger Geliebten, erst nach Mitternacht hörte man ihn die Treppe hinaufsteigen. »Das hatte auch Nachteile«, sagt Frau Steiner. Denn Kröger zahlte ausschließlich in Ost, pro Übernachtung Zwölffünfzig Ost, so war es vom Reisebüro der DDR festgelegt worden. Sie hätte statt der Zwölffünfzig Ost lieber Zweifünfzig West gehabt, aber Kröger tauschte natürlich erstmal mit seiner Freundin und musste sein Ostgeld bei der Zimmerwirtin loswerden, das war enttäuschend. Doch auch dieser Gast bekam sein Frühstück auf Grandhotelniveau serviert, Lachsschinken auf Meissener Porzellan, Servietten mit Familienmonogramm und Orangenjuice im Kristallglas. Der Westler an und für sich ist höchstes Niveau gewöhnt, davon ging man im Osten aus.

Gelegentlich wurde Familienbesuch als Messebesuch getarnt, die Einreiseformalitäten waren auf diese Weise leichter zu erledigen. Onkel Harald und Tante Evi aus der Nähe von Nürnberg wohnten für ein paar Tage bei den Steiners im Haus, weil sie sich in Leipzig um das Erbe von Onkel Haralds Mutter kümmern mussten. Einmal benutzte Tante Evi die Toilette und rief ihrem Mann bei offener WC-Tür zu: »Harald, musst du auch mal, ich habe noch nicht gezogen?!«

»Der Westler an und für sich ist gewöhnt, ökonomisch zu denken«, sagt Frau Steiner.

Leipzig ist nicht nur ein Umschlagplatz für Waren, auch einer für Metamorphosen. Der biedere Prokurist wird zum Mann von Welt, wenn er die Damen in der Feminabar zum Champagner einlädt und ihnen teure Geschenke macht, was ihm dank des Umtauschkurses von eins zu zehn finanziell nicht weh tut. Der ältliche Abteilungsleiter wird zu einer Art Onassis, wenn er seiner jungen Freundin achttausend D-Mark anbietet, dafür, dass sie während der Messe allein für ihn da ist. Der Papa aus Bremen fühlt sich mondän, wenn das hübsche Ostding neben ihm auf dem Barhocker zu ihm aufsieht, während er von seinen Reisen nach Fernost erzählt. »Die Frauen waren willig«, berichtet ein Zeitzeuge im Fernsehen, »wer in Leipzig keine abgekriegt hat, muss einen Buckel gehabt haben.« Freizügig und ungehemmt seien die Leipzigerinnen gewesen, ohne Scheu, schwärmt ein anderer Messegast, »sie gaben sich einfach hin, aus Spaß und Lust.« Westmänner schätzten die »Naivität und Wärme« der Mädchen im Osten. Der rege Besucherverkehr zieht auch ungebetene Gäste an. DDR-Venerologen beobachten den Einfall von Gonokokkenstämmen, »die gegenüber den gebräuchlichen Penicillindosen nicht mehr ausreichend empfindlich zu sein scheinen«. Und so wird im Rahmen der »menschlichen Erleichterungen« auch der Austausch von deutsch-deutschen Infektionsquellen-Forschungsversuchen vorangetrieben.

Im Schorschel, einer Bar in Connewitz, treffen sich Westmänner und Ostfrauen beim Tanzen und Trinken. Sich mit Westmännern zu unterhalten bedeutet, in eine geheimnisvolle, grenzenlose Sphäre einzutauchen. Vera, eine Studentin aus Thüringen, sucht in Leipzig »den kleinen Schimmer, der durch die geschlossene Tür fällt«. In einer der langen Leipziger Nächte geht sie mit einem Mann ins Hotel. Er legt ihr morgens Geld hin, Westgeld, und sie

denkt sich, dass man doch das Angenehme mit dem Nütz-
lichen verbinden könne, und nimmt es. Sogar die große
Liebe fängt manchmal im Schorschel an. Es kommt vor,
dass Westmann und Ostfrau sich während der Messe kennenlernen und für immer zusammenbleiben wollen. Bei
Katrin und Wolfgang ist es so. Sie wagen die Flucht im
Mercedes. Für den Fall, dass sie es nicht schaffen, haben sie
genügend Tabletten dabei, um sich umzubringen. Liebe
oder Tod. Sie kommen durch.

Die »Firma« ist in Leipzig selbstverständlich auch vertre-
ten. Sie hat feste freie Mitarbeiterinnen, »gebildete, geistig
bewegliche, attraktive, kulturvolle Mata Haris zwischen
zwanzig und vierzig«. Die Stasi lässt ihre »Schwalben« aus
Berlin und Karl-Marx-Stadt einfliegen, um wichtige Messe-
gäste mit sexuellen Reizen zu entzücken, sie auf dem Inter-
hotelsofa zu fotografieren und auszufragen, »über Konzern
und Familie, Hund und Katze, Auto und Kontostand,
Hobbys und Neigungen«. IM Petra erzählt, dass es den
meisten Besuchern aus dem kapitalistischen Ausland neben
ihren Geschäften wichtig gewesen sei, im Osten richtig Sex
zu bekommen. Und dass die Männer die halbe Nacht lang
über ihre Geschäftserfolge bei den sozialistischen Partnern
geprahlt hätten. Die hätten ihr Kleider geschenkt, »von denen jede Frau im Westen nur träumen konnte«. Fünftausend
Mark West pro Auftrag hätte sie manchmal verdient und das
Geld eins zu zwölf getauscht. Die Kaufleute seien jahrelang
regelmäßig wieder zu ihr gekommen, wenn sie in Leipzig zu
tun hatten. Die Beziehungen zwischen den westlichen Ge-
schäftsleuten und den Ostfrauen, auch den Prostituierten,
waren, da sind die Zeitzeugen sich einig, freundschaftlich, ja
sogar herzlich. »Sehen Sie«, so der Barkeeper eines Devi-
senhotels, »die DDR war ja keine Leistungsgesellschaft, da
hatten die Huren noch keine Uhren und küssten ihre
Freier.«

An jenem Tag, da die Westmark den Osten erobert und
euphorisiert, wird Ernüchterung über die Stadt kommen.

Der Rausch der Leipziger Nächte wird verfliegen. Das Interesse der Ostfrauen für Westmänner wird auf einen natürlichen Pegel sinken. Das Begehren wird sich verflüchtigen. Die Bars werden schließen.

***

Da war Andacht

Der Mangel an Welt, das Gefühl der Enge, das Bedürfnis nach Internationalität – der Gefühlsstau braucht Ventile, Auswege aus dem Dilemma des Eingesperrtseins. Westbesuch muss her, prominenter Westbesuch. Das andere Amerika zum Beispiel. Jane Fonda erscheint während der Internationalen Leipziger Dokumentarfilmwoche auf der Bühne des Kinos Capitol und protestiert glamourös gegen den Vietnamkrieg. Dean Reed aus Colorado gibt dem Pathos der erhobenen Fäuste einen erotischen Touch: Hoch die internationale Solidarität! Ein Amerikaner, ein Kommunist und dazu noch schön! Der Politprinz mit der kleinen Stimme, dem großen Herzen und dem weichen Mund sieht so gut aus, dass ihn Regisseurinnen, Journalistinnen und Zuschauerinnen vom Fleck weg heiraten wollen, am liebsten gleich in Leipzig. Der blauäugige Ami meint es ernst, er bleibt in der DDR und ertränkt sich 1986 im Zeuthener See. Die chilenische Gruppe »Quilapayún«, zu Gast auf dem Festival des Politischen Liedes, verbindet in ihren Gesängen die Romantik des revolutionären Kampfes mit der Melancholie der Niederlage und der unendlichen Ferne Lateinamerikas, die schwarzhaarigen Männer im Poncho sind das Opium des Volkes im Anorak.

Die populärsten Projektionsflächen für die Sehnsüchte der Mauermenschen aber sind die Pop- und Schlagerstars, die im »Kessel Buntes« im Berliner Friedrichstadtpalast oder im Palast der Republik auftreten. Sterne am Firmament der Träume, Himmelschlüsselchen. Sie werden geliebt und verehrt in einer Maßlosigkeit, die unvergessen geblieben ist. »Hier hast du mein Motorrad, aber gib mir eine Karte für das Konzert von Peter Maffay«, bittet ein Fan den Konzertveranstalter. Tausende von Menschen stehen vor dem

Friedrichstadtpalast und singen die Lieder von Udo Jürgens draußen vor der Tür, weil sie keine Karte mehr bekommen haben. Sie schlafen auf Feldbetten, um die Ersten beim Vorverkauf zu sein. Offiziere schicken ihre Soldaten zum Platzhalten in der Schlange. Jedes Konzert ist eine Messe für die Welt. Man kleidet sich neu ein, geht zum Friseur, möchte pariserisch aussehen, wenn Mireille Mathieu im weißen Mercedes vorfährt und »Hinter den Kulissen von Paris« schmettert. Mütter nennen ihre Söhne Martin, weil die Chansonette einen Martin besingt, »Straßburg liegt im Sonnenschein«.

Westkünstler treten gern im Osten auf, sie kriegen den größten Teil der Gage in Ostmark und kaufen sich davon Musikinstrumente und Schulhefte. Sie reden von ihren Auftritten in der DDR als von paradiesischen Zeiten, in denen Künstler auf Händen getragen wurden – Westkünstler: »Wir konnten da drüben leben wie Gott in Frankreich.« Roland Kaiser, Costa Cordalis, Roy Black und Katja Ebstein sind sich einig: »Überwältigend! So viel Zuneigung! Ein Vulkan der Herzlichkeit, Rührung, Wärme, Dankbarkeit! Die wussten ja nicht, ob sie uns jemals im Leben noch mal wiedersehen!« Am Anfang hätte er ganz stark die Sehnsucht der Menschen nach Kontakt mit Personen gespürt, die sie aus dem Westfernsehen kannten, erinnert sich Udo Jürgens. »Da war Andacht«, sagt Hermann van Veen, »es gab Papiertüten, die Frauen hatten Haare unter den Armen, ich roch meine Jugend. Die Leute dort hatten viel Zeit. Wenn sie mich zum Essen einluden, ging das bis morgens um vier.«

Das Politbüro hört am liebsten Liebeslieder, unverfänglich, nett, ohne so Reizwörter wie Freiheit. Noch besser ist, wenn die Gäste französisch singen wie Gilbert Bécaud. Gar nicht geheuer ist ihnen Udo Lindenberg, den sehen sie als Gefahr für die innere Sicherheit, der muss sich erst publikumswirksam mit dem »Sonderzug nach Pankow« an Honecker wenden: »All die andern Schlageraffen dürfen da singen, dürfen ihren ganzen Schrott zum Vortrage bringen.

Nur der kleine Udo, nur der kleine Udo, der darf das nicht, und das versteh'n wir nicht.« Schließlich darf er doch, im Palast der Republik, beim Friedenskonzert am 25. Oktober 1983. Da sitzt die ganze FDJ drin, gesiebtes Publikum mit der Anweisung, verhalten zu klatschen, und die Lautsprecher funktionieren nicht richtig. »Die Menschen im Westen wie im Osten wollen dasselbe«, ruft Lindenberg von der Bühne herab, »Frieden und keinen heißen Krieg. Aber sie wollen auch keinen Kalten Krieg, keine deutsch-deutsche Eiszeit.« Der Sänger habe sich nicht an die Vereinbarungen gehalten, steht in einem Stasipapier. Als Bruce Springsteen beim Rockkonzert auf der Freilichtbühne in Berlin-Weißensee auftritt, vor hundertfünfzigtausend Leuten, die seine Texte mitsingen, ertönen gar die Worte »Bis alle Mauern fallen«; aber da sind wir schon fast am Ende.

Deutsche Erzählungen 16:
Bei uns wird nichts bewiesen

Sechs wilde Rocker mit langen Haaren und nackten Oberkörpern agitierten für den Sozialismus und kritisierten den Kapitalismus: »Männer und Frauen sind gleichberechtigt. Es sei denn, sie sind weiblich. / Eigentum verpflichtet. Es sei denn, man hat welches.« Die Politrock-Gruppe aus Köln, die Anfang der Siebziger zeigte, was Wirkung ist, hieß »Floh de Cologne«, in der DDR waren sie Stars. Während der Weltfestspiele 1973 traten sie auf dem Alexanderplatz vor sechzigtausend Zuschauern auf. Einmal stoppten Volkspolizisten mit strengen Gesichtern ihren Tourneebus. »Die wollten uns nicht zurechtweisen, die wollten auch kein Bußgeld kassieren, die wollten Autogramme von uns!« Ein anderes Mal behauptete ein Polizist auf der Transit-Autobahn: »Sie sind zu schnell gefahren!« – »Wie können Sie das beweisen?«, hatte einer der »Flöhe« gefragt. »Bei uns wird nichts bewiesen«, hatte der Volkspolizist entgegnet.

Das wurde bei den Politrockern aus Köln zum Running Gag der DDR-Verhältnisse: Bei uns wird nichts bewiesen!

»Wir wussten natürlich, dass nicht alles so heiter war, wie es für uns aussah«, sagt der Kabarettist Dieter Klemm. »Wir wussten, dass es die Stasi gab, die hatten wir ja kennengelernt. Einer von denen war uns als Tourneebegleiter zugeteilt: ›Das ist der Genosse Sowieso von der Bezirksleitung.‹ Ein ziemlich kluger Mann, so schien es uns damals, der störte uns nicht, wir wollten ja nicht die DDR unterminieren, im Gegenteil, wir glaubten an sie.« Nie im Leben allerdings hätte er dort leben wollen, bekennt Klemm, »nicht wegen der politischen Engstirnigkeit, sondern einfach, weil es nichts gab. Ich wollte eine ordentliche Stereoanlage, ein schnelles Auto und meinen französischen Rotwein.«

Die »Flöhe«, die wie alle aus dem Westen oft über Geld redeten, lebten während der DDR-Tourneen mit den Taschen voller Ostgeld in den sozialistischen Tag hinein. Ein Luxusgefühl. Was sie für ihre Auftritte bekamen, war »Indianergeld«, das im Westen nichts wert war. Sie gewöhnten sich das Sekttrinken an, guckten auf den Speisekarten nicht mehr auf die Preise und kauften Meissener Mokkatässchen, für irgendwas mussten sie das Geld ja ausgeben. Nach so einer Schlaraffenlandtournee überfiel Klemm regelmäßig eine Katerstimmung, er musste wieder runter ins reale Leben, wo Geld selbstverständlich eine Rolle spielte. »Der Satz klingt blöd, ich sag ihn trotzdem«, resümiert er dreißig Jahre danach: »Die Menschen in der DDR waren freundlicher, es war wärmer dort. Und absurder.« Wenn er allerdings an den Besuch bei seiner Cousine in Schwerin denkt, sei das für ihn ein anderes Land gewesen als das, in dem »Floh de Cologne« seine umjubelten Auftritte hatte. »Ich weiß noch, wie ich bei ihr auf dem Sofa saß, bei Kaffee und Kuchen, wir hatten in der Nähe einen Auftritt, und ich hatte am Vormittag angerufen, dass ich am Nachmittag mal vorbeikommen würde. Ich habe das eigentlich mehr für meine Eltern gemacht. Die sagten, wenn du da in der Nähe bist, dann besuch doch mal deine Cousine.«

Die Cousine freute sich, sie saßen in stiller Zweisamkeit nebeneinander. Gegen siebzehn Uhr kam ihr Mann. Der gesellte sich zu ihnen und sagte kein einziges Wort. Nun wusste Klemm, dass die Mecklenburger von Natur aus schweigsame Menschen sind, aber dieser hier schwieg außergewöhnlich durchgehend, er schwieg, als sei der Besuch gar nicht vorhanden. Was hat der Kerl gegen mich, dachte der Westbesuch auf dem Sofa, ist der vielleicht eifersüchtig? Es ließ sich nicht aufklären, ihm wurde unbehaglich, und er verabschiedete sich bald. Die Cousine brachte den Vetter zur Tür. Auf dem Flur sagte sie: »Nimm ihm das nicht übel, Dieter, der Heinz hat nichts gegen dich, aber er hat in seinem Betrieb eine leitende Funktion und darf keine Westkontakte haben, deshalb war er so zurückhaltend.«

Hätte er ausschließlich Verwandtenbesuche gemacht, wäre sein DDR-Bild düster gewesen, sagt Klemm aus Köln.

✳✳✳

Das Zittern des Reisekaders

In der Morgenkühle, meistens dann, findet sich auf dem Bahnhof Friedrichstraße in Berlin, auf Bahnsteig A, eine zufällige Gemeinschaft von Einzelgängern zusammen, in der Mehrzahl Männer und Frauen im Rentenalter. Sie tragen Vulkanfiberkoffer mit Namensschildern dran. Vor Aufregung erstarrt, lauschen sie den Befehlen der Grenzoffiziere, die aus den Lautsprechern schallen. Zu den Alten kommen drei jüngere Dienstreisende, denen die Freude auf die bevorstehende Westreise keineswegs von den Gesichtern abzulesen ist, das wäre verdächtig, deshalb bemühen sie sich um den Ausdruck missmutiger Alltäglichkeit.

»Treten Sie von der weißen Linie zurück!«, herrscht eine Stimme. Die weiße Linie ist etwa einen Meter von der Bahnsteigkante auf den Boden gemalt. Ein strikter Strich, ein von Offizieren bewachtes Zitat der Mauer, das die Wartenden vom Zug in den Westen trennt. Auch wenn der Zug bereitsteht, keiner darf einsteigen. Die Reisenden müssen frierend einer unheimlichen Zeremonie beiwohnen. Uniformierte mit Trittleitern untersuchen jedes der leeren Abteile, sehen unter die Sitze, hinter Gepäckablagen und Verschalungen der Toiletten. Schäferhunde hecheln auf den Schienen unter den Wagen lang, dressiert auf die Spuren heimlicher Passagiere.

Ich darf auf eine Dienstreise nach Oberhausen. Freunde, die nahe am Bahnhof Friedrichstraße wohnen, wollen aus dem Küchenfenster winken, wenn ich mit dem Zug nach Westen an ihrem Haus vorbeifahre. Ich stehe hinter dem weißen Strich. Der Zug aus Basel fährt ein. Fünf Fahrgäste steigen aus, unter ihnen eine alte Frau mit zwei schweren braunen Kunstledertaschen, an einer ist der Henkel abgerissen. Die Frau ist beim Aussteigen sehr unbeholfen. Die

Gepäckstücke, vollgestopft wohl mit Sachen aus der westlichen Welt, ziehen die Reisende mal nach rechts, mal nach links. Sie schwankt derart, dass eins ihrer wasserdicken Beine beinahe in die Lücke zwischen Zug und Bahnsteig gerät. Da fallen zwei bunte Illustrierte – Westzeitungen! –, die in der linken Tasche obenauf liegen, unter den Zug, auf die Schienen. Die alte Frau wagt nicht, nachzusehen, wo sie geblieben sind, stumm registriert sie den Verlust. Ich sehe zu, wie sie sich müht, und traue mich nicht, das muss man sich mal vorstellen: Ich traue mich nicht, den weißen Strich zu übertreten und ihr zu helfen. Ungewisse Angst, Respekt vor staatlicher Autorität und die Befürchtung, das endlich errungene Westvisum zu verlieren, bringen mich dazu, eine selbstverständliche Geste zu unterdrücken.

Gleich neben der Tür, wo die Frau aussteigt, steht auf dem weißen Strich, regungslos, mit verschlossener Miene, ein junger Grenzsoldat. Er hat vermutlich das Abitur gerade hinter sich, sein Gesicht ist nicht unsensibel. »Warum haben Sie der alten Frau eigentlich nicht geholfen?«, rufe ich ihm halblaut zu. Es vergehen Sekunden. Dann errötet der Grenzer und sagt, wobei er mich nicht ansieht und kaum die Lippen bewegt: »Ich darf nicht.«

Wie wird man Reisekader? Man wird es, oder man wird es nicht. Man wird es einmal und nie wieder. Man wird es zweimal, das dritte Mal lassen sie einen nicht, ohne Angabe von Gründen. Ein viertes Mal vielleicht. Manche werden es für immer, sie haben ihren Westpass zu Hause in der Schublade und können in den Westen reisen, wann immer sie wollen. Das Verfahren ist undurchschaubar, unberechenbar, willkürlich. Der Reisekader zittert. Darf ich, oder darf ich nicht? Lassen sie mich, oder lassen sie mich nicht? Kommt der Pass noch rechtzeitig zum Termin? Habe ich mir was zuschulden kommen lassen, von dem ich nichts weiß? Wissen die von meinem Flirt neulich in der U-Bahn? Wer fremdgeht, geht vielleicht auch ganz, mögen die Herren vom MfS denken.

Der Republikflucht ist mit allen Mitteln vorzubeugen. Übrigens bleiben in den siebziger und achtziger Jahren nur 0,1 Prozent der Reisekader im Westen, einer von tausend. Offene Türen sind weniger verführerisch, als die Kontrolleure fürchten.

Es soll in der DDR vierzigtausend Reisekader gegeben haben, ausgewählt von ihrem Betrieb, ihrem Institut, ihrer Hochschule, ihrem Sportverein, ihrem Künstlerverband, kontrolliert vom Ministerium für Staatssicherheit. In der »Richtlinie zur Durchführung von Sicherheitsüberprüfungen« heißt es, dass bei Reisekadern speziell auf die Bindung zur Familie zu achten sei und »auf eine gefestigte positive Einstellung als Bürger der DDR«. Die Entscheidung, ob einer reisen darf oder nicht, wird vor allem auf der Basis der »Ermittlungen im Arbeits-, Wohn- und Freizeitbereich« getroffen. Diese dienen »zur Aufklärung des politisch-ideologischen Gesamtverhaltens, der Entwicklung des sozialistischen Staatsbewusstseins, der politischen Zuverlässigkeit, der Persönlichkeits- und Charaktereigenschaften«. Der Schriftsteller Günter de Bruyn ist im Nachhinein verblüfft, dass er »trotz meiner Distanz zum System« in den Kreis der Privilegierten aufsteigt und ihm Westreisen zu Tagungen und Lesungen genehmigt werden. Er erklärt sich das damit, dass die Scheindemokratie nach außen Toleranz demonstrieren müsse.

Jedes Fehlverhalten kann den Verlust des Reisekaderstatus bedeuten. Westkontakte sind möglichst abzubrechen, auf alle Fälle jedoch meldepflichtig. »Hiermit mache ich Ihnen Mitteilung davon, dass ich am 11. 7. 1981 gegen 22.00 Uhr auf meinem privaten Telefonanschluss einen Anruf von Herrn Otto C. aus Stuttgart, dem Onkel meiner Frau, erhalten habe«, meldet ein Reisekader seinem Vorgesetzten. »Otto C. rief an, um zu erfragen, zu welchem Termin er seine Schwester, meine Schwiegermutter, auf meinem Apparat telefonisch sprechen könne. Ich habe ihn darauf verwiesen, dass er für den Kontakt mit seiner Schwester besser die schriftliche Form über die Post verwenden solle. Da ich während des etwa einminütigen Gesprächs sehr distanziert, wenn auch höflich geblieben bin, hoffe ich, dass kein weiterer Anruf erfolgen wird. Ansonsten werden sowohl meine Frau als auch ich das Telefonat sofort unterbrechen. Den Kontakt zu allen unseren Verwandten im NSW hatten wir vor etwa zwei Jahren abgebrochen.« Ein anderer wagt im März 1978, den Abbruch von Westkontakten abzulehnen, und bleibt dennoch Reisekader: »Hiermit teile ich Ihnen mit, dass ich die Verbindung zu meinen Verwandten in der BRD aus folgenden Gründen nicht abbrechen kann: Es war der Wunsch meiner verstorbenen Schwester, den Kontakt mit ihrer Tochter, meiner Nichte, aufrechtzuerhalten. Es gibt kein Motiv, diese einzige familiäre Bindung zu lösen.«

Der Reisekader hat bei seiner Rückkehr von einer Westreise zwei Reiseberichte abzuliefern, einen Sofortbericht, fällig innerhalb von drei Tagen, sowie eine längere Darstellung, von der das Ministerium für Staatssicherheit einen Durchschlag erhält. Viele der Reiseberichte lassen ein einziges Ziel erkennen: Der Reisekader will bald wieder in den Westen reisen. Deshalb bemüht sich der Privilegierte um Erfolgsmeldungen. Seine Berichte sind eine kalkulierte Mischung aus Dichtung und Wahrheit, er betont das große Interesse, das seine Auftritte und Vorträge im Westen ausgelöst haben, seine offensive, parteiliche Haltung, hebt den »vertrauensvollen Dialog« mit den westlichen Fachkollegen hervor, die Anerkennung der DDR-Forschung, der DDR-Kunst, des DDR-Sports. Hier und da flicht der Verfasser prophylaktisch eine kritische Bemerkung zum Kapitalismus im Allgemeinen und Besonderen ein – pragmatischer Opportunismus in Hochform. Andere wissen vom Exportwert ihrer Person, da bleibt der Reisebericht auch mal aus. In den Fünfzigern ist es noch vorgekommen, dass nach einer Reise in die Bundesrepublik gemeldet wurde, dass sich »das Gefühl der Verbundenheit« bestätigt habe. Später verliert sich dieses auf Wiedervereinigung ausgerichtete Gefühl, an seine Stelle tritt die Abgrenzung. In den Achtzigern werden die Berichte lässiger, fast ungehalten. Auf die Frage nach der Nummer seines Hotelzimmers, antwortet kess ein Reisekader: »Hab ich vergessen.« Ein Jahr später, 1988, berichtet derselbe mit unverhohlenem Missfallen, dass ihn das Verbot der Zeitschrift »Sputnik« auf seiner Dienstreise in eine unmögliche Situation gebracht habe und dass man den Problemen nicht mehr durch Verbote ausweichen könne.

Deutsche Erzählungen 17:
Der Reisende und der Bettler

Der Dienstreisende kam aus dem Land der Gleichen. »Haste mal 'ne Mark?« – mit diesem für einen aus der DDR stammenden Menschen gänzlich ungewohnten Ansinnen überfiel ihn an einem windigen Nachmittag in Frankfurt am Main ein Mann mittleren Alters, schlaksige Figur, lange Haare, Bart. Der Dienstreisende überlegte kurz und sagte: »'ne Mark kannste haben, aber keine D-Mark.« Der Bettler musterte ihn von oben bis unten, von unten bis oben. Schließlich begriff er: »Wohl aus 'm Osten, Trauerfall?« – »In gewissem Sinne, ja, Trauerfall vor hundertfünfzig Jahren, 22. März 1832, Goethes Todestag. Ich habe Tischbeins Bild ›Goethe in der Campagne‹ für einen Dokumentarfilm über seine italienische Reise aufgenommen, ich bin Kameramann.« Der Bettler strahlte, genau dieses Bild habe er mit Kreide auf den Boden einer Fußgängerunterführung gerieben. »Zement, verstehst du, da sind, wenn ich fertig bin, die Finger durchgescheuert.« – »Lohnt denn das?«, fragte voller Mitgefühl und anerzogener Solidarität der Dienstreisende. »Um die vierhundert Mark kommen zusammen, manchmal mehr, manchmal weniger, das hängt von vielen Faktoren ab«, erklärte der Bettler und erzählte dem Mann aus dem Osten, der sich so angelegentlich von Gleich zu Gleich mit ihm unterhielt, dass er ausgestiegen sei. »Ausgestiegen, woraus?«, erkundigte der sich verblüfft. »Ich bin Ingenieur, aber ich will mich nicht mehr beteiligen. Das Geld reicht, ich brauche nicht viel, ich bin frei. Lass dich bloß nicht blenden von dem bunten Plunder, den du hier siehst, alles nur Fassade!«

Es regnete, der Dienstreisende wollte noch was von Frankfurt sehen, auch noch was einkaufen, was er mitbringen konnte, zu Hause warteten sie auf den bunten Plunder, und er hatte nur zwei Tage Ausgang. Der Aussteiger wurde ihm immer sympathischer, er bot ihm nun doch die gewünschte D-Mark an. »Mach kein' Quatsch«, wehrte der ab, »du bist doch auch eine arme Sau, die Mark nehme ich schon noch einem anderen ab.« Wie alt er sei, wollte der Dienstreisende wissen. Jahrgang 39. »Ich auch«, sagte er, um so ideologisch wie sentimental fortzufahren: »Da stehen wir nun friedlich beieinander, sind uns sympathisch und sollen, wenn's schlimm kommt, aufeinander schießen.« – »Brauchst keine Angst zu haben, bin Wehrdienstverweigerer«, tröstete der Bettler aus dem Westen den Reisekader aus dem Osten. Der ging noch schnell zu Karstadt, um die Wunschliste von Frau und Kindern abzuarbeiten.

**

Der Einkauf in einem kapitalistischen Land ist stets mit Gefahren verbunden, weiß der Reisekader aus den Richtlinien der Abteilung Auslandsdienstreisen, wo drinsteht, wie der Dienstreisende sich in Kaufhäusern zu verhalten hat. Die Anziehungskraft der westlichen Warenwelt kann ihn Kopf und Kragen kosten. Es gebe Fälle, wo einem DDR-Bürger im kapitalistischen Ausland ein Ladendiebstahl untergeschoben worden sei, um ihn für den Bundesnachrichtendienst gefügig zu machen, warnt die Richtlinie. Der Normalfall ist der echte Ladendiebstahl. Das magere Reisebudget im Zusammenwirken mit der heimatlichen Mangelwirtschaft und dem Überfluss im Westen verführt manch eine Reisekadermutti zum Klauen im Kaufhaus. Weil das ferngesteuerte Spielzeugauto so toll ist, das Kleidchen aus Samt so süß und das Geld so knapp.

Auf meiner ersten Westreise probiere ich in einem Kaufhaus ein T-Shirt an, es ist himmelblau und kostet nur 9,99 DM. In der Umkleidekabine werde ich mit einem Anschlag konfrontiert: »So ein nettes Mädchen und stiehlt!«, steht da. Ich ziehe das Shirt wieder aus und hänge es zurück auf den Ständer, der Kauf ist mir verleidet worden.

Kaufhausdetektive überführen eine Opernsängerin, die bei Wertheim am Kurfürstendamm eine schwarze Netzstrumpfhose mitgehen ließ, steht in der Bild-Zeitung. Der »Spiegel« spürt einen prominenten Ostschauspieler auf Westtournee im Puff auf. Bei einem wissenschaftlichen Reisekader findet der Ostzoll die »St. Pauli Nachrichten«, ein Anzeigenblatt des Rotlichtgeschäfts. Die Kinder des Ostens können den Versuchungen des Westens nicht widerstehen. Und dann Adieu, Reisekaderstatus!

Bettgeflüster

Der Filmfunktionär M. verkörpert alles Miese: Er ist dogmatisch, intrigant, frauenfeindlich, schreibt schlecht und darf in den Westen reisen. Dagegen kann man sich mit legalen Mitteln nicht wehren, da hilft nur die Gunst der Stunde. Jedes Jahr zur Internationalen Leipziger Dokumentar- und Kurzfilmwoche ist das Hotel Astoria für hochkarätige internationale Gäste aus Ost und West reserviert, weil es schicker und bürgerlicher ist als die neu gebauten Interhotels. Einmal gelingt es einer Freundin und mir – wir sind als Filmkritikerinnen in Leipzig –, im Astoria unterzukommen. Den Nachteil, dass das Hotel seiner prominenten Klientel wegen garantiert von der Stasi abgehört wird, machen wir uns zunutze. Eines Nachmittags liegen wir in dem breiten französischen Bett, um uns auszuruhen für die lange Filmnacht. Wir können nicht schlafen und leisten uns eine kleine Schweinerei. Wir »berichten« vom Bett aus in hohem Flüsterton über M., angestrengt bemüht, ein Kichern zu unterdrücken sowie in der Hoffnung, dass das Zimmer auch wirklich abgehört wird und unser Bettgeflüster Zuhörer hat. »Weißt du, was ich von M. gehört habe?« – »Nein, erzähl mal«, sagt die Freundin und räkelt sich lüstern in ihrem neuen Nachthemd, das sie sich eben in der Mädlerpassage gekauft hat. »Der M. soll sich von einer Westreise eine Gummipuppe mitgebracht haben, die sind aufblasbar und fassen sich wie echte Frauen an, sie haben Münder und Muschis.« – »Das ist ja unerhört«, empört sich künstlich die Freundin. »Er soll in seinem Büro von einem Kollegen überrascht worden sein, wie er nackt auf der Gummipuppe lag. M. hat geweint und dem Kollegen erzählt, dass seine Frau ihn nicht mehr liebt, weil er sie nicht auf seine Dienstreise nach Duisburg mitgenommen hat.« Wir flüstern, so laut es geht: »Und was sollen Männer machen, die in Ehekrisen stecken und keine Reisekader sind, die können sich nicht mit Gummipuppen aus dem Westen trösten, das ist ungerecht!« M. hat es verdient, dass die Lauscher hinter den Tapeten das Hochnotpeinliche peinlich genau protokollieren.

Die Puppenstory ist nicht aus der Luft gegriffen. Nur, dass es nicht M. gewesen ist, sondern ein anderer, der von einer Westreise in Gesellschaft einer Gummipuppe zurückkehrte, ein im Grunde sympathischer Mensch. Sehnsucht treibt seltsame Blüten; wenn die Ostjungs mal raus dürfen, rennen sie zu Beate Uhse. Jedenfalls ertappt man den Sünder, und weil er in der Partei ist, wird er ins ZK bestellt, zu einer Aussprache. Da sitzen drei Damen mittleren Alters in Schneiderkostümen mit Parteiabzeichen. Sie würden dem jungen Genossen gern Absolution erteilen, falls er Reue erkennen ließe. Lässt er aber nicht. Im Gegenteil. Als sie ihn auffordern, zu der Angelegenheit Stellung zu nehmen, sagt er, das ist überliefert, laut und deutlich: »Ihr wollt doch nur, dass ich euch ficke.« Das gibt natürlich ein Parteiverfahren und fürs Nächste erst mal keine Westreise mehr.

Deutsche Erzählungen 18:
Reisekaderkind

»Heute kommt mein Papa aus London zurück.« Sie sagte es laut. Es war gerade Hofpause. Ihre Schulfreundinnen sahen sie an, voller Respekt. Keine sagte etwas. Sie war neun. Spätabends kam der Vater, sie durfte auf ihn warten. Er kam und roch nach Flughafen. Sie war stolz, dass sie einen Vater hatte, der in London gewesen war. Ganz fest hatte sie sich vorgenommen, nicht gleich zu fragen, aber sie konnte nicht anders: »Hast du mir was mitgebracht?« Er lächelte weltmännisch, er war was Besonderes, sie war was Besonderes. »Ich hol mal meinen Koffer!« An dem Koffer war ein Schild mit einem blauen Streifen »BEA«. Ihr Geschenk steckte in einer knisternden dunkelgrünen Tüte, auf der in feiner schwarzer

Schrift »Stevenson's Shop« stand. Obenauf lagen Seifendöschen aus dem Hotel, in dem der Vater gewohnt hatte, Parfümfläschchen, Schokoladentäfelchen in nachtblauem Papier.

Das Große, das Eigentliche, das alle Erwartungen Erfüllende war ein weißes T-Shirt, auf dem in bunt glimmernden Druckbuchstaben »Maria« stand. Ihr Name, extra für sie gemacht, aus einer Welt, die sie nie erreichen würde und der sie doch näher war als ihre Klassenkameraden, als alle, die sie kannte. Sie zog das Nicki mit ihrem glitzernden Namen an. Die Buchstaben, die die Welt bedeuteten, waren aufgebügelt. Ein ozeangrünes M, das erste A rot wie die Coca-Cola-Büchsen aus dem Werbefernsehen, das R metallgrau wie der Eiffelturm, ein neonblaues I wie die Leuchtschriften nachts in fernen Städten und das letzte, das zweite A: leuchtend gelb wie die heiße Sonne in Afrika. Ihr Nicki hatten echte Engländer in der Hand gehabt. In »Stevenson's Shop«. Vielleicht hatte der Verkäufer ein Holzbein, wie John Silver in der »Schatzinsel« von Stevenson. Ihr Nicki war hundertprozentig Cotton, Baumwolle, die in riesigen Ballen in englischen Häfen verladen wurde. London, das war noch viel mehr Welt als die Westpakete, die Katja Hasselmann aus Gelsenkirchen bekam. Sie stellte sich vor den großen Spiegel im Korridor, da stand auf ihrem Nicki gar nicht »Maria«, da stand »Airam«, spiegelverkehrt, verkehrte Welt. Sie sah sich in die Augen. Durch den Himmel fliegen. Mit dem Zug in ein anderes Land fahren. Mit Dollar oder Lire bezahlen. Muscheln und Schnecken essen. Airam, air heißt Luft, Luftschlösser. Sie zählte laut auf Englisch, so weit sie konnte, one, two, three, four, five. Aus dem Wohnzimmer hörte sie die Beatles: It's getting better all the time.

Elf Jahre später, 1990, zwanzig ist sie da, wird sie nach London fliegen und dort ein Jahr lang arbeiten und leben, in der Deanstreet 23. Das war nicht abzusehen an jenem Abend, als ihr Vater das T-Shirt aus Stevenson's Shop mitbrachte.

***

Wer reisen will, der schweig fein still

Von mir verlangt die Reisestelle niemals einen längeren Reisebericht, die kurzen Sofortberichte reichen ihr. Möglicherweise liegt das am allgemein Legeren, vielleicht auch Schlampigen meiner verträumten Redaktion. Etliche Male bekomme ich eine persönliche Einladung zu den Filmfestspielen in Westberlin, der ich nie folgen darf. Sie ist verbunden mit großzügigen Restaurantgutscheinen, für die man als Ostmensch in noblen Westberliner Lokalen speisen kann. Von diesen Bons sprechen die östlichen Filmleute wie von einem Märchen, nicht zu glauben, aber wahr. Erst neulich erzählte mir ein Kritikerkollege, dass er seine Essenbons damals an andere Festivalteilnehmer verkauft hatte, mit einem Rabatt für die Käufer, er brauchte Westgeld für das Rückwärtswaschen. Sein Weg hatte den jungen Ostjournalisten an einem eleganten Friseursalon in der Nähe vom Kurfürstendamm vorbeigeführt. Durch die großen Scheiben sah er, wie den Kunden die Haare im Rückwaschbecken shampooniert wurden, das empfand er als Gipfel des Luxus, das gab es zu Hause nicht. Ihn überkam eine große Lust, sich den Kopf rückwärts waschen zu lassen. Die Sehnsucht nach dem Rückwaschbecken zu stillen, war ihm wichtiger, als gut zu essen. Achtzig Westmark hat er für Waschen, Schneiden, Föhnen bezahlt; er habe es nicht bereut, sagte C., ganz bei sich sei er ohnehin nicht gewesen, das erste Mal im Westen.

Ich bin ein Zufallsreisekader, in meinem Fall spielt menschliche Schwäche eine für mich günstige Rolle. Mein Leiter, der in der Emigration in Mexiko gewesen war, ist sowohl dem Sozialismus als auch dem guten Leben herzlich zugeneigt, er liebt sein Segelboot und die Frank-Sinatra-Platten, die er sich aus dem Westen besorgt hat. Öfter ersucht er mich dringlich, »mit mehr Herzblut« zu schreiben, was nichts anderes bedeutet als in jeder dritten Zeile das Wort Sozialismus zu platzieren. Er ist scharf auf meine Westberlin-Einladung. Was soll er in Ägypten oder Marokko oder Usbekistan, das ist beschwerlich, man kommt ins Schwitzen, es erscheint ihm glanzlos. Außerdem kennt man ihn dort nicht. Nach nebenan will er, dahin, wo die Leute ihn aus dem Fernsehen kennen. Ein paar Filme angucken, schön essen mit Gutschein, sich sehen lassen, repräsentieren und klassenbewusst diskutieren. Er macht meine Einladung zu seiner. Und weil er gern nach dem Motto »Leben und leben lassen« handelt, schickt er mich als Entschädigung zu dem vergleichsweise bescheidenen Festival nach Lille. Vermutlich telefoniert er mit den »Organen«, zu denen er als Leitungskader gute Kontakte hat, lobt vermutlich meine politische Zuverlässigkeit, berichtet vermutlich, dass ich glücklich verheiratet bin, Kinder habe und ganz bestimmt zurückkommen werde. Außerdem haben wir bereits die achtziger Jahre, die Behörden werden notgedrungen weltoffener. Mein lebenslustiger Leiter kann es sich seelenruhig schmecken lassen beim Berlinale-Italiener in der Marburger Straße. Dafür darf ich, vielleicht, Frankreich sehen.

Knapp vor Beginn meiner Reise soll ich mir im Außenministerium das Visum abholen. Ich stehe allein in einem engen, verspiegelten Raum mit stickiger Luft. Stille. Lang andauernde Stille. Dumpfe Stille. Eine Stimme fordert mich auf, meinen Personalausweis durch einen Schlitz zu schieben. Ich sehe niemanden, mich sehen alle. Wer sind die Unsichtbaren hinter den Spiegeln? Ich fühle mich wie ein Käfer, dessen nervöses Krabbeln man gleichgültig observiert; bin ich Gregor Samsa? Nach minutenlanger Lautlosigkeit werden durch einen anderen Schlitz mein Ausweis und das Visum geschoben, wortlos. Alptraum und Traum in einem. Ich trete auf die Straße und halte den Pass in der Hand. Die Straße Unter den Linden, die Universität, das Zeughaus, Autos fahren, die Sonne scheint, Menschen gehen ihren Verrichtungen nach. Alles wie immer, nur ich, ich bin eine andere, ich habe ein Papier, das mir erlaubt, durch die Mauer zu gehen. Die Sicherheitsüberprüfungen dauern in der Regel drei Monate. Bei mir ist es schneller gegangen, bin ich möglicherweise kein richtiger Reisekader? Bin ich vielleicht gar nicht überprüft worden, hat der Einsatz meines lebensfrohen Leiters mit den weitreichenden Verbindungen ausgereicht?

Ich stehe auf der Straße und kann es nicht fassen: Ich darf raus! Die »Organe« vertrauen mir. Vertrauen mir, vertrauen mir nicht, vertrauen mir, vertrauen mir nicht. Ich habe ihrer Überprüfung standgehalten, nicht standgehalten, standgehalten. Früher habe ich wie Margarete im »Faust« die Blumenblätter von der Marguerite abgerissen: »Er liebt mich, er liebt mich nicht ...« Wer auf Dienstreise in den Westen darf, fühlt sich erhoben, aber auch schuldig, weil er sich als Ungleicher über die Gleichen erhebt. Keine Beförderung, kein Orden, kein Lottogewinn steht so weit oben in der gesellschaftlichen Hierarchie wie ein Westvisum; es ist die höchste Auszeichnung, die das Land zu vergeben hat. Und die brisanteste.

Wenn einer eine Reise tut, dann darf er nichts erzählen. Um die Hinterbliebenen nicht neidisch zu machen, »wer reisen will, der schweig fein still«. Auf einer Fete beginnt F. einem Kollegen von interessanten Fotografien zu erzählen, die er bei der letzten Westreise in einem Archiv entdeckt hat: »Ich war gerade in Hamburg ...«, hebt er an. Der Angesprochene murmelt »Aha« und dreht sich weg. Ich will nie wieder ein Westvisum, beschließt der stehengelassene Reisekader in jener Nacht. Und nimmt bei der nächsten Gelegenheit doch wieder eins. Westreisen machen einsam. Was nicht geteilt werden kann, soll auch nicht mitgeteilt werden. Wenn der Reisekader etwas mitteilt, dann die Mühsal des Reisens. Dass er froh sei, wieder zu Hause zu sein, weil alles sehr strapaziös war. Zu heiß in Algerien, zu stressig in Rom, zu kriminell in Frankfurt am Main. Dass auf Indiens Straßen Affen den Besucher an der Jacke ziehen und nicht loslassen, bis er ihnen was in die Pfoten drückt. Die Daheimgebliebenen lachen, ein bißchen gezwungen, ein bißchen resignativ: Lieber einen indischen Affen an der Jacke als lebenslang die Bären im Gehege vom Tierpark in Friedrichsfelde.

Arm und einsam, so steht der Reisekader in der großen teuren Welt. Dienstreisen in den Westen können anstrengend sein, hauptsächlich wegen des Mangels an Devisen. Ein Flugzeug zu verpassen, kann einer Katastrophe gleichkommen. Der NSW-Dienstreisende, der Reisende ins »Nichtsozialistische Währungsgebiet«, hat nämlich kein Geld, sich in Madrid oder Bombay ein neues Ticket zu kaufen oder sein Hotelzimmer um eine Nacht zu verlängern, ganz zu schweigen von Kreditkarten und all den anderen Bequemlichkeiten, die der westliche Reisende gewohnt ist. Der NSW-Dienstreisende ist ein armer Schlucker. »Leute, 's darf nichts kosten, wir kommen aus'm Osten«, witzeln die Privilegierten. An gemeinsamen Essen mit Geschäftspartnern nimmt der Reisekader nicht teil. Um für Frau und Kinder »was Schönes aus dem Westen« mitzubringen, spart er die wenigen Spesen und isst auf dem Zimmer seines Hotel garni Döbelner Dauerwurst aus dem Konsum. Es sei denn, er wird eingeladen.

Wie man sich als Herr von Welt bei solchen Anlässen zu benehmen hat, kann er in gelegentlichen Schulungen für Reisekader lernen. Serviermeister großer Hotels unterrichten die Privilegierten über angemessenes Auftreten auf internationalem Parkett, über die Wahl der Speisefolgen »unter Berücksichtigung der internationalen Gepflogenheiten der Gastronomie«. Nach einem Kurs in Jena bedanken sich die Teilnehmer bei ihrem Serviermeister. Sie bedauern, sozusagen schmunzelnd, »daß wir trotz der sachkundig vorgetragenen Vorzüge eines trockenen Sekts buchstäblich auf dem Trockenen saßen, denn wir trainierten mit Messer, Gabel, Löffel vor völlig leeren Tellern«.

Trotz aller Schulung: Ständiger Begleiter des Reisekaders

ist die Unsicherheit, nicht nur die finanzielle. Schon die Bedienung eines Kofferkulis kann einen frisch Privilegierten in Panik versetzen. Seine Provinzialität auf internationalem Parkett ist offensichtlich, ja lächerlich. Wie er da so steht vor den Segnungen der Zivilisation und nicht weiß, wo das Geldstück reinkommt, wo er drücken soll, wie er das Ding beladen soll. Dagegen ist es eine Kleinigkeit, keinen blassen Schimmer davon zu haben, wie man Muscheln isst. Wie die Zigarettenautomaten funktionieren. Wie die Wasserhähne in öffentlichen Toiletten angehen; einfach die Hände unter den Hahn halten und abwarten – darauf muss man erst mal kommen. Die Blicke der Umstehenden können dem Weltfremden die Schamröte ins Gesicht treiben. Alle Peinlichkeit, alle Anstrengung sind vergessen, wenn der Weitgereiste wieder zu Hause ist. Da ist er der Überlegene, der große Globetrotter, der die Welt gesehen hat, und wenn es nur Oberhausen gewesen sein sollte. Ein Selbstbewusstseinsschub ohnegleichen. Der Gang durch die Mauer und zurück bedeutet die Erlösung von dem Trauma, eingeschlossen zu sein.

Die Tür zur Welt kann jäh wieder zugeschlagen werden, ohne Angabe von Gründen; »Klappe zu, Affe tot, endlich lacht ein Morgenrot«, wie ein verwirrter Dichter anlässlich des Mauerbaus reimte. In einem Schuhkarton mit alten Schriftstücken habe ich den Durchschlag eines Briefes gefunden, den ich 1986 an die Abteilung Kultur beim ZK der SED schrieb und dessen opportunistische Hilflosigkeit nicht ohne Peinlichkeit ist. Ich vermute, dass Tausende solcher Briefe geschrieben wurden: »Sehr geehrte Genossin N., es werden jetzt zwanzig Jahre, die ich als Filmkritiker und Reporter arbeite. In dieser Zeit konnte ich regelmäßig von den wichtigsten Festivals über den internationalen Spiel- und Dokumentarfilm berichten, aus Moskau, Karlovy Vary und Leipzig, einige Male besuchte ich auch Filmwochen in Oberhausen und Lille. Dieses Jahr hatte die Chefredaktion vor, mich erstmalig als Berichterstatter auch zur Berlinale zu schicken. Nach einem beratenden Gespräch mit Ihrer Abteilung übermittelte mir mein Chefredakteur jedoch bedauernd, daß meine Teilnahme an der Berlinale nicht angebracht sei. Sie werden verstehen, daß mich das beunruhigt; vor allem das Gefühl, man könnte kein Vertrauen mehr in mich setzen. Falls der abschlägige Bescheid Ihrer Abteilung von Erwägungen bestimmt wurde, die ich nicht überschauen kann, wäre ich erleichtert, sie zu kennen. Mit sozialistischem Gruß …«

Wer will mich nicht rauslassen, das ZK der SED, die Stasi oder einfach nur mein lebenslustiger Leiter, der mal wieder an meiner Stelle die Berlinale besuchen will? Es ist der Versuch, das Unaufklärbare aufzuklären. Unter Beachtung von Regeln wie »Sehr geehrte Genossin«, obgleich ich nicht in der Partei bin, »Mit sozialistischem Gruß«, obwohl ich zu dieser Zeit nicht mehr an den realen Sozialismus glaube. Schließlich die wohlkalkulierte Floskel, dass man »kein Vertrauen mehr in mich setzen« könnte, obwohl mich das Vertrauen der Frau, an die ich den Brief adressiere, weiß Gott nicht interessiert. Es ist die Angst, dass die Tür wieder zugefallen sein könnte. Der Kampf um ein Privileg, das doch nur die Perversion des Normalen ist. Ein Versuch, der Abhängigkeit zu entkommen, der nicht zu entkommen ist. Antwort auf meinen Brief habe ich nicht erhalten.

Deutsche Erzählungen 19:
Die Frau, die sich durch die Welt liebte

Sie hatte in der Mitte gescheiteltes, helles langes Haar, einen großen, blonden Busen und Sehnsucht nach der Welt. Die aber durfte sie nicht sehen, denn sie war jung, hatte keinen Mann und keine Kinder, die sie als Pfand zurücklassen konnte, aber Westverwandtschaft. Reisekader konnte sie also nicht werden. Rosemarie stillte die Sehnsucht nach draußen auf ihre Weise. Ihr Beruf als Journalistin verschaffte ihr reichlich Gelegenheit, Männer kennenzulernen. Männer aus Mexiko, Chile, El Salvador und Venezuela. Männer aus Ägypten, aus dem Sudan und dem Libanon. Männer aus Kenia, Ghana und Guinea. Männer aus Spanien, Griechenland und der Türkei.

Rosi beschloss, sich durch die Welt zu lieben. Auf dem Territorium der DDR. Hinter der Mauer. Sie ließ die Welt an ihrer Bettkante antreten: die Männer der Welt. Mohammed, Juan, Maurizio, Babu, Abdelaziz, Kostas, Christos, Alfredo und all die anderen. Rosis Bedingungen waren klar definiert. Die Männer mussten braune oder olivfarbene Haut und schwarzes Haar haben, Geld, Stellung und Erfolg waren nebensächlich. Rosi war der Überzeugung, dass es ihr zustünde, sich ein paar schöne Stücke von der Welt einzuverleiben. Besitzen wollte sie keinen der Männer, nur gehabt haben. »Die Sehnsucht ist es, die unsere Seele nährt, nicht die Erfüllung«, hatte sie bei Arthur Schnitzler gelesen. Rosi war eine gebildete Person, ihren Doktor in Philosophie hatte sie mit summa cum laude gemacht.

Wenn sie mit einem ihrer exotischen Prinzen zusammen war, ließ sie sich aus seiner Heimat erzählen, von seiner Familie, seinem Alltag. Von den Palmen und Wüstenblumen in seinem Land, von Revolutionen und Konterrevolutionen, von Guerilleros, Tupamaros und Palästinensern. Verliebt streichelte sie die goldene Haut und das rabenschwarze Haar ihrer Weltlinge. Jeder Geliebte ein Mauerdurchbruch. Männer zu erobern fiel Rosi leicht, sie machte es vor aller Augen, mit schamloser Selbstverständlichkeit, die die Funktionäre erschauern ließ. Niemals versuchte einer, sie für die Stasi zu werben, niemals denunzierte sie einer wegen verbotener Westkontakte. So manch mittelblonder, blasser Kader, angelockt von Rosemaries vermeintlicher Triebhaftigkeit, versuchte sein Glück bei ihr. Sie vertraute ihm an, dass es ein Fremder sein müsse, wenn sie im Bett Lust verspüren wolle. Der unerwünschte Bewerber trollte sich mit zweideutigem Zwinkern.

Rosemarie verlangte Respekt von ihren Liebhabern. Einmal, am Ende eines Kongresses, waren wir morgens in der Hotelhalle verabredet, um gemeinsam nach Berlin zurückzufahren. An ihrer Seite war Babu, ein schöner schwarzer Medizinstudent aus Kenia. Er war in Eile, weil er eine wichtige Vorlesung nicht versäumen wollte. Rosemarie verlangte, dass er unsere Koffer zum Bahnhof trug. »Lass ihn doch, Rosi«, sagte ich. »Wer Zeit hat, mit mir ins Bett zu gehen, hat auch Zeit, mir den Koffer zum Bahnhof zu tragen«, antwortete sie, keinen Widerspruch duldend, mit einem kleinen, fast unmerklichen Lispeln. Babu fügte sich. Ergeben trottete er mit den Koffern hinter uns her zum Hauptbahnhof, immer in der Furcht, dass ihn ein Kommilitone so sehen könnte: Ein Schwarzer trägt die Koffer zweier Blondinen.

Nach vielen Jahren traf ich die Frau, die sich durch die Welt liebte, wieder. Die langen Haare hochgesteckt, das Gesicht ungeschminkt. Sie erzählte mir alles, das, was ich wusste, und das, was ich noch nicht wusste. Dass sie Listen geführt hat über ihre Männer, geordnet nach Ländern und Erdteilen. Dass sie ein Programm, eine Strategie und eine Taktik hatte für ihre ganz spezielle Eroberung der Welt. Geheiratet hat sie einen Kollegen aus Bremen, blass, mittelblond, habilitiert. Ich muss ja jetzt keine Sehnsucht mehr stillen, sagte sie.

***

Move and you are dead

Es waren einmal zwei Reisekader, die durften nach Amerika. Zur Vollendung einer künstlerischen Installation ist es nötig, in den Archiven von New York zu recherchieren. Hochgestimmt fliegen die Kader über den Atlantik und berichten ihren daheimgebliebenen Frauen vom Hoteltelefon aus vom Jetlag und vom Anblick der Freiheitsstatue. Das hört sich mondän an und macht die Frauen stolz, ein bisschen fühlen sie sich, als seien sie mit in Amerika. Was sie in den zehn Tagen nicht erfahren: Ihre Männer hätten tot sein können.

An einem ganz normalen Nachmittag, in einem gewöhnlichen Geschäftshaus in der Fifth Avenue, fahren sie gegen siebzehn Uhr nach getaner Arbeit mit dem Fahrstuhl nach unten. In der dritten Etage öffnet sich der Lift, und es stehen da drei hoch gewachsene schwarze Männer. »Come out, gentlemen!«, sagen sie und dirigieren die Reisekader auf einen menschenleeren Flur. »Down on the floor!« Sie befehlen ihnen, die Pistole immer an ihren Halsschlagadern: »Hands on the back! Look and you are dead!« – »We come from the GDR«, ruft einer der beiden, in der Hoffnung, dass diese Auskunft die Räuber gnädig stimmen würde. Die aber, unbeeindruckt von der Herkunft aus dem weltberühmten Arbeiter-und-Bauern-Staat, fesseln ihnen die Hände auf den Rücken, mit Plastikbändern, wie man sie zum Verschnüren von Paketen benutzt. Dabei klauen sie dem einen die neue wasserfeste Armbanduhr. »Move and you are dead!«, drohen sie, »move and you are dead!« Und entfernen sich.

Minutenlang verharren die Reisekader auf dem Boden. Schließlich hält es einer von ihnen nicht länger aus, er rappelt sich auf mit seinen gefesselten Händen und sucht Hilfe. Da ist schon die Polizei: Die drei Gangster hatten in dem

Haus einen Juwelierladen ausgeraubt. Sie wollten natürlich nicht erkannt werden, die Dienstreisenden kamen ihnen bei ihrer Flucht ungelegen. Noch unter Schock, melden sich die Überfallenen am nächsten Tag bei der DDR-Botschaft. Dort ist man kurz angebunden, es ist Sonnabendvormittag, keine Dienstzeit. Warum sie nicht pflichtgemäß als DDR-Bürger nach ihrer Ankunft in New York bei der Botschaft vorstellig geworden seien, raunzt der Beamte. Als hätte sich der Überfall durch vorherige Anmeldung vermeiden lassen. Die Amerikareisenden hatten keine Lust gehabt, sich bei ihrer Botschaft zu melden. Einmal im traumhaften New York, wollten Sie sich durch die Ableger der DDR-Büro-kratie nicht das Gefühl der großen weiten anderen Welt neh-men lassen.

Wieder zu Hause, macht die Amerikageschichte die Runde. »Nehmt's mir nicht übel, aber wir haben ja so ge-lacht im Ministerium«, dröhnt der zuständige Kulturfunk-tionär, ein bisschen Neid ist auch dabei, denn er selber ist noch nie in Amerika gewesen und wird vermutlich auch nie-mals hinkommen; und die, denen er so ein Privileg hatte ver-schaffen müssen, können ruhig mal überfallen werden. Die Amerikakader erzählen ihre Geschichte mit einem gewissen Stolz. Sie sind nicht nur in Amerika gewesen, sie haben Amerika am eigenen Leibe erlebt und nicht wie die anderen DDR-Bürger auf dem häuslichen Sofa im Westfernsehen, in der Fernsehserie »Kojack«, wo Telly Savalas die gefährlichen Dinge erledigt. »Move and you are dead – eine Bewegung und du bist tot!« – tausendfach synchronisierter Kinosatz, die beiden Reisekader haben ihn im Original gehört, das macht sie zu was Besonderem.

Deutsche Erzählungen 20:
Bunte Platten aus dem KaDeWe

»Wir sind langsam sauer – 20 Jahre Mauer« sprühte der neunzehnjährige Robert P. zusammen mit seiner Freundin auf die Blechwand der Brücke an der Greifenhagener Straße im Berliner Prenzlauer Berg. Es war die Nacht zum 13. August 1981. Die beiden kamen vom Bowling, hatten ein paar Biere getrunken. Als sie sahen, wie riesig die dunkelrote Schrift an der Wand prangte, kriegten sie Angst vor der eigenen Courage. Bevor sie das Wort Mauer zu Ende gesprüht hatten – »Wir sind langsam sauer – 20 Jahre Mau« –, rannten sie weg. Der Transportpolizei vom Bahnhof Schönhauser Allee direkt in die Arme, die war besonders wachsam in jener Nacht vor dem 20. Jahrestag des Mauerbaus. Die Sprayer wurden festgenommen und aufs Revier gebracht. Der diensthabende Wachmann kam mit der neuen Polaroidkamera nicht zurecht. Robert P., angehender Fotograf, half ihm, die zwei Provokateure – ihn selbst und seine Freundin – abzulichten.

Dreieinhalb Monate saß Robert P. im Gefängnis, nur dreieinhalb Monate, weil der Vater – Künstler, Parteimitglied und Reisekader – seine Verbindungen für den Sohn spielen ließ. »Ein kleiner Jugendstil-Knast in Pankow war es«, erinnert sich der Delinquent achtundzwanzig Jahre später, »mit schmiedeeisernen Gittern und einer Bibliothek«; »Djamila« von Tschingis Aitmatow hat er dort gelesen. Es gab zu der Zeit noch die Anordnung, dass die Pritsche in der Zelle am Tage hochgeklappt wurde und man den ganzen Tag auf dem Hocker sitzen musste. Und dann sagt P., der heute in Indien lebt, diesen Satz: »Es gibt viel schlimmere Situationen. Wenn man sieht, was in der Welt los ist.«

Als er das Gefängnis verließ, war ihm klar, dass man in diesem Land, aus dem man nicht raus konnte, die Weite innen suchen musste. Man musste in die Geschichte ausreisen, in die Vergangenheit, »ein riesengroßes, unbegrenztes

Gebiet, in dem man frei herumspazieren konnte«. P. fotografierte eine Innenwelt, die gegen Veränderungen immun zu sein schien. Ein Fleischer in der Linienstraße, »Feine Wurstwaren. Specksalzerei und Wurstfabrication«, zeigte ihm Fotos der Straße von vor dreißig Jahren, noch vor dem Krieg. Robert P. verließ den Laden, und alles sah noch genau so aus wie auf den Bildern, die der Fleischer ihm eben gezeigt hatte, das Pflaster, die Fassaden, die alten Schriften. Er fotografierte jedes Detail, irgendwann könnte es ja vielleicht doch mal anders aussehen hier.

»Ich hatte eine schöne Jugend«, sagt P. Freiheit im Elternhaus hätte er genossen und eine Menge gleichgesinnter Freunde gehabt. Lästig sei nur gewesen, dass ihn die Volkspolizei wegen seines punkigen Aussehens öfter anhielt und kontrollierte. Das einzige wirkliche Manko war, dass er nicht rüber durfte:»Ich wollte ja nie für immer in den Westen, ich wollte bloß mal gucken. Zum Ku'damm fahren, in die Disko und wieder zurück.« Als er die Diplomatenkinder kennenlernte, deren Eltern in der Ständigen Vertretung und in den Botschaften wirkten, nahm der Wunsch, im Kofferraum des Westbesuchs einen kleinen Ausflug zu riskieren, reale Gestalt an. Gemacht hat er es nie, die Möglichkeit reichte als Ventil. Man konnte schließlich auch im Osten wilde Partys feiern, sich auf den Dächern der alten Mietshäuser sonnen, Rotwein trinken und von den bunten Platten futtern, die die Botschaftskinder in der Delikatessenetage des KaDeWe eingekauft und rübergeschleppt hatten.

Die Jahre vergingen. Robert P. wollte seine Freunde wiedersehen, die inzwischen ausgereist waren und nun in Westberlin wohnten. 1988 heiratete er Dieke, eine Holländerin, es war eine Scheinheirat. Diekes Eltern durften nichts davon wissen, deshalb nahm sie nicht seinen Namen an, sondern er den ihren und hieß fortan Robert Eddink. Am 9. November '89 ging die Mauer auf, eine Woche später kam die Genehmigung zur Ausreise aus Heiratsgründen. Sicher ist sicher, dachte der Frischverheiratete, flog über Dänemark nach Rotterdam und meldete dort seinen Wohnsitz an. Mit holländischem Pass lebte er fortan in Neukölln. Die Mauer ist weg, warum bin ich eigentlich in Westberlin?, fragte er sich eines schönen Tages. In Ostberlin gab es jetzt genügend freie Wohnungen. »Suchen Sie sich was aus!«, baten ihn die Leute von der Kommunalen Wohnungsverwaltung, froh über jeden, der zurückkam.

»Freitag kann ich nicht, da muss ich in die Moschee«, hatte Robert P. am Telefon gesagt, als wir uns für das Gespräch verabredeten. Er war Moslem geworden und erzählte mir, wie es dazu kam. Im Dezember 1995 saß P., wie er nun wieder hieß – von Dieke aus Holland war er lange geschieden – in einer Kneipe, und ein Freund sagte: »Ick fahre übermorgen nach Indien.« Robert trank noch zwei Tequila und beschloss: »Da komm ick mit.« Sie flogen erst nach Bombay, dann in den Süden, nach Varkala, eine halbe Stunde lang über Slums, in denen Tausende kleiner Feuer von der Armut kündeten. In den indischen Straßen sahen sie Affen, die routiniert die Rucksäcke der Touristen aufmachten und Kameras rausholten. Ein Bananenverkäufer, der danebenstand, tauschte mit den Affen Kameras gegen Bananen.

Robert war begeistert von Indien. »Die Leute dort sind arm und teilen das Letzte, warum sind die so?« Auf einer langen Fahrt in einem engen, vollen Zug machte er die Bekanntschaft eines jungen Inders, mit dem er philosophische Gespräche führte. Er traf sich öfter mit ihm, ganze Nächte redeten sie über den Sinn des Lebens. Der Mann sei für ihn eine Offenbarung gewesen, sagt P. Sein Gesprächspartner war Moslem.

Zurück in Deutschland, trat der Ostdeutsche Robert P. zum Islam über, er heißt jetzt Zaid. Zaid reiste abermals nach Indien und heiratete eine indische Frau, mit der hat er eine kleine Tochter. Die deutschen Frauen seien zu egoistisch, um mit ihnen eine Familie zu gründen, meint Zaid, der mal Punk war, man habe in Deutschland verlernt, sich zu fügen. »Eine indische Frau wird mich niemals verlassen, sie wird nicht trennen, was Gott zusammengefügt hat«, sagt Scheidungskind Robert. Er war der erste Weiße, der in diese Gegend kam, die man Indische Schweiz nennt. In Kerala ist er so was wie Westbesuch, die Nachbarn wollen in sein Haus gucken, weil sie denken, dass da alles aus Gold ist: »Ich bin für sie der Reiche, weil ich Europäer bin.« Nun lebt er sein Leben zwischen Berlin, wo er arbeitet, wenn es Aufträge für ihn gibt, und Kerala, wo er ein Haus gebaut hat für seine Familie. Neulich fuhr er mit Jasmin, seiner indischen Frau, in der Berliner S-Bahn. Eine Angetrunkene fixierte das Paar und fragte Robert: »Hey, Alter, warum heiratest du eigentlich keine Deutsche?«

∗∗∗

Schmidt, nimm mich mit!

»Wir sind langsam sauer – 20 Jahre Mauer« – drei Monate
nachdem der neunzehnjährige Robert P. die Nachricht für
seine Regierung an eine Blechwand im Ostberliner Prenzlauer Berg gesprüht hat, treffen sich der Bundeskanzler Helmut Schmidt und der Staatsratsvorsitzende Erich
Honecker am Werbellinsee. Sie schließen ihre Begegnung
mit einem Besuch des Barlach-Städtchens Güstrow ab. Es
ist der 13. Dezember 1981. Ungemütliches Wetter, minus
vier Grad, Schneeregen. Ein nordatlantisches Tief liegt über
Mecklenburg, und der polnische Ministerpräsident Jaru-
zelski verhängt just an diesem Tag das Kriegsrecht über sein
Land, um die unabhängige Gewerkschaft Solidarność in
Schach zu halten; ernste Zeiten für Polen, »die fröhlichste
Baracke im sozialistischen Lager«.

Auch sonst ist alles nicht einfach. Noch nie habe das
Ministerium für Staatssicherheit eine so brisante Aufgabe
gehabt, meint Stasichef Mielke, man müsse »auskunftsfähig
sein über jedes Haus und dessen Einwohner«. Güstrow
dürfe auf keinen Fall ein zweites Erfurt werden, wo die Bevölkerung »Willy, Willy« aus den Fenstern gerufen und natürlich Willy Brandt, nicht Willi Stoph gemeint hatte. Also
werden für den 13. Dezember 1981 Bevölkerung und Fenster abgeschafft. Personen, von denen »feindlich-negative
Handlungen« zu erwarten sind, oder solche, von denen man
annimmt, dass sie winken oder Sympathien für den Westen
äußern wollen, bekommen Hausarrest. Einige werden angewiesen, sich für die Zeit des Westbesuchs außerhalb der
Stadt aufzuhalten. Der Pfarrer wird in sein Haus verbannt
und darf die Fenster nicht aufmachen. Und doch: Der
Sicherungsbereich IV meldet, dass gegen 9.30 Uhr eine
Person aus dem Fenster ihrer Wohnung laut die Worte »Ihr

habt wohl Angst« gerufen habe. Ein Mann tut mitten auf dem Markt kund, dass er »in ganz Deutschland umherfahren« möchte. So was soll der Besuch natürlich nicht zu hören kriegen, auch nicht den Ruf einer jungen Frau: »Schmidt, nimm mich mit!« Kanzler und Staatsratsvorsitzender sollen »in lockerer Atmosphäre« gemeinsam über den Weihnachtsmarkt bummeln und Weihnachtslieder hören. Süßer die Glocken nie klingen.

Die Inszenierung, an der knapp fünftausend Staatssicherheitsleute beteiligt sind, ist einzigartig. Der Marktplatz wird von der Bevölkerung geräumt und mit »ausgewählten, progressiven Kräften in weihnachtlicher Stimmung« besetzt. Die Buden sind für den Besuch frisch mit kandierten Äpfeln, Zuckerwatte und Räuchermännchen aufgefüllt, die Lichterketten verdoppelt worden, Advent, Advent, ein Lichtlein brennt. Die Stasi stellt Publikum dar und isst Bratwurst, Honecker schüttelt Mielkes Komparsen die Hand. Als Besuch und Gastgeber im Dom zu Güstrow Barlachs Plastik »Der Schwebende« besichtigen, beschwört der Landesbischof »ein Stück gemeinsamer Vergangenheit und Erinnerung«. Schmidt ergänzt, dass Barlach auch »unsere gemeinsame Zukunft« sein könne. Das einzige konkrete Resultat des staatsmännischen Treffens ist die Verlängerung des zinslosen Überziehungskredits »Swing«.

Je weniger Devisen die DDR hat, um so großzügiger fallen die »menschlichen Erleichterungen« aus. Die Dimensionen des deutsch-deutschen Reiseverkehrs wachsen, Freizügigkeit gegen Geld. Bei den Milliardenkredit-Verhandlungen zwischen Strauß und Schalck-Golodkowski ist im Gespräch, dass pro Kreditrate das Westreisealter um ein Jahr gesenkt werden soll. Immer mehr DDR-Bürger dürfen in dringenden und auch nicht so dringenden Familienangelegenheiten in den Westen fahren: Hochzeiten, Silberhochzeiten, Goldene Hochzeiten, runde Geburtstage, Taufen, Jubiläen. Die Sehnsucht sieht die Erfüllung in greifbarer Nähe und greift zu. Den Westen sehen, bevor man alt und grau ist. Der Druck gegen die Mauer wächst. Im Jahr 1986 werden an die sechshunderttausend Reisegenehmigungen erteilt. Die Reiseanträge werden so oder so beschieden. »Nach eingehender Prüfung wurde dem Anliegen zugestimmt.« Oder eben nicht zugestimmt. Willkürlich, unberechenbar, planlos. Die Antragsteller heben ihre Verdienste hervor und dass sie ihr Leben lang zu ihrem sozialistischen Staat gestanden, alle Kraft für ihn eingesetzt hätten, und dass jetzt der alte Vater in Minden krank sei und sie dringend zu ihm müssten. Es passiert, dass so ein Antrag vom zuständigen Volkspolizeirevier ohne Angabe von Gründen abgelehnt wird. Die Hartnäckigen machen Eingaben, berufen sich auf die Menschenrechte und schaffen es. Oder auch nicht. Die Energie, alle nur möglichen Wege nach Westen zu suchen, steigert sich. Hilfsbedürftige Verwandte werden erfunden, runde Geburtstage, schwere Krankheiten, Rohrbrüche.

Ja, Rohrbrüche, das Ehepaar Pank hat sich auf Letztere spezialisiert. Im Juli 1984 beantragt Bärbel Pank eine Besuchserlaubnis. Sie möchte zu ihrer Mutter nach Westberlin. Beim letzten Telefonat habe sie erfahren, dass die Mieter über der Wohnung der Mutter verreist waren, während sich dort ein Rohrbruch ereignete, mit der Folge, dass in Küche, Toilette und Korridor der mütterlichen Wohnung das Wasser von der Decke tropfe. »Jetzt sitzt meine Mutter im Dreck«, schreibt Bärbel Pank an die Genossen beim Zentralkomitee der SED. »Da gegenseitige Hilfe bei den Menschen im Westen sowieso nicht sehr groß geschrieben wird und die Rente meiner Mutter auch nicht so hoch ist, um jemanden gegen Bezahlung kommen zu lassen, möchte ich als ihre einzige Tochter ihr gern bei den notwendigen Aus- bzw. Einräumarbeiten behilflich sein«. Frau Pank darf reisen.

Weil das mit dem Rohrbruch so gut funktioniert hat, wendet sich ein knappes Jahr darauf Herr Pank, der Ehemann von Bärbel, mit seinem Reisewunsch an die Genossen. »Meine Tante ist in Westberlin wohnhaft und hat große Sorgen«, schreibt er im Juni ’85 an das Zentralkomitee der SED, »sie war in Urlaub gefahren, als in ihrem Haus direkt über ihr ein Rohrbruch ausgebrochen war.« Dadurch seien Schäden in der Wohnung der Tante entstanden. Die Tante bezöge nur eine kleine Rente und hätte vergeblich versucht, einen Handwerker zu finden, der die Schäden zu einem für sie akzeptablen Preis beseitigen kann. »Bitte lassen Sie mich meiner Tante behilflich sein.« Dem Anliegen des hilfsbereiten Neffen »konnte nicht entsprochen werden«; Tanten scheinen bei den Entscheidungsträgern nicht beliebt zu sein.

Alfred Pank gibt nicht auf. Ein Jahr später beantragt er erneut Besuchserlaubnis nach Westberlin, diesmal nicht zur Tante, sondern zur Mutter. Die sei verreist gewesen und musste bei ihrer Rückkehr feststellen, dass ein Rohrbruch in der Wohnung über ihr passiert sei und dadurch in ihrer Wohnung starke Wasserschäden zu beklagen seien. »Sie sitzt nun im Dreck«, schreibt Herr Pank, diesen Satz lesen die Genossen gerne: »Sitzt im Dreck«, das lässt sich gut auf den Westen an und für sich beziehen. Bärbels Gatte hält sich auch sonst ganz an die bewährten Formulierungen seiner Frau, dass »die gegenseitige Hilfe bei den Menschen im Westen sowieso nicht sehr groß geschrieben« werde und dass er, »als einziger Sohn«, seiner Mutter bei den notwendigen Arbeiten helfen wolle. Diesmal klappt es: »Nach eingehender Prüfung der Eingabe wurde dem Anliegen zugestimmt.« Rohrbrüche scheinen die Genossen zu rühren.

Ein Rohrbruch ist die Korrosion, die Auflösung überalterten, zerfressenen, verrosteten Materials. Auch die Mauer wird durchlässiger, gibt nach, bekommt Risse und Löcher, ihre Autorität als »revolutionäre Notwendigkeit« hat sie lange schon eingebüßt, nun wird sie mehr und mehr zu einem Hindernis, das unter Umständen überwindbar ist. Besuch von drüben reicht nicht mehr, man will den Westen selber besuchen, ihn sehen, mit eigenen Augen. Die Phantasie, die Grenze zu durchbrechen, kennt keine Grenzen. Ausreiseanträge werden gestellt, Freikäufe verhandelt, Westmänner gekapert.

Deutsche Erzählungen 21:
Lilli und der Diplomat

Es gibt in der Liebe Jäger und Gejagte, Lilli war eine Jägerin. An Männern interessierte sie nicht nur Charme und schöne Augen, sondern ebenso, wenn nicht mehr, die Macht, die ein Mann verkörpern kann. Einmal lernte sie einen Minister kennen. Es war im Palast der Republik, Anfang der Achtziger, als ausgewählten Gästen eine Modenschau von Nina Ricci geboten wurde. Danach trank und tanzte man. Im Laufe des turbulenten Abends stellte ihr eine Bekannte einen hochgewachsenen Mann mit sinnlichem Mund vor: Mischa W. Lilli, die nicht leicht aus der Fassung zu bringen war, stutzte. »Wenn das der Wolf ist, bin ich Rotkäppchen«, sagte sie vernehmlich, denn es ging die Legende, dass es vom Meisterspion der DDR keine Fotos gab, sie jedenfalls hatte noch keins gesehen. Lilli verknallte sich tout de suite.

Sie war, das muss man sagen, eine schöne, junge, schwarzhaarige Frau mit glasklarem Verstand, punktgenauem Witz und eisernem Willen, zudem eine anerkannte Künstlerin. Ein Jahr lang warb sie um den Minister, befreundete sich mit Mitgliedern seiner Familie, schickte ihm Geschenke: »Ich habe ihm ein Nest in meinem Herzen gebaut« – romantische Ironie, Lillis Spezialität. Wir sitzen in der Küche ihrer Wohnung, die randvoll ist mit Bildern, Skulpturen und Fotos, mit eigenen Werken und denen anderer. Mit den Zeugnissen der Jugend und auf die Wände gemalten Kommentaren dazu. Und Lilli erzählt.

Endlich war es soweit, dass der Geheime sie besuchen sollte. »Heute kommt er«, war ihr angekündigt worden. Sie hatte sich geschmückt, geschminkt, die Haare gewaschen, sich mit »L'air du temps« von Nina Ricci parfümiert und gewartet. Er kam nicht. Sie raste vor Enttäuschung. So schön wie heute bin ich nie wieder, dachte sie, es muss was passieren. Ihr fiel eine Begegnung mit einem westdeutschen Diplomaten ein, auf einem Empfang im vorigen Sommer.

Dessen Nummer rief sie an und wurde auch verbunden. »Ich muss dringend mit Ihnen essen gehen, sofort, auf der Stelle«, eröffnete sie dem verblüfften Diplomaten. »Liebe, gnädige Frau«, sagte der, »wie stellen Sie sich das vor, das geht jetzt nicht.« Sie fuhr zu seinem Haus und klingelte. Eine Haushälterin öffnete, in der Türöffnung erschien ein Neufundländer mit riesigem Kopf. Der Diplomat war nicht da. Lilli übergab der Haushälterin ein von ihr illustriertes Buch mit der Widmung: »Nach einem eisigen Gespräch ein Hauch von Frühling« – für Herrn A., es sei dringend.

Danach ist sie mit dem Taxi in ihr Stammlokal gefahren, wo gelegentlich westdeutsche Diplomaten verkehrten. Dort war er auch nicht. Sie kehrte nach Hause zurück, trank Sekt und stapfte in ihrer Wohnung herum »wie ein trauriges Wildpferd«. In die Anspannung hinein klingelte das Telefon, A. war dran: »Liebe, gnädige Frau, ich habe ja nicht gewusst, was für eine Künstlerin hinter dem Anruf steht!« – »Entweder«, beschied ihn Lilli mit ihrer tiefen, etwas schleppenden Stimme, »Sie kommen jetzt gleich zu mir oder gar nicht, so schön sehen Sie mich nicht wieder!« Dieser Abenteuerofferte einer Ostfrau konnte der Diplomat nicht widerstehen. Er stieg in sein Mercedes Coupé und fuhr in die abgelegene Ostberliner Nebenstraße, in der die Geheimnisvolle ihr Atelier hatte. »Da stand er nun vor mir in seinem freundlichen, sandfarbenen sozialdemokratischen Cordjackett, ein nett aussehender Mann, eingesprüht mit ›Victor‹, einem angesagten Angestelltenparfüm, während aus dem Auto die Rasierklingenmusik von Amanda Lear schallte.« Ob sie denn so einfach die Projektionsfläche wechseln konnte, frage ich, so übergangslos von Ostminister zu Westdiplomat. »Klar, Süße«, sagt sie, »ich habe einfach den Zustand meiner Verliebtheit von einem Glas ins andere gekippt. Ich habe mich verliebt in die Umstände der Ost-West-Situation, in die Angst und in die Macht, vielleicht auch in das Teddyhafte von A.« So wurden sie ein Paar.

Ein paar Wochen später – sie schminkte sich gerade vor

dem Spiegel in ihrem Badezimmer – hörte sie in den Nachrichten, daß A. nach Bonn gerufen wurde. Sie war verzweifelt: Jetzt verknallst du dich mal erfolgreich, und schon wird der Kerl dir wieder weggenommen! Wenig später stand der Diplomat vor ihrer Tür: »Pack ein paar Sachen, Lilli, ich nehme dich mit. Ich habe eben mit dem Generalsekretär gesprochen, du bekommst einen Pass!« Jetzt will er mich, dachte sie, jetzt will er mich wirklich, jetzt bin ich die Prinzessin. Sie schenkte ihm die goldene Taschenuhr ihres Großvaters und schrieb auf einen Zettel: »Ich lege dich in meine Zeit.« Es ging ganz schnell. Sie bekam den »Schreier-Pass«, den Künstlerpass für zwei Jahre, benannt nach dem sächsischen Tenor Peter Schreier. Ihr wurde mulmig, ein nicht zu benennendes Unbehagen. Ein paar Tage später rief er an und teilte mit, dass er für sie beide ein Reihenendhaus gekauft habe, morgen käme die Küchenzeile. Bei dem Wort Reihenendhaus wurde ihr bange, das Wort Küchenzeile verstärkte die Beklemmung, »es war die Furcht vor dem Kleingeistigen«. Ein krasser Wechsel stand bevor, der Wechsel von der Ostberliner Bohème ins bundesdeutsche Angestelltenmilieu.

Frau Rotzwerch, seine Sekretärin, begleitete sie auf der Fahrt in den Westen. »Ich trug so einen billigen indischen Anzug, den ich mir gekauft hatte, als ich meine Eltern in Göttingen besuchte, dazu billige indische Schuhe, ich möchte nicht wissen, was die Sekretärin von mir dachte.« Als sie die Grenze überfuhren, dozierte Frau Rotzwerch mit geborgtem Pathos: »Ich begrüße Sie in der Freiheit!« Als sie ankamen, war der Diplomat nicht zu Hause, sondern im Amt. Lilli betrat das Reihenendhaus mit den nachempfundenen Empiremöbeln, dem niedlichen Schreibtisch, dem karierten Sofa. Frau Rotzwerch putzte sich als Erstes die Zähne. Lilli machte Kaffee und stellte die Becher auf den Mahagonitisch, es gab sofort Ränder, »das waren die einzigen Verlobungsringe, die wir je hatten«. Der Chauffeur des Diplomaten fuhr mit einem Riesenstrauß roter Rosen und blauer Lilien vor, ein Gruß des vielbeschäftigten Geliebten. Der Fahrer überreichte Frau Rotzwerch das Bouquet, er hielt sie für die Auserwählte des Chefs, nicht Lilli in ihrem Hippieanzug.

»Nun war ich eine Grüne Witwe in einem Reihenendhaus bei Bonn«, sagt Lilli, »morgens um sechs frühstückten wir, damit er pünktlich im Amt sein konnte und vorher im Amtsbassin noch seine Runden mit den anderen Amtsträgern schwimmen konnte. Er kam spätabends nach Hause und knabberte manisch Kekse. Ich fühlte mich, als wäre ich in eine Abtreibungsklinik gefahren worden. Ich konnte nicht arbeiten in diesem Klima. Und das Schlimmste: Ich war nicht mehr in ihn verliebt. Alles an ihm war sekundär, er war ein Schüttelportemonnaie, wo nur das Kleine rauskommt, nichts mehr war spannend, ich hatte mich vergriffen.«

Das Ganze dauerte nur acht Wochen. Dann führten sie ein Grundsatz-Gespräch. Ihn hatten Gerüchte erreicht: »Das ist eine Stasifrau.« Er fürchtete um seinen Posten. Tatsächlich, sagt Lilli, habe sie eine Verpflichtungserklärung unterschrieben, weil sie ihre Eltern in Göttingen wiedersehen wollte; das hatte sie ihm schon am zweiten Abend ihrer Bekanntschaft in ihrer Küche erzählt, »er wusste also, wen er da mitnimmt«. Allerdings musterte sie die Stasi sofort aus, als sie ausreiste: »Wir haben dich nie gekannt.« Die Verbindung mit dem Diplomaten passte nicht in die aktuelle Strategie. A. wollte sie loswerden, sie sollte in seine unter anderem Namen angemietete Einzimmerwohnung in Westberlin ziehen. »Ich habe dir die Freiheit geschenkt«, dozierte er salbungsvoll. Die Freiheit als Abschiedsgeschenk. »Ich gehe wieder zurück nach Hause«, hatte sie ihm entgegnet. So war das. Ein Westbesuch in einem Dorf bei Bonn, mit Müsli am Morgen und Missverständnissen bei Tag und bei Nacht.

**

Über sieben Brücken

»Über sieben Brücken musst du gehn, sieben dunkle Jahre
überstehn«, prophezeit die Rockgruppe Karat. Die Zahl der
Ausreiseanträge steigt und steigt.

Ein junger Mann begründet sein Ausreiseersuchen mit
»Ereignislosigkeit«.

»Den einen drohte, sich zu Tode zu amüsieren, den anderen, sich zu Tode zu langweilen«, schrieb Peter Bender über
die Deutschen in Ost und West.

Westfreunde, die zu Besuch kommen, beugen vor. »Also,
das müssen wir euch sagen, wenn ihr vorhabt, abzuhauen,
und ihr steht dann mit euren Koffern vor unserer Tür, also
wir können euch nicht aufnehmen.« Keine Angst, wir bleiben, wo wir sind. Wir harren aus im Land der Bewegungslosigkeit. Im erschütterten Glauben an Besserung überstehen wir den Stillstand und die Ausreisen unserer Freunde
und Nachbarn.

»Hier ist alles wie Intershop«, notiert 1986 die ausgereiste
Journalistin Monika Reuter, » es riecht anders, leuchtet anders, lebt anders.« Es sei für sie immer noch unfassbar, dass
jetzt die Welt offen vor ihr läge und die Zöllner an der Grenze
zu Österreich sich in der Sonne räkelten und nur durch die
Fensterscheibe kurz auf den Pass sähen und ihr Auto durch-
winkten. Sie wolle nicht sagen, dass man im Osten um sein
Leben betrogen würde, doch »wie bunt, wie vielfältig, wie gefährlich, wie hart und herrlich Leben sein kann«, bekäme man
nur sehr gedämpft zu spüren. Eines aber säße einem im
Westen im Nacken: die Existenzangst. Bang und hoffnungs-
voll zugleich fragt sich die Ausgereiste: »Vielleicht werde ich
eines Tages für euch auch so ein eingebildeter Westbesuch,
dem man kopfschüttelnd und manchmal zähneknirschend
hinterhersieht.« Von den Ausgereisten kommen Briefe: »Wir

vermissen Euch so sehr, solche Freunde wie Euch finden wir hier nicht«, und Ansichtskarten aus Griechenland: »Kreta sehen und sterben!« Obwohl ich bleibe, verstehe ich mittlerweile jeden, der weggeht. Wozu das alles noch? Die sozialistischen Ideale verflüchtigen sich zu Legenden, das Ganze befindet sich in Auflösung, es herrscht Friedhofsruhe. Viel Wodka fließt, wenn mal wieder einer auf den gepackten Holzkisten mit den kyrillischen Buchstaben für ein letztes Foto auf DDR-Boden posiert. Wenn das letzte Essen gegessen, der letzte Tanz getanzt ist und es stiller wird unter denen, die bleiben. »Über allen Gipfeln ist Ruh / in allen Wipfeln spürest du / kaum einen Hauch«, dichtete Goethe, »Warte nur, balde / ruhest du auch.«

In der Redaktionskantine spielen wir Geschlossene Anstalt. Mit Chefpsychiater, Assistenzarzt und Pflegern, unter deren strenge Fürsorge wir uns alle kuscheln, wir Depressiven, Schizophrenen, Opportunisten ohne Heilungschance. Pfeffis verteilen wir als Faustan, als Tranquilizer für Zappelphilippe. Keine Bewegung, raus kommt keiner, aber wir lachen. Wir lachen. Der Kollege, der gern den Autisten macht und, wie sich später rausstellt, für die Stasi berichtet, lacht auch. Er unterhält sich gelegentlich mit dem voll behangenen Garderobenständer, der dicht neben dem Kantinentisch steht. Wir finden das absurd. Möglicherweise ist es ja gar nicht absurd, sondern einfach nur praktisch, vielleicht hat der seltsame Mitarbeiter da ein kleines Abhörgerät deponiert; in einem seiner IM-Berichte soll gestanden haben, dass sich jemand ein Heizgerät aus der Sowjetunion mitbrachte; jeder, der die Gelegenheit hatte, brachte ein Heizgerät aus der Sowjetunion mit.

Kollege T. landet aus Versehen im Westen. Beinahe im Westen. Blau wie er ist, bleibt er am späten Abend in der letzten U-Bahn sitzen, obwohl die Endstation erreicht ist, Thälmannplatz. Die Bahn fährt weiter, immer geradeaus Richtung Westen, und drinnen schläft auf rotlederner Bank unter mildem Licht ganz alleine der kleine Doktor mit der schwachen Lunge. Es ist ihm nur ein kurzer Aufenthalt zwischen den Welten beschieden. Die zuständigen Beamten führen ihn so schnell es geht über die Gleise zurück in den Osten. Sie machen wider Erwarten kein Aufhebens von der Sache, sie wollen keinen Ärger kriegen, sowas darf nicht passieren, also ist es nicht passiert. »Stellt euch vor, ich war zu Besuch im Westen«, berichtet T. im Dunst des Restalkohols am nächsten Morgen seinen Kollegen, »sieht genau so aus wie bei uns, Gleise, Schienen und kein Licht am Ende des Tunnels.«

Deutsche Erzählungen 22:
Wir sind doch verwandt

»Ich war kein Feind der DDR, ich wollte bloß woanders hin«, sagt Z. und nippt am Milchkaffee. Er kam beruflich nicht voran, ärgerte sich über die starren Strukturen und die alten Säcke an der Macht. Außerdem war er fünfunddreißig, es musste was passieren, er stellte einen Ausreiseantrag. Er wolle seine Eltern suchen, er sei ein Adoptivkind, die richtigen Eltern müssten irgendwo im Westen sein. »Was bilden Sie sich ein?«, brüllte der Mann hinter dem Schreibtisch.

Nun hatte sich ergeben, dass Z. eine Funktionärstochter liebte, deren Vater verwendete sich für seine Ausreise. Ein paar Wochen später trudelte ein überaus höfliches Schreiben vom Mann hinter dem Schreibtisch ein. Herr Z. möge doch im Amt erscheinen, es werde sich alles regeln lassen. Z. ging hin und bekam die Mitteilung, dass er ausreisen dürfe, man wünsche ihm alles Gute für sein weiteres Leben. Offenbar war der Funktionärsvater erleichtert, dass er den unpassenden Liebhaber seiner Tochter jenseits der Mauer verschwinden lassen konnte. Doch es kam anders. Die Tochter folgte dem Ausgereisten. Als Grund gab sie sexuelle Abhängigkeit an. Deren Wirkung reichte jedoch nicht, um die Ofenheizungswohnung im Wedding sowie die andauernde Unzufriedenheit des Geliebten zu überstehen, das Paar trennte sich.

Für kurze Zeit hatte Z. ins Aufnahmelager Marienfelde gemusst. Da kamen die Übersiedler hin, die vorhatten, in Westberlin zu leben. Wer sich in Westdeutschland niederlassen wollte, wurde ins Aufnahmelager Gießen gebracht. Z. erzählt von Marienfelde. Da lag er mit drei Widerstandskämpfern in einem Zimmer, die waren von oben bis unten tätowiert, freigekaufte Knastbrüder. »Jeden Abend saßen die auf den Barhockern der Kneipe neben dem Lager, tranken Whisky wie die Cowboys und lallten: ›Hier ist es besser wie in der Zone, hier dürfen wir saufen, so viel wir wollen, da redet uns keiner rein, das ist die Freiheit.‹« Der Wirt lachte. Als im Lager Zahltag war, setzte er sich mit einem Tischchen vor die Tür und kassierte die Zeche. Die Cowboys aus der DDR, so erzählt Z., hatten gedacht, der Whisky sei umsonst, weil sie doch Widerstandskämpfer waren und dort die Freiheit herrsche; nun mussten sie zahlen.

Z. geht vor die Tür, eine rauchen. Im Westen sei es auch nicht besser gelaufen, sagt er, als er wieder reinkommt, »wir haben gedacht, wir kommen, sehen und siegen, das war Unkenntnis und Selbstüberschätzung. Du kanntest die Spielregeln nicht, du musstest mit Leuten konkurrieren, die den Kapitalismus von Geburt an gelernt hatten. Im Osten lebte man für den Moment, die slawische Lebensart, trinken, essen, singen. Wir waren manchmal nicht mit dem Zug, sondern mit dem Bahnsteig unterwegs.« Im Westen, erzählt Z., machten sie getrennte Rechnungen, waren äußerst nüchtern, äußerst diszipliniert und redeten über Geld, nur nicht darüber, wie viel sie verdienten, das war tabu. »Für den Osten haben die sich nicht interessiert, während wir alles von ihnen wussten.« Die sechs Jahre im Westen seien an ihm vorbeigerauscht wie nichts. Es hätte noch mal was beginnen können, er war erst fünfunddreißig. Aber es begann nichts. Freunde fand er wenige. Die hätten nichts gucken lassen, während er immer geradezu gewesen wäre, ohne zu kalkulieren, wo er wem was erzählte. Z. fällt ein, was der Theaterregisseur Einar Schleef 1977 in Westberlin seinem Tagebuch anvertraut hatte: »Dort die Mauer um alle. Hier die Mauer um jeden.«

1990 ist er wieder rüber in den Osten der Stadt. Was im Gedächtnis geblieben ist von den Westjahren? Die erste Flasche Barolo in einem Restaurant am Stuttgarter Platz. Die Schweinshaxe im Münchner Hofbräuhaus. Die Maisonettewohnung, die er zwischenzeitlich bewohnte, wo er die Treppe runtergefallen ist und sich nichts getan hat. Das erste Mal Paris. Da würde er leben wollen, Paris sei für ihn immer noch *die* Stadt. Aber nur mit genügend Geld. Beinahe hätte er ja welches gehabt. Nach der Wende war ein Telegramm aus Bali gekommen: »Du erbst von Tante Hertha. Gruß Onkel Karl«. Der Onkel war ein paarmal zu Besuch gewesen in Dresden, als Z. noch ein Kind war. Er hatte Schokolade mitgebracht und eine Flasche Weinbrand; die leere Flasche wurde ins Regal gestellt, als Andenken. Der Tisch bog sich unter den Köstlichkeiten, die für den Westbesuch rangeschafft worden waren; der wunderte sich, was es im Osten alles gab. Z. fuhr zur Beerdigung von Erbtante Hertha nach Schleswig-Holstein. Hinterher nahm er an einem Leichenschmaus mit zerstrittener Verwandtschaft teil. Am nächsten Tag ging er zum Rechtsanwalt. Der teilte ihm mit, daß er sein Erbe nicht antreten könne, weil da ein juristischer Haken sei: »Das Beste ist, Sie einigen sich mit Ihrem Onkel persönlich.«

»Kein Problem«, sagte der Onkel zum Neffen, »wir sind doch verwandt.« Sie tranken, es war ein Dienstag, zusammen eine Flasche Mariacron aus, alles schien geregelt. Am Donnerstag rief der Onkel an, in seiner Stimme fanden sich noch Anklänge an den sächsischen Dialekt seiner Heimat: »Ich hab's mir überlegt, du hast mich besoffen gemacht, du kriegst nüscht.« Jahre später hat der alte Mann noch einmal mit dem Neffen telefoniert: »Lass uns das alles vergessen, Hartmut, wir sind doch Verwandtschaft!« Vom Erbe kein Ton. »So war das«, sagt Z. und grinst, weil das Leben eben spielt, wie das Leben eben spielt.

***

Alle wollen raus, Bernd auch

Unvergesslich für vierzig Gymnasiasten aus Hessen wird eine viertägige Klassenfahrt in die DDR. Klassenfahrten ins andere Deutschland dienen der deutsch-deutschen Annäherung und werden vom Ministerium für innerdeutsche Beziehungen finanziell gefördert. Die Siebzehnjährigen des Landschulheims Steinmühle, dem einzigen Privatgymnasium von Marburg, fahren im Dezember 1984 in einem roten Bus mit gelben »Atomkraft-Nein-Danke«-Aufklebern nach Erfurt, Weimar und Eisenach. Reiseleiter ist ein Mann von der VVN, der »Vereinigung der Verfolgten des Naziregimes«, die begleitenden Lehrer sind linksliberal und meinen es gut mit der DDR. Die Schüler besichtigen das Konzentrationslager Buchenwald und Goethes Gartenhaus, sie treffen sich mit FDJlern in einem Jugendclub in Bad Berka zu »Gesprächen zur Jugendpolitik der DDR«. Das Treffen »nervt wegen der linken Phrasen«, außerdem ist die Musik langweilig und die Cola schlecht, die Marburger Schüler, alle aus betuchten, bürgerlichen Familien, sind Besseres gewöhnt. Irgendwann wird plötzlich die Musik abgestellt. Ein Junge aus Marburg, ein schwieriger Schüler, zerschlägt auf der Toilette mehrere Scheiben und verrichtet seine Notdurft im Vorraum. Die Lehrer sind entsetzt. Der Schüler habe auf die DDR geschissen, so die Interpretation. Zuvor hatten einige der Marburger Gymnasiasten Leute ausgelacht, die vor einem HO-Laden Schlange standen. Davor hatten sie DDR-Geldscheine angezündet. Die Westschüler, vermerkt ein deprimierter Lehrer in seinem Reisebericht, seien nicht bereit gewesen, sich über ihre Vorurteile hinwegzusetzen, während die DDR-Schüler ein aggressiv-antikapitalistisches Verhalten gezeigt hätten. Von deutsch-deutscher Annäherung keine Spur. Die vollzieht sich auf andere Weise.

Bernd will raus aus Erfurt. Er ist fünfundzwanzig und Autoschlosser, er hat einen Ausreiseantrag gestellt. Auf dem Erfurter Busbahnhof sieht er einen roten Bus mit dem Kennzeichen MR – Marburg. Für ihn ein Zeichen Gottes, er ist in Marburg geboren, als er zwei war, zog die Mutter mit ihm zum Vater nach Erfurt. Er spricht ein paar Mädchen der Reisegruppe an, in einem Café erzählt er ihnen von seiner Sehnsucht nach dem Westen, von einem Fluchtversuch, den er im letzten Moment abgebrochen hat. Bernd macht Eindruck auf die Schülerinnen. »Komm doch einfach mit nach Marburg«, schlagen sie aufgewühlt vor, »steig heimlich in unseren Bus!« Sie berichten den anderen von ihrem Plan, viele sind dagegen, doch sie können Bernd nicht mehr erreichen, sie müssen es geschehen lassen.

Donnerstagmorgen steht der Flüchtling am Bus, eine Plastetüte mit Papieren hat er bei sich, sonst nichts. Er zwängt sich in einen Spalt zwischen letzter Sitzreihe und Heckscheibe, die Mädchen verstecken ihn unter Bergen von Mänteln, wo er schwitzend vor Angst die zwanzig Kilometer bis zur innerdeutschen Grenze verharrt. Die Grenzer kontrollieren die Pässe, gucken kurz in den Kofferraum und winken den »linken« Bus mit den Atomkraft-Nein-Danke-Aufklebern durch. Bernd kriecht unter den Mänteln hervor, Sekt wird getrunken, eine Lehrerin weint. Die Heldentat hat Folgen. Die Schüler, die die Flucht organisierten, werden beschuldigt, die anderen durch ihre Fluchthilfe in Gefahr gebracht zu haben, Schulverweise werden angedroht, Disziplinarmaßnahmen ergriffen, hitzige Diskussionen über Moral und Recht folgen. Die Ereignisse vom Dezember 1984 gehen in die Annalen des Marburger Gymnasiums ein. Der Mantel des Schicksals hatte zwölf hessische Gymnasiasten gestreift.

Der Germanist G. aus Rheinland-Pfalz war sechzehn, als er die DDR zu seiner eigenen Welt erklärte, nach einer Klassenfahrt: »Ich erlebte extreme persönliche Freiheit in einem unfreien Land.« Das ist jetzt dreiundzwanzig Jahre her. Wir trafen uns in Göteborg, das hatte sich so ergeben. Dort spielte sich eine Szene ab, die für mich in einem seltsam untrennbaren Zusammenhang mit Dr. G.s Erzählungen über seine Besuche in der DDR steht. Polizei und Feuerwehr hatten zwei Fahrräder aus dem Kanal an der Feske Korka, der Fischkirche, geholt. Und zwei Weingläser, an denen Schlamm und Algen klebten. Die Touristen saßen in der Sonne, aßen Fischbrötchen und starrten auf die versandeten Fahrräder; wem war hier was geschehen? Idylle und Katastrophe, nichts klärte sich auf an jenem Vormittag.

Geboren wurde G. in Idar-Oberstein, »vier Kasernen, eine Kochtopffabrik und das Weltzentrum der Diamant- und Schmuckindustrie«, so fasst er das Profil des Ortes zusammen, Bruce Willis, der Schauspieler, sei im selben Haus geboren wie er. Mitte der Achtziger, da war G. dreizehn, ist er zum ersten Mal in Ostberlin gewesen, er erinnert sich an Grenzkontrollen in grün gekachelten, neonbeleuchteten, verspiegelten Kabinen. Und dass die Mutter seinen Kinderausweis irgendwohin nach oben reichte, wo niemand zu sehen war. Irgendwann ging ein Summer, irgendwie öffnete sich eine Tür. »Genauso sah es bei uns auch mal aus«, hatte sein Vater ausgerufen, als sie am Bahnhof Friedrichstraße rauskamen. »Alles wie in den Fünfzigern«, hatte er hinzugefügt und wirkte plötzlich viel jünger. Im Gastmahl des Meeres wurde »plaziert«, G. und seine Mutter an einen, sein Vater und sein Bruder an einen anderen Tisch, wie bei der Grenzabfertigung, wo sie auch durch verschiedene Kabinen geschleust worden waren. In der Schallplattenabteilung vom Centrum-Warenhaus am Alexanderplatz kaufte er Schallplatten von seinem Taschengeld. Zwölf Mark zehn kostete die Klassik-LP von Eterna, er nahm zwei, eine mit Richard Tauber, eine mit Josef Schmidt. »Es war zugig, unbehaust, man fühlte sich klein«, das Pergamon-Museum aber habe ihn »mordsmäßig beeindruckt«, er dachte, die DDR hätte den Pergamonaltar gebaut.

Dr. G. ist ein jungenhafter Typ Mitte dreißig, mit einem Humor begabt, den ich bei Mitarbeitern des Goethe-Instituts nicht so ohne weiteres vermutet hätte. Wir redeten in einem Lokal, das sich auf Fische spezialisiert hatte, die als Fische nicht mehr zu erkennen waren. Als Pasten und Pasteten pochiert und filetiert, lagen sie sozusagen undercover auf Tellern, die die Kellner mit einer gewissen Schwermut an den Tisch brachten. Erst als wir Aquavit bestellten, kam Leben ins Personal, es trug die Tabletts mit den Alkoholika schwungvoller als die mit den Fischen.

1988, mit sechzehn, fuhr G. zum ersten Mal allein über die Grenze, nach Bernburg an der Saale, eine »Berlin-Fahrt«, finanziert vom Bundesministerium für innerdeutsche Beziehungen. Stundenlanges Warten im Bus. Einer der Schüler wurde von einem Grenzer angeschnauzt, weil er seinen Ausweis zusammengeknickt hatte. Auf der Rückfahrt setzte die Westreiseleiterin die Jugendlichen alphabetisch geordnet in den Bus, so hätten es die Grenzkontrolleure einfacher, meinte sie. G. verliebte sich in Ostprodukte. In Plattenspieler, die Rubin oder Türkis hießen, in Orwo-Filme und Pentacon-Kameras. »Ich war fasziniert von der vielen Kultur, von den fünf Pfennig Kulturabgabe auf jede Eintrittskarte, vom Duft nach Hefe beim Bäcker; selbst den Braunkohlegeruch habe ich als angenehm empfunden, ich hatte einen Osttick.« Dazu kam, dass der junge G. hier mehr mit seinem Geld anfangen konnte als zu Hause. Er konnte sich eine Menge Bücher und Schallplatten kaufen, und für sein Heimlabor Orwo-Entwickler und Fixierbäder aus den Gelatine- und Leimwerken Calbe. Alles spottbillig, dazu der Kick »VEB«, Volkseigener Betrieb. G. schmuggelte das

Fotozeug in seinem Koffer über die Grenze, ein abenteuerliches Gefühl. DDR-Produkte wurden von den Westlern als Schrott bezeichnet, sobald sie aber über »Quelle« und unter anderem Namen im Westen landeten, mutierten sie zu Qualitätsware, der Fotoapparat »Beirette« zum Beispiel wurde als »Beroquick« verkauft, keiner ahnte, dass der aus der DDR kam. G. hat sich eine Ostwelt zusammengekauft, die nur er besaß in Idar-Oberstein, sie grenzte ihn ab von der Provinz und von den Eltern. »Ich machte Erfahrungen, die meine Eltern nicht gemacht hatten, ich hatte mir etwas erschlossen, von dessen geheimer Anziehung sie nichts ahnten. Das Entscheidende war, dass ich mir eine Welt eroberte, die allein meine wurde«, sagt G.

Er war siebzehn, als die Mauer fiel, er fand das melancholisch: »Die Bundesrepublik saß satt und zufrieden vor dem Fernseher, langweilig, erstarrt und öde. Und jenes Land, das ich gerade für mich entdeckt hatte, es ging unter. Ich wusste ja nicht einmal, was ich gefunden hatte, also auch nicht, was ich verloren hatte, es handelte sich um einen unbekannten Verlust.«

**

Weltwunder

Was der Romantiker G. als »unbekannten Verlust« bezeichnet, kennen die dort leben in- und auswendig. Sie fühlen sich eingesperrt in die Nähe und ausgesperrt von der Ferne. Der Entzug von Welt stiftet zu bizarren Spielen an. In der Redaktion inszenieren wir einen »Rentnerabend auf Mallorca«. Wir funktionieren ein Betriebsfest in eine spanische Fiesta um, Eviva España! Wir erklären die Mauer zur Spanischen Wand, die Erdbeerbowle zu Sangria und den Wodka zu Tequila. Den Reissalat aus der HO essen wir als Paella und hören dazu Gitarrenmusik von Paco de Lucía. Irgendwann ist uns, als seien wir wirklich dort, nur dass wir nicht sechzig sind, sondern Ende dreißig, und dass unser Mallorca nicht in Spanien, sondern in der Niederwallstraße in Berlin-Mitte liegt. Am Ende des Ballermannabends singen wir die Spanienlieder, die wir als Junge Pioniere gelernt haben: »Spaniens Himmel breitet seine Sterne über unsre Schützengräben aus ... Die Heimat ist weit, doch wir sind bereit ... Freiheit!«

Ein paar Wochen später geschieht eine Art Wunder. Ich bin als Kritikerin der Filmfestspiele in Moskau. »Sie müssen mal zu uns kommen«, sagt eines Nachts an der Bar des Hotels »Rossija« ein Mensch mit melancholischen Augen und stellt sich mir als Festivaldirektor von La Coruña in Spanien vor. »Bei uns gibt es bessere Nachtclubs als hier«, er sagt nicht bessere Filme, er sagt bessere Nachtclubs. »Sie müssen mal zu uns kommen.« – »Gern«, sage ich, übergebe dem Melancholischen lässig meine Visitenkarte und verabschiede mich. Zwei Wochen später liegt die offizielle Einladung in der Ostberliner Redaktion. Sie laden mich ein, sie übernehmen »los gastos de estancia y manutención«, Kost und Logis. Ein Wunder in mehreren Teilen. Wenn man keine Devisen benötigt, ist die Chance, dass sie einen rauslassen, größer; aber lassen sie mich? Für alle Fälle kaufe ich mir einen Sprachkoffer und beginne, Spanisch zu lernen. Uno, dos, tres, quatro – die Stimme aus dem Schnellkurskoffer erfüllt unsere Wohnung mit dem sonoren Timbre eines echten Spaniers. ¿Buenas dias, que tal? Guten Tag, wie gehts? Auf Wiedersehen, Hasta la vista. Ich habe nicht lange Zeit, in acht Wochen beginnt das Festival. Ich soll Spanien sehen, quisaz, quisaz, quizaz. La Coruña in Galicia, am Atlantik soll es liegen, ganz im Norden, gleich neben Portugal. Vamos a ver, yo soy una periodista de la Republica Democratica Alemana. Vor meinen Augen läuft ein Traumfilm, Bilder und Töne einer unbekannten Ferne. Flamenco, Stierkampf, Don Quichote, Picasso. In Madrid auf Barrikaden, in der Stunde der Gefahr. Besame mucho, España, was weiß denn ich von Spanien. Lassen sie mich? Das Zittern des Reisekaders ist wie das Flügelflattern eines kranken Vogels.

Die Kette der Wunder reißt nicht ab, sie lassen mich nach Spanien. Als es vorbei war mit der DDR, sagte mancher, dass er so ein Privileg von sich gewiesen hätte, falls es ihm angeboten worden wäre, wegen der Gerechtigkeit denen gegenüber, die nicht raus durften; ich hatte diese Größe nicht. Der Flug geht über Prag und Madrid nach Santiago de Compostela, von dort fährt ein Zug nach La Coruña. Der Flug darf keine Devisen kosten, also Aeroflot oder ČSA, Umwege und stundenlange Wartezeiten inklusive, auf dem Rückflug über Budapest eine ganze Nacht. Spesen bekomme ich: zehn Westmark, auszugeben bei Lebensgefahr. Auf dem Flughafen von Santiago de Compostela steht ein Empfangskomitee. Der melancholische Festivaldirektor mit brillantblitzender Krawattennadel und vier Hostessen in blütenweißen Blusen über makellos brünetter Haut. Mutter Erde soll mich verschlucken samt meiner Blässe und meinem aus Flugangst mit Bordverpflegung vollgekleckerten blauen Jerseykleid. Haltung bewahren kostet Kraft.

Das Hotel in La Coruña heißt Atlantico. Das Bett wird zweimal am Tag gemacht, denn hier hält man Siesta, Mittagsruhe wegen der Hitze, obwohl das in diesem Teil Spaniens eigentlich nicht vonnöten wäre, hier ist kühler, grüner Norden, man spielt auf dem Dudelsack, aber España bleibt España und Siesta Siesta. Ich koste vom süßen Leben, Filme, Empfänge, Langusten groß wie Hühnerkeulen, denn parallel zum Filmfestival läuft ein Fest der galizischen Gastronomie. Man erklärt mir, dass man Austern mit Zitrone beträufeln muss, bevor man sie isst, weil sie sonst noch leben, und dass Babyaale eine Delikatesse sind. Man stellt mir Leute vor, deren gesellschaftliche Stellung ich nicht ermessen kann, mein Kofferspanisch erlaubt nur grobe Einordnungen. An einem sonnenhellen Morgen telefoniere ich nach Berlin: »Ich stehe hier in Spanien in der Telefonzelle«, rufe ich außer mir vor Begeisterung in den Hörer. »Und ich sitze in Unterwäsche im Wohnzimmer«, antwortet am anderen Ende meine fünfjährige Tochter.

Der Melancholische hat nicht zu viel versprochen, die Nachtclubs sind eleganter als die Bar vom Hotel Rossija in Moskau. In der Discoteca Manuel an der Playa de Santa Cristina findet eine Fiesta statt. Ein drahtiges Paar aus Andalusien führt einen feurigen Flamenco vor, was hier schon fast exotisch ist, Spanien zeigt sich im grünen Galicia nur in Andeutungen spanisch. Das enttäuscht mich. Wer einmal und nie wieder ein Land sieht, will es so, wie er sich das vorgestellt hat, er will ein Bilderbuchspanien. Trotzdem, es ist eine Nacht voller Hochgefühl in der Discoteca Manuel, ich bin glücklich, ein Stück von der Welt zu berühren, anderer Wein, andere Luft, anderer Duft. Am nächsten Morgen blättere ich die Lokalzeitung durch. Und sehe ein Foto von mir. »Die Frau, die aus der Kälte kam. Hier tanzend mit einem Mitglied der konservativen Partei«, steht unter dem Foto. Das Zittern des Reisekaders als Preis für den Übermut, sich normal zu verhalten. Das hat ein Nachspiel, Nachspiel, Nachspiel, klopft es in meinem Kopf. Wenn das an die Botschaft in Madrid gerät, wo ich mich, gegen alle Auflage, nicht gemeldet habe: eine Repräsentantin des Arbeiter-und-Bauern-Staates, tanzend mit einem konservativen Spanier!

Benommen vom Schrecken aus der Zeitung und der Schönheit des Atlantik, bade ich in den haushohen Wellen des Ozeans. Plötzlich bin ich unten, ganz unten am Meeresboden, ich überschlage mich, ich schlucke Wasser, ich höre das Rauschen der Ewigkeit. Niemals mehr werde ich auftauchen und muss mich nicht dafür rechtfertigen, dass ich in der Discoteca Manuel getanzt habe, keine Strafe kann mich ereilen. Dann tauche ich doch wieder auf. Orientierungslos, am ganzen Körper mit Sand bedeckt, suche ich am Strand nach der Stelle, wo meine Sachen liegen, auch mein Pass und die zehn Westmark; nach sechs oder sieben oder zehn bangen Minuten finde ich alles wieder. Niemand hat mir gesagt, dass das Baden im Atlantik gekonnt sein will, nichts für eine Anfängerin aus dem Osten.

In einem freundlichen, familiären Restaurant feiere ich meine Wiedergeburt aus Meeresfluten mit Meeresfrüchten, ich habe ja die Essenbons, so viel kann ich gar nicht feiern, so großzügig sind die. Frutti di mare, sieben Tage frutti di mare. Nichts anderes esse ich, weil ich es auf Vorrat für mein ganzes Leben esse: Langusten, Garnelen, Muscheln, Seespinnen, Krebse, Hummer und all das andere unbekannte Getier. Einmal und nie wieder bin ich in Spanien und esse Meeresfrüchte, für alle Zeiten verleibe ich mir den Atlantischen Ozean ein, einmal für alle Zeit. Danach gehe ich in mein Hotel. Es wird nichts mit der Siesta. Am frühen Abend fängt es an, mir ist schlecht, so schlecht. Ich pendle zwischen Bett und Badezimmer und übergebe meine Seele dem Klosettbecken. Stundenlang geht das so, eine faule Muschel? Durst, mein Mund ist trocken, Durst. Ich habe nichts zu trinken, Leitungswasser geht nicht, und aus der Minibar darf ein Reisekader nichts nehmen, das kostet Devisen, die zehn Westmark darf ich nur bei Lebensgefahr ausgeben. Glanz und Elend einer Dienstreise, Elend, mir ist elend, mir schwinden die Sinne. Irgenwann treibt mich ein

Schutzengel dazu, doch einen Multivitaminsaft aus der Minibar zu holen. Vermutlich hat mir die kleine Flasche Saft das Leben gerettet, zum zweiten Mal an diesem Tag eine Wiedergeburt. Mir ist schlecht, so schlecht. Irgendwann klingelt das Telefon. Der Portier sagt, der Señor über mir hätte sich über das unaufhörliche Rauschen der Toilettenspülung beschwert. Gracias, sage ich, danke. Am nächsten Tag begebe ich mich bleich und entschlossen wieder unter die Lebenden, der Tanz mit dem Konservativen hat sich relativiert, der Atlantik leuchtet. Zurück in der Redaktion, erzähle ich von meinen spanischen Abenteuern. »Das war keine faule Muschel«, sagt L. mit breitem Lachen, »das war ein Eiweißschock. Man kann nicht alle frutti di mare nachholen, die man im Leben versäumt hat, das war eine Hummerallergie.« Er wiederholt mit einer gewissen Schadenfreude: »Hummerallergie!« Ostkind, bleib bei deinen Leisten, iss Leberwurst und Wirsingkohl! Einmal und nie wieder ist wider die Natur.

Meine Reise nach La Coruña hat doch noch ein Nachspiel, anders als erwartet. In meiner wundersamen Rumpelredaktion ist es üblich, die Türen unverschlossen zu lassen, auch in der Mittagspause. Eines Tages sind aus meiner im Schreibtisch deponierten Tasche dreihundert Ostmark weg, für zehn DM Forumschecks und meine Schminktasche mit Westwimperntusche. Und der Regenschirm, der graurosa Gestreifte, auf dem in fremden eleganten Buchstaben »Festival de cine en La Coruña« steht, das ist der größte Verlust. Ich hoffe, dass der Dieb von außen kam, ein Fremder, kein Kollege, bloß nicht, und doch liegt es nahe. Es ist, als hätte mir jemand einen Dämpfer verpassen, Selbstjustiz üben wollen an mir, die durfte, was neunundneunzig Prozent meiner Mitmenschen nicht durften: ein Stück Welt sehen.

Um dennoch und gegen alle Vorsehung die Welt sehen zu können, wird alles probiert. Auch geheiratet. Zum Schein.

Die Scheinehe ist der weiße Weg nach draußen, der unpolitische, ein allgemein menschlicher Grund, wo die Liebe hinfällt eben, dafür haben die Genossen ein Herz, »Eheschließung mit anschließendem Wohnortwechsel« nennt sich das. Die Ostfrau braucht nichts als einen mutigen Bräutigam. Der Mann ihrer Träume darf auch gern schwul sein, man kann sich ja drüben wieder scheiden lassen. Auf Diplomatenpartys testen Ostfrauen Westmänner auf ihre Brauchbarkeit für die Scheinehe. Viele lehnen ab, manche finden sich bereit zur guten Tat. »Es ist leichter, einen Westler zu heiraten, als durch die Spree zu schwimmen«, findet Dominique und handelt. Im Pankower Botschaftsviertel lernt sie einen französischen Pantomimen kennen, der hat Verständnis für ihre Situation und heiratet sie. Sie stellt sofort einen Antrag auf Familienzusammenführung, kurze Zeit danach ist sie im Westen. Zum Dank näht sie ihm ein Pierrotkostüm. Andere finden ihren Mann auf Zeit unter den Westfreunden, die zu Besuch kommen – die Heirat als Geste der Solidarität.

Deutsche Erzählungen 24:
Bis dass der Tod euch scheidet

»Ich hatte Wut im Bauch«, sagt Frieda von Wild in ihrer bohemebunten Wohnung an der Sonnenallee, wo sie exklusive Pullover strickt. Eine Episode aus DDR-Zeiten fällt ihr besonders oft ein: In der S-Bahn nach Grünau traf sie auf eine Gruppe von Fußballfans, die derart brüllten und stampften, dass sich der Zug aus den Gleisen zu heben schien. Warum gehen die nicht hin und bringen die Mauer zum Wackeln, Kraft genug haben sie doch, hatte sie damals gedacht und geheult.

Frieda gehörte zu einer Gruppe von jungen Fotografen, Models und Punks, die sich durch schrille Oberflächen von der Masse abhoben, Abgrenzung von den Begrenzten in ihrer grauen Gleichheit. Als verwegene Paradiesvögel, die in dem windstillen Land beherzt ihre Flügel ausbreiteten, flatterten sie durch Ostberlin und die Provinzen und ließen sich gern angaffen. »ccd« nannten sie ihre Punk-Modenschauen, »chic, charmant und dauerhaft«. Sie führten selbst entworfene, selbst genähte Sachen vor, aus Erdbeerabdeckfolie, aus Inletstoff, alten Nachthemden, Lederresten und Lumpen, bekannt wurden sie als »Allerleirauh«. Die Freunde aus Kreuzberg staunten, dass man im Osten schräger sein konnte als im Westen, sie waren eher praktisch veranlagt. Carsten, kichert Frieda, Carsten. Jedesmal, wenn er zu ihr nach Ostberlin kam, fuhr er zum Kohlenhändler und lud sich für seine 25 DM Zwangsumtausch den Kofferraum mit Ostkohle voll. Dann sagte er: »Ich hab Hunger, Frieda, lädste mich zum Essen ein?« Sie ließ sich nie was mitbringen von ihrem Besuch, es sollten Freunde sein, nicht Westbesuch. Einmal hatte sie doch einen Wunsch: Phosphorfarbe. Sie hatte die Idee, die Rohre in ihrer Wohnung mit Phosphor zu streichen, damit sie nachts leuchteten. Es gab viel da drüben, Phosphorfarbe gab es nicht.

Frieda wollte in den Westen. »Biene, Heike, Schlange, Fred und die anderen, wir sind alle Scheinehen eingegangen«, sagt sie. Am besten sei es gewesen, wenn man einen Ausländer heiratete, weil man dann wieder in die DDR einreisen durfte und Freunde und Familie besuchen konnte, »denn wenn ich ausgesperrt bin, kann ich auch eingesperrt bleiben«. Die sich als Braut oder Bräutigam zur Verfügung stellten, taten das aus Nächstenliebe, keiner bekam Geld oder sonst was dafür, »wir waren dankbar, aber wir fühlten uns nicht in ihrer Schuld, es schien uns selbstverständlich«. Eine ihrer Freundinnen war nach Westberlin ausgereist und jammerte ihrem Freund vor: »Ich will meine Frieda hier haben.« Da meinte der: »Na, dann heiraten wir die eben.« So kam es. Sie trug eine grüne Corsage aus Seide und einen Ballonrock, der auch aus Seide war. Am 23. September 1988 hat sie geheiratet, da war sie fünfundzwanzig. Ihre Hochzeit feierte sie in einem Bauernhaus in Brandenburg, inmitten von Kornfeldern; den Ballonrock hat sie sich zerrissen, als sie durch die Felder getobt sind. Der Bräutigam, ein gut aussehender blonder Mann, steckte ihr auf dem Standesamt einen Ehering aus Platin an den Finger und küsste sie zart auf den Mund, seine Lebensgefährtin war auch dabei.

Die junge Ehefrau musste pro forma nach Zürich einreisen, sie hatte schließlich einen Schweizer geheiratet. Es war die erste westliche Stadt, die sie sah. Am meisten beeindruckten sie die sauberen Toiletten. In einem Café wollte sie am Tresen Zigaretten kaufen. »Am Automaten!«, bedeutete ihr der Barkeeper. Sie wusste nicht, wie man den bedient, da rauchte sie lieber nicht. Zwei Tage später fuhr sie nach Hannover und flog von dort aus nach Westberlin. Sie wollte den Fuß nicht auf DDR-Boden setzen, kein Risiko eingehen. Von Tegel aus nahm sie ein Taxi zu ihrer Großmutter, die in der Hubertusallee wohnte. Die Strecke war öde wie Osten, das soll Westberlin sein?, dachte sie. Die Fahrt spätabends nach Kreuzberg mit dem 129er Bus gefiel ihr schon besser, sie konnte das Leuchten ahnen.

Ein Jahr nach der Ausreise, am 9. November 1989, stand ihr Ehemann mit einer Flasche Sekt vor der Tür: »Die Mauer ist auf!« Zu dritt, Friedas Freund Levy war auch dabei, machten sie sich auf zum Grenzübergang Heinrich-Heine-Straße. Dann rannten sie in die Chausseestraße, Levy wollte in seine alte Wohnung, er war fünf Jahre nicht dort gewesen, die letzte Ablehnung seines Antrags, nach Ostberlin einreisen zu dürfen, trug er noch in der Tasche. Der Schlüssel lag, wo er immer lag, die Bilder hingen, wo sie bei seiner Ausreise gehangen hatten, eins nahm er mit. Irgendwann hat Frieda von Wild sich scheiden lassen, ihr Scheinmann hätte sonst als Vater ihrer Tochter gegolten, das konnte der echte Vater nicht akzeptieren. Seinen Namen hat sie behalten, weil er gut klingt. Und zum Andenken.

***

Besuch des verlorenen Sohns

Nur wer die Sehnsucht kennt, weiß, was ich leide. In Afrika mit den Einheimischen Kwassa Kwassa tanzen, beim Sonnenuntergang in Kuba mit Fidel Castro zum Hochseeangeln aufbrechen, beim Kaiser von Japan nach Landessitte im Kimono erscheinen, in Vietnam Hirschblut trinken und die Filippinos zu mitgebrachtem Kasselerbraten bitten – alles gut und schön. Der Traum von Erich Honecker aber ist ein Staatsbesuch in der Bundesrepublik Deutschland. Dafür hat er nach der Visite von Franz Josef Strauß in der DDR die Selbstschussanlagen abbauen lassen, den Zwangsumtausch für Westrentner gesenkt und die Reisegenehmigungen für Ostbürger noch einmal ausgeweitet; die Sehnsucht seiner Landsleute nach dem Westen ist ihm ein vertrautes Gefühl. Seit 1982 lädt Bundeskanzler Kohl den Staatschef von drüben immer wieder ein. Dauernd kommt was dazwischen, der Besuch muss jedesmal verschoben werden. Erst gibt es juristische Querelen in Bonn, dann missfällt den Genossen im Kreml das deutsch-deutsche Rendezvous. Honecker fürchtet um sein Westvisum wie seine Mitbürger auch: Lassen sie mich, lassen sie mich nicht? Mit Gorbatschow kommt Hoffnung auf, Honeckers Traumreise rückt näher.

Im September 1987 ist es soweit. Das Staatsoberhaupt der Deutschen Demokratischen Republik darf nach Bonn reisen und wird dort mit allen protokollarischen Ehren empfangen. Endlich, das Ziel ist erreicht, die ersehnte Anerkennung. Roter Teppich, Flaggenschmuck, die Nationalhymne der DDR, die Ehrenkompanie der Bundeswehr. Motorradeskorten, Ehrenhundertschaften. »Du hast ja ein Ziel vor den Augen, damit du in der Welt dich nicht irrst« – Erich Honecker aus Ostberlin hat es geschafft. Der 1,60 m-Mann verhandelt auf Augenhöhe mit den Spitzen der bundesdeutschen Gesellschaft. Politiker und Wirtschaftsbosse reißen sich um ihn, wollen mit ihm fotografiert werden, laden ihn ein zu den feinsten Empfängen, an die repräsentativsten Orte, von Krupps Villa Hügel über die Redoute, das Barockschlösschen in Bad Godesberg, bis zum Renaissancesaal im Münchener Antiquarium. Honecker verkehrt in den höchsten Kreisen, Richard von Weizsäcker, Kohl, Strauß, dazu die Industriekapitäne, die mit ihm Geschäfte machen wollen. Triumph auf der ganzen Linie. Man drängelt sich, ihn zu besichtigen: Erich Honecker, Dachdecker, Kommunist, Widerstandskämpfer, Staatsoberhaupt des anderen Deutschland. Ein Phantom aus der bolschewistischen Sphäre betritt die Bretter, die die Welt bedeuten, Gänsehaut an Champagner.

Bonn, Düsseldorf, Trier, Essen, Saarbrücken, München. Als Honecker gerade in den Hubschrauber nach Essen klettern will, wird er vom Schöpfer des »Sonderzugs nach Pankow« aufgehalten. Udo Lindenberg übergibt dem »Oberindianer« eine Gitarre mit der Widmung »Gitarren statt Knarren für eine atomwaffenfreie Welt«. Ganz im Geheimen das Wichtigste am Westbesuch des Staatsratsvorsitzenden: Wiebelskirchen im Saarland, Honeckers Heimat. »Unsre Heimat, das sind nicht nur die Städte und Dörfer …«, seine Schwester Gertrud hat Streuselkuchen für ihren Bruder gebacken. Seit 1948 war er nicht hier, hat er sein Geburtshaus in der Kuchenbergstraße 88 nicht gesehen, zum ersten Mal besucht er das Grab seiner Eltern. »Salü Erich«, haben alte Kampfgenossen auf ein Transparent gemalt. »Ein Wiebelskirchner Bub«, sagt einer, »der soll ruhig kommen, und er soll die Mauer einreißen.« – »Mörder, Mörder«, rufen andere. Wann sei es schon mal vorgekommen, dass ein Saarländer irgendwo in der Welt Staatsoberhaupt geworden ist, freuen sich unbeirrt die Lokalpatrioten, ein Grund zum Feiern und Geschäftemachen. Die Wirtin des Wiebelskirchner Dorfkrugs kreiert einen Cocktail aus Wodka und Saarländer Apfelwein, »Honey spezial«. Die Schalmeienkapelle Wiebelskirchen e. V. begrüßt den einstigen Rot-Front-Trommler Honecker mit dem Lied vom kleinen Trompeter; sein Gesicht habe Gemütsbewegung verraten, schreiben am nächsten Tag die Reporter; Westbesuch hat immer sentimentale Folgen. Am Abend beim Bürgermeister von Neunkirchen sagt der begehrte Besucher plötzlich einen Satz, der alle überrascht und von dem keiner weiß, ob er im Überschwang der Gefühle rausgerutscht oder kalkuliert ist: Die Grenze sei nicht, »wie sie sein sollte«, verkündet der heimgekehrte Sohn des Saarlands, und es käme der Tag, »an dem Grenzen uns nicht trennen, sondern vereinen«. Wer zu spät kommt, den bestraft das Leben.

Wer zu spät stirbt, den bestraft es auch. Wäre der Staatsratsvorsitzende der Deutschen Demokratischen Republik 1987, 1988 oder last minute im Frühjahr '89 einem Schlaganfall erlegen, wären die Regierungschefs und andere hochrangige Emissäre dieser Welt im dunklen Anzug protokollgerecht an E. Honeckers Grabstätte erschienen. Der Westbesuch hätte der Witwe die Hand gedrückt, Worte der Anerkennung für den teuren Toten gefunden und den Nachfolger besichtigt. Doch es kam anders, ganz anders.

Liebe und Verrat

»Die Grenzen sind auf, hat Mama morgens gesagt, als ich im Badezimmer war. Dann habe ich im Radio gehört, dass die Leute vor Freude heulen. Es war so ein Schreck, wie wenn ich was Schönes bekomme«, schreibt die elfjährige Julie in einem Aufsatz. »Rüber gegangen sind wir Bornholmer Straße, ich und Mama. Leicht hat man sich gefühlt, ganz leicht. Ich hätte nie gedacht, dass es da auch so kleine Straßen gibt wie bei uns. Ich dachte an große bunte Alleen mit vielen Autos, ganz lebhaft und schnell. Wir haben Benjamin besucht, der ist so alt wie ich. Ich habe vor Benjamin so getan, als ob ich alles ganz normal finde, dabei war mir innerlich gar nicht so. Ich wollte alles bewundern, aber ich wollte nicht, dass der denkt, ach, da kommt das arme Ostkind und staunt über jedes Krümelchen.«

Vier Wochen nach Mauerfall schreibt Julie: »Heute kamen die Kinder aus Kreuzberg zu Besuch in unsere Schule, die sollten mit uns zusammen Sport machen. Wir saßen schon fertig umgezogen in unseren graublauen Gymnastikanzügen, dazu die blauweißen Turnschuhe und hochgebundene Haare. Wir quatschten noch ein bisschen rum und warteten auf die Westkinder. Da kamen sie! Wir wurden ganz still und sahen sie an! Die kamen angeschlendert, albern, cool und knallbunt. Sie sahen uns herablassend an. Sie nahmen aus ihren schicken rosa Sporttaschen ihre sozusagen normalen Sportsachen. Wir starrten sie an! Sie holten knallenge, neonfarbene, glänzende Pantalons heraus, tolle bunte Mickymaus-Jogginganzüge, lässige Riesennickis, Wahnsinnsturnschuhe von Adidas mit dreifachweicher Sohle und Stoppern vorne dran, schaue Haargummis mit Donald Duck. Manche trugen sogar offene Haare! Das war bei uns verboten beim Sport. Wir saßen in unseren grauen, blauen Anzügen und staunten.

Unsere Hände lagen auf unseren Oberschenkeln zusammengefaltet. Wir lehnten krumm an den kalten Wänden, über uns die Metallhaken, an denen unsere Hosen und Pullis hingen. In unserem Innern waren wir ein bisschen neidisch. Die Westkinder sahen uns irgendwie verwirrt, verwöhnt und fieslich an, aber sie guckten uns nicht direkt an, so wie wir sie, sondern mit so schnellen Blicken, die auf uns huschten. Die Sportlehrerin Stempelmann mit ihrem blauen, schon fusseligen Trainingsanzug pfiff. Sofort sprangen wir auf, stellten uns der Größe nach in Reih und Glied auf und guckten Stempelmann an, während die Westkinder sich lässig und langsam vorwärts bewegten. Die Sportstunde verging normal. Als wir hochgingen, um uns wieder umzuziehen, sahen wir nochmal zu den bunten Wessis, wie sie die Adidas mit dreifachweicher Sohle in ihre rosa Sporttaschen steckten. Dann gingen wir schweigend, ohne dass wir zusammen gesprochen hatten, nach Hause.«

Der Sprachlosigkeit im Glück der deutschen Vereinigung will ein Projekt der Akademie der Künste am Endes des Jahres '89 frühzeitig entgegenwirken. Die eilig einberufene Sektion Film versammelt Dramaturgen, Regisseure, Kameramänner und Filmkritiker aus Ost und West. Deutsche sollen Deutschen von sich erzählen – jeweils unter vier Augen; ein traumtänzerisches Unterfangen, derlei liegt derzeit in der Luft. Paarweise zwei Filmschaffende, nach dem Zufallsprinzip zusammengespannt, werden für eine halbe Stunde in separate Räume geschickt, wo sie sich gegenseitig ihr Leben erzählen sollen, Auge in Auge. Es ist wie in der Umkleidekabine beim Röntgen, nur dass man sich selber zu durchleuchten hat, wobei das weniger die Westler betrifft, mehr die Ostler, denn die haben, so die allgemeine Erwartung, mehr Geheimnisse ans Licht zu bringen. Ich weiß noch, dass mir die Situation irgendwie pornographisch vorkam, und dass ich mich mühte, die peinliche Psychositzung schnell hinter mich zu bringen. Wenn zu der Selbsthilfegruppentherapie gehört haben sollte, dass wir einander anfassen und abtasten sollten, ein deutscher Mensch den anderen deutschen Menschen, so habe ich das verdrängt, das Gesicht meines Gegenübers jedenfalls habe ich komplett vergessen. Die anschließende Auswertung der Prozedur war nicht ohne Komik, ein rührender Versuch, der gemischten Gefühle dieser Zeit Herr zu werden – Liebe und Verrat.

Schon früh sei der Verrat in den deutsch-deutschen Beziehungen gewesen, doch erst seit dem Fall der Mauer sei die Kommunikation zwischen den Deutschen auf beiden Seiten mit einem Verratsgefühl erlebt worden, schreibt der Psychoanalytiker Ludwig Drees, die Spaltung Deutschlands sei auch eine Spaltung des deutschen Ich gewesen. Der halbierte Michel erkannte sich in der anderen Hälfte seiner selbst, der Westen im Osten, der Osten im Westen, wer den anderen verrät, verrät auch sich selbst. Gewisse Anteile des Ich wurden ausgelagert: das verleugnete Bedürfnis nach Selbstsicherheit und Bürgerlichkeit auf der Ostseite, das nach Sicherheit und Nestwärme auf der Westseite. Somit liege der Verrat einerseits in der Entwertung des anderen, gleichzeitig werde das eigene Selbst verleugnet. Der idealisierte Westen war so, wie viele Ostdeutsche sein wollten, aber nicht sein sollten. Andererseits war er das Feindbild, der »reaktionäre Staat«. Hinter Bewunderung und Versorgungswünschen verbarg sich bei etlichen Ostlern eine Geringschätzung des Westens bis hin zur Verachtung.

Liebe und Verrat zwischen Ost und West, Treulosigkeit in Zuwendung und Anerkennung. Der Westen fühlte sich hinters Licht geführt, als er die verfallenen Städte im Osten sah, die am Boden liegende Wirtschaft. Als er Undankbarkeit spürte. Wer als geschenkeschwerer Westbesuch hoch willkommen gewesen war, sah sich nach Mauerfall als durchaus entbehrlich behandelt, Freundschaften gingen auseinander, verwandtschaftliche Bande lockerten sich, weil der sachliche, der materielle Grund für die enge Bindung weggefallen war. Der Westdeutsche wollte um seiner selbst willen geliebt werden, nicht wegen seiner Geschenke. Der Ostdeutsche fühlte sich gleichfalls verraten: Der Westen ist gar nicht das Paradies! Enttäuschte Liebe. Gegenseitige Entwertung als Reaktion auf die Entidealisierung der deutschen Sehnsucht nach Vereinigung: Die Westdeutschen waren nicht grandios und omnipotent, die Ostdeutschen nicht warm und dankbar. Trennung, Vereinigung, Glück, Enttäuschung – Königskinder in den Fluten der Gefühle.

Die Zeiten der Sehnsucht sind vorbei, die Deutschen erledigen das Mögliche. Irgendwann wird das Wort Westbesuch verhallen wie der letzte Glockenton des zwanzigsten Jahrhunderts. Liebe und Verrat sind wieder privat.

Gloria und ich

Der Westen war immer dabei. Und Gloria. Wespentaille, Schwanenhals, hoch aufgeschossen war sie und kinderblond. Ihre kräftigen Waden betrachtete sie mit irritiertem Abstand. Als würden sie nicht zu ihr gehören, ein Irrtum der Natur, »total unpassend«, wunderte sie sich mit fatalistischem Lächeln. Gloria war als Kriegskind aus den bayerischen Bergen in den Berliner Osten gekommen, »vom Paradies in die Hölle«, wie sie es heute sieht. Nach Bayern sehnt sie sich manchmal. Dann fährt sie hin und sagt: »Ginge nicht für immer.« Sie ist meine Freundin, seit wir beide fünfzehn waren, bunte Babydolls im Grau der Nachkriegsstadt Berlin.

Gloria wollte raus aus der Parterrewohnung auf einem Hinterhof in der Prenzlauer Allee, wo sie dem Vater, der als Grenzgänger in Westberlin arbeitete, pünktlich um fünf am Nachmittag das Essen auf den Tisch stellen musste. Sobald sie auf die Straße trat, war sie eine andere. Schon mit fünfzehn trug sie weiße Handschuhe, Pfennigabsätze und die hochgesteckte Frisur einer amerikanischen Schauspielerin: Grace Kelly. Dass Gloria höher hinauswollte, sah man auch daran, dass sie mich niemals auf den Rummel oder zum Tanzen in den Saalbau Friedrichshain begleitete, war nicht ihr Niveau. Sie wollte Anwältin werden, Rock 'n' Roll reizte sie nicht. Aber die »Schlager der Woche« aus dem Westradio, die hörten wir jeden Montag gemeinsam. Zusammen standen wir vor den Fotografen der Modezeitschrift »Sibylle«. Das war für uns beide der Aufstieg in eine Welt, in der man was darstellen durfte. Das Licht der Scheinwerfer berauschte uns, die Gegend um Friedrichstraße und Weidendammer Brücke, dieses karge, vielversprechende Pflaster, war unsere Versuchsstrecke.

Gloria und ich, wir wussten alles voneinander. Ängste,

Zweifel, Liebeskummer, und welches Kleid wir uns als nächstes bei Frau Krüger, der Schneiderin, machen lassen würden. Über Politik sprachen wir kaum, der Alltag war stärker als die Phrase. Gloria verfügte über ein Maß an Selbstironie, für das ich sie unendlich bewunderte, sie konnte über sich selber Tränen lachen. Ihr Humor ist schwarz gewesen, rabenschwarz. Gloria war immer dabei. Beim Arbeiten, beim Festefeiern, und wenn man jemanden brauchte, der zuhörte, wenn der Geliebte fremdgegangen war. Freundinnen fürs Leben eben. Gloria konnte alles. Möbel streichen, bügeln, stricken, nähen. Ich war unpraktisch. Gloria war Melancholikerin, ich wohl eher ein Sunnygirl. Wir sahen uns fast jeden Tag, vierundzwanzig Jahre lang.

Anfang der Achtziger ging sie. Sie heiratete einen Mann aus Nicaragua. Aus Liebe, nicht zum Schein. Und sie hatte die DDR satt. Sie stellte einen Ausreiseantrag, der wurde der besonderen Umstände wegen bewilligt. Am Abschiedsabend haben wir Schallplatten mit alten Schlagern aufgelegt. »Auch du wirst mich einmal belügen, auch du« und »Wer wird denn weinen, wenn man auseinandergeht«, und wir tanzten, und Tränen tropften in das Chili con carne, das wir von Papptellern aßen, weil das Geschirr schon eingepackt war in die Kisten für die Ausreise. Gloria reiste nicht weit, nicht nach Nicaragua, nur nach nebenan, Westberlin. »Einen Schmetterling aus Glimmer wollte ich neulich für Dich kaufen«, schrieb sie mir in ihrem ersten Brief von drüben, »aber ich weiß auch nicht, er war mir jedenfalls zu teuer, aber ich kaufe ihn noch, im Punkladen in der Bleibtreustraße«. Zum ersten Mal in ihrem Leben sei sie auf dem Sozialamt gewesen, die Fürsorgerin habe sie gefragt, ob ihr Mann nicht tagsüber arbeiten gehen und seine Filme nebenbei machen könne. »Ich bin jetzt arbeitslos, der Status ist deprimierend für unsereinen, aber nur für unsereinen, die hier sind dran gewöhnt. Ach, ich weiß auch nicht, sie haben alle ein anderes Hinterland, andere Buddelplätze gehabt.«

Gloria gewöhnte sich ein. Sie gewöhnte sich das Berlinern ab, fand eine geräumige Altbauwohnung in Halensee und Arbeit in einer Anwaltspraxis. Erst im Westen habe sie gemerkt, wie schlimm die DDR war: die Willkür der Staatsmacht, die Anpassung, die mangelnde Zivilcourage. Und doch hatte sie Heimweh, ein ganzes Jahr: Sie hätte sich »nach den größten Idioten gesehnt da drüben«, schrieb sie mir. Ich fühlte Mitleid, zugleich bereitete es mir eine heimliche Genugtuung, dass sie Mühe hatte, sich im Westen einzuleben; wäre sie doch bei uns geblieben; verletzte Verlassene fühlen so.

Weil ihr Mann Ausländer war, nicht BRD-Bürger, durfte sie bald wieder einreisen. Gloria wurde jetzt mein Westbesuch. Sie brachte Früchtejoghurt für das kranke Kind mit, Schnittblumen und einen Kugelschreiber mit Lampe, damit ich im dunklen Kino Stichworte für meine Filmkritiken aufschreiben konnte, einmal schenkte sie mir eine Puderdose mit beleuchtetem Spiegel. »Nun mach mal nich so 'n Gewese wegen dem Plunder«, wehrte sie meinen Dank ab. Wenn Gloria die Grenze am Bahnhof Friedrichstraße passierte, um mich zu besuchen, nahm sie vorher eine Beruhigungstablette, damit sie die Kontrollen ertrug. Es fiel ihr schwer, die Welten zu wechseln, die doch jetzt beide ihre waren. Sie hatte jedesmal Angst, nicht mehr rein- oder nicht mehr rausgelassen zu werden. Sie nahm es auf sich, meinetwegen. Einmal verstauchte ich mir auf dem Weg zu unserem Treffpunkt den Fuß. Ich habe den Schmerz und das blaurote Anschwellen ignoriert, die Freude, sie zu sehen, half mir dabei, und zwei doppelte Doppelkorn. Wenn sie sich angesagt hatte, wurde alles andere abgesagt, auch ein verstauchter Fuß, Gloria kommt – das hatte Vorrang.

Gloria kam zu Besuch, treu, acht Jahre lang. Mit der Zeit – zwei Jahre ungefähr war sie da im Westen – schlich sich Schweigen zwischen uns. Es hockte da, als würde es uns überwachen, einschüchtern, trennen wollen. Bei jedem Besuch brauchten wir mehr Zeit, unsere Vertrautheit zu rekonstruieren. Wir führten jetzt verschiedene Leben, ich mein altes, sie ihr neues, jede rechtfertigte indirekt ihre Situation, jede witterte Verrat. Wir mussten die Distanz überspringen, die Mauer in uns klein halten. Wir schafften es immer wieder.

Drei Jahre nachdem sie weggegangen war, beschlossen wir, uns in dem weißen Ort an der Ostsee zu treffen, wo wir früher oft gewesen waren. Ich telefonierte die wenigen Adressen ab, von denen ich wusste, dass die Leute auch an Privatpersonen vermieteten. Frau Muggel, die Vermieterin von früher, die Gloria gut kannte, hatte diesmal abgelehnt, uns aufzunehmen, weil Gloria ja nun Westlerin war. An Reisende aus dem »Nichtsozialistischen Währungsgebiet« ein Zimmer zu vermieten, war nicht gestattet, Westler sollten im Hotel logieren, für Devisen. Nach langem Herumtelefonieren fand ich doch noch ein Zimmer, wo wir zusammen unterkommen konnten, in einer altersschwachen Villa dicht am Strand. Ich holte sie vom Zug ab und präsentierte ihr stolz unsere Unterkunft.

Gloria gefiel das Zimmer nicht. Sie bemängelte das Muster der Tapeten und die spießige Einrichtung. Es fing an zu regnen, sie setzte sich aufs Bett und strickte, Stricken war gerade Mode im Westen. Einmal hatte Gloria einen Pullover für mich gestrickt, den trennte sie wieder auf, weil er ihr nicht gefiel; ihr gefiel selten, was sie machte. Am Abend gingen wir in das große Hotel am Meer. Weil es warm war und nicht mehr regnete, wurde in der obersten Etage der Plafond aufgezogen, der Sternenhimmel tat sich über uns auf. Ich bestellte eine Flasche ungarischen Weißwein, »Lindenblättrigen«. Gloria schüttelte den Kopf: »Man bestellt keine Flasche«, wusste sie, »man bestellt glasweise.« Auf der Aufschnittplatte lagen Kaviareier. »Ist der Kaviar echt?«, fragte Gloria. »Na, klar«, sagte ich. Sie glaubte mir nicht und erkundigte sich beim Kellner. »Echter Molossolkaviar«, bestätigte der; sie hielt wohl nichts mehr für echt im Osten. Am nächsten Vormittag schlenderten wir über die Strandpromenade. Frühling, Sonne, der weiße Ort, vier Tage lagen vor uns. Blaues Glitzern über der See und die Gemächlichkeit eines Mittwochvormittags in der kleinen Stadt an der See, schöner konnte es nicht sein. Ein Fotograf, ein älterer Mann in einem Seemannspullover, wollte uns fotografieren, wir sollten die Bilder im Voraus bezahlen, er würde sie uns zusenden. »Schicken Sie mir doch bitte erst mal die Negative zu, ich weiß ja gar nicht, ob mir die Fotos gefallen werden«, verlangte Gloria. Nach westlichen Maßstäben hatte sie vielleicht recht, aber die zählten hier nicht, die Fotos kamen nicht zustande. An einem Zeitungskiosk in Bahnhofsnähe begutachtete sie ausdauernd die Motive der Ansichtskarten. In aller Ruhe stellte sie dem Kioskverkäufer Fragen, wählte aus, gab das Ausgewählte wieder zurück, suchte weiter. Hinter uns bildete sich eine Schlange, Reisende, die schnell noch, bevor ihr Zug fuhr, eine Postkarte kaufen wollten oder eine Rolle Drops. Gloria ließ sich nicht stören, unbeeindruckt wählte sie weiter; das, erklärte sie mir später, sei ihr Recht als Individuum. Die Schlange murrte und scharrte, Gloria nahm das nicht wahr. Ich wurde nervös, niemals werde ich auf mein Recht als Individuum bestehen können, wenn hinter mir eine Schlange wartet. »Wollen wir einen Schnaps im ›Seehund‹ trinken?«, schlug ich harmoniesüchtig vor. »Man trinkt keinen Schnaps«, entschied meine in einen süßen, blauen Sommermantel gehüllte Rechtsprecherin. Allmählich begriff ich: Gloria führte mir westliche Lebensart vor, sie gab für mich eine Vorstellung ihrer eigenen Veränderung. Sie war im Westen angekommen, nun betrachtete sie den Osten vom anderen Ufer aus. Für sie verkörperte ich das Leben, von dem sie sich getrennt hatte. Die kritische Inventur der alten Existenz betraf zuerst mich, ich war ihr Punchingball, Gloria boxte sich frei. Sie begann, unser früheres Leben zu entwerten, das konnte mir nicht gefallen. Wahre Freundschaft soll nicht wanken, die unsere hielt das aus, Jugendfreundschaften sind immun gegen die Wechselfälle des Lebens.

Als die Mauer fiel, war Gloria enttäuscht von mir. Ich kümmerte mich nicht genug um sie, ich hatte zu viel mit mir selber zu tun, weil sich alles veränderte in dieser Zeit, in der nur die Uhrzeit sich treu blieb und ich zu wenig Zeit für meine beste Freundin hatte. Ich besuchte Gloria zu selten in Halensee, nahm ihre Probleme nicht wahr. Das konnte ihr nicht gefallen. Wir hätten uns wieder so nah sein können wie früher, doch wir entfernten uns voneinander, separierten uns mehr denn je in Ost und West. »Nach der Wende haben sich die Ostler gezeigt, wie sie wirklich sind«, meint Gloria heute, »die sind nicht solidarisch, die interessieren sich nicht für andere, die haben sich nur dafür interessiert, wer was für wen besorgt.« Sie spricht von den Ostlern, als hätte sie vergessen, dass sie auch mal zu ihnen gehörte. Von der Vergangenheit will Gloria nichts hören, sie bedauert, nicht früher in den Westen gegangen zu sein, die Vergangenheit ist für sie nichts als vorbei, vorüber, perdu, vergangen eben. Ihre Aufmerksamkeit ist ausschließlich auf das Gegenwärtige gerichtet. Sie liebt Designermöbel, treibt Sport, geht jedes Jahr zum Karneval der Kulturen und unternimmt Weltreisen. Selbstironie und Humor lagern in einem Geheimfach. Neulich hat sie nach langer Zeit wieder einmal Tränen gelacht. Da saßen wir auf ihrem Balkon, und ich erkannte eine Eigenart an ihr, die so versteckt war, dass nur ich sie erkennen konnte. Da war für Augenblicke die alte Leichtigkeit und Intimität zwischen uns.

In Glorias Augen bin ich eine provinzielle Person, die ungern die gewohnte Gegend verlässt, höchstens mal für eine Venedigreise. Eine dieser Ostdeutschen, die dem Westen nicht genug Dankbarkeit entgegenbringen und nicht aufhören, romantische Sympathien für die sozialistische Utopie zu hegen. Eine Frau mit einem zweifelhaften Faible für Glitzerschmuck und einer spießigen Treue zur eigenen Vergangenheit. Ach, Gloria, recht hast du. Wir sind am selben Bahnhof eingestiegen und fahren auf verschieden Gleisen zur Endstation Sehnsucht. Weißt du noch, wie wir als

Sechzehnjährige im FDJ-Club Junger Künstler bei rotem Licht auf Matratzen lümmelten und uns mächtig existenzialistisch fühlten? Wie wir zu »Greschus« rannten, einer Eckkneipe im Prenzlauer Berg, weil da ein paar Jungs Musik machten wie die Beatles in London, das bildeten wir uns jedenfalls ein. Weißt du noch, wie wir in Moskau einen venezolanischen Regisseur kennenlernten, Millionärssohn, linksradikal, nicht unattraktiv. Und wie die russische Übersetzerin, verführt von Suff und Liebe, nachts in der Bar ausplauderte, dass sie für den KGB arbeitete, »Natalie« nannte sie sich, nach Gilbert Bécauds berühmtem Chanson. Wie wir uns in Mauerzeiten vor dem Tränenpalast am Bahnhof Friedrichstraße trafen und so wie früher die Albrechtstraße runter in die Möwe liefen, an unseren alten Ort, wo ich dich als Westbesuch drei Tage vorher anmelden musste? Und wie wir dann in einer Novembernacht trunken durch das Europa Center irrten, hin und weg vom Wunder des Mauerfalls, überrannt vom rasenden Gaul der Geschichte?

Kann ich mich gar nicht mehr erinnern, wirst du sagen, nur den Mauerfall, den wüsstest du natürlich noch. Ach, Gloria, Kriegskind, Ostkind, Westkind, du weißt es genau, was uns passiert ist, dir und mir.

Verwendete Literatur

Bender, Peter: Episode oder Epoche? Zur Geschichte des geteilten Deutschland, München 1996

»Berliner Debatte«: Die Westkontakte der DDR, Initial 1996

Delius, F. C. / Lapp, Peter Joachim: Transit Westberlin. Erlebnisse im Zwischenraum, Berlin 2000

Dönhoff, Marion Gräfin / Rudolf Walter Leonhardt / Theo Sommer: Reise in ein fernes Land, Hamburg 1964

Falck, Uta: VEB Bordell. Geschichte der Prostitution in der DDR, Berlin 1998

Hertle, Hans-Hermann / Wolle, Stefan: Damals in der DDR. Der Alltag im Arbeiter- und Bauenstaat, München 2004

Huhn, Klaus: Honeckers Bonn-Reise, Berlin 2007

Keseling, Uta: Fluchthilfe auf der Klassenfahrt. In: Berliner Morgenpost vom 13. 8. 2006

Metselaar-Berthold, Barbara: Kratzen am Beton – 68er in der DDR?, Jena 2008

Meyer-Braun, Renate: Löcher im Eisernen Vorhang. Theateraustausch zwischen Bremen und Rostock während des Kalten Krieges 1956–1961, Berlin 2007

Niederhut, Jens: Die Reisekader. Auswahl und Disziplinierung einer privilegierten Minderheit in der DDR, Leipzig 2005 Psychoanalyse. Texte zur Sozialforschung: Verrat, Heft 1, Leipzig 2005

Reuter, Monika: Ihr da drüben. Briefe in die DDR, 1986

Schenk, Ralf: Der Mann, der durch die Mauer ging. In: Berliner Zeitung vom 29. 3. 2008

Schütt, Hans Dieter: Regine Hildebrandt – Ich seh doch, was hier los ist, Berlin 2007

Solms, Wilhelm (Hg.): Begrenzt glücklich. Kindheit in der DDR, Marburg 1992

Sommer, Theo (Hg.): Reise ins andere Deutschland, Hamburg 1988

Tempel, Gudrun: Verwandtenbesuch, München 1972

Windmöller, Eva / Höpker, Thomas: Leben in der DDR, Hamburg 1976

Dank

Dank an alle, die ihre Geschichten aus den Zeiten der Sehnsucht für dieses Buch erzählt haben.

Die Autorin dankt außerdem für freundliche Unterstützung: Sieglinde Hartmann, Stiftung Archiv der Parteien und Massenorganisationen der DDR im Bundesarchiv Berlin Lichterfelde, Dr. Heike Schroll und Peter Seemel vom Landesarchiv Berlin, Gunnar Goehle vom Museum für Kommunikation Berlin, Eva Heyse von der Bezirkszentralbibliothek »Mark Twain« Berlin; für kollegiale Hilfe Silke Heinz, Steffen Lüddemann und Jörg Rothe.

Inhalt

Einleitung   9
Nicht aussteigen! 17
Augenblick des Beginns 26
Lebt wohl, Kameraden! 32
Deutsche Erzählungen 1: Terra incognita 33
Deutsche Erzählungen 2: Ausflug eines Abenteurers 37
Komm ein bisschen mit nach Italien 42
Deutsche Erzählungen 3: Ist hier eine Frau Zech? 45
Mein, dein, sein, unser, euer Schicksal 48
Deutsche Erzählungen 4: Hinten, wo es schwarz wird 51
Der Schleier der Braut 55
Sagen Sie mir, wie man die Sehnsucht abschafft! 60
Deutsche Erzählungen 5: Tante Hilde aus Osnabrück 65
Weißt du noch? 69
Deutsche Erzählungen 6: Tanzmariechen 75
Auf Westbesuch in Polen 78
Hunde, Plünderer, Kontrolleure 84
Dringlichkeit Blitz 88
Mon Chéri, mein Westpaket 92
Deutsche Erzählungen 7: Neuruppin unvergessen 95
Es kommt der Tag, da musst du in die Ferne 97
Deutsche Erzählungen 8: Der Segelfreund 98
Reise in ein fernes Land 102
*Deutsche Erzählungen 9: Herr Frank und das
Käfighuhn* 104
Besuch von der Revolution 111
Deutsche Erzählungen 10: Links, links, links 116
Herr Berger von der Stasi 119
Man sieht sich 122
Deutsche Erzählungen 11: Glasperlenneger 126
Bills Ballhaus 130
Deutsche Erzählungen 12: Der Mann im Nebel 132
Las Palmas ist wie immer 135
Flucht ins Königreich 138
Deutsche Erzählungen 13: Pariser Leben 140

Der Traum vom Loch in der Mauer 143
Deutsche Erzählungen 14: Rate mal, wer hier ist! 146
Ein Schimmer durch die geschlossene Tür 150
*Deutsche Erzählungen 15: Ein grauenhaft schöner Geruch
nach Westen* 151
Da war Andacht 156
Deutsche Erzählungen 16: Bei uns wird nichts bewiesen . . . 158
Das Zittern des Reisekaders 161
Deutsche Erzählungen 17: Der Reisende und der Bettler . . . 165
Bettgeflüster 168
Deutsche Erzählungen 18: Reisekaderkind 169
Wer reisen will, der schweig fein still 171
*Deutsche Erzählungen 19: Die Frau, die sich durch die Welt
liebte* 176
Move and you are dead 179
*Deutsche Erzählungen 20: Bunte Platten aus dem
KaDeWe* 181
Schmidt, nimm mich mit! 185
Deutsche Erzählungen 21: Lilli und der Diplomat 189
Über sieben Brücken 193
Deutsche Erzählungen 22: Wir sind doch verwandt 195
Alle wollen raus, Bernd auch 198
Deutsche Erzählungen 23: Der unbekannte Verlust 200
Weltwunder 203
Deutsche Erzählungen 24: Bis dass der Tod euch scheidet . . 208
Besuch des verlorenen Sohns 211
Liebe und Verrat 214
Gloria und ich 218

Verwendete Literatur 225
Dank 226

Jutta Voigt
Der Geschmack des Ostens
Vom Essen, Trinken und Leben in der DDR
214 Seiten
ISBN 978-3-7466-8156-6

»Unterhaltsam und klug.«

Süddeutsche Zeitung

Die DDR ist untergegangen und mit ihr die Kübel der Groß-
küchen, die Durchreichen und die herrschsüchtigen Kellner. Die
preisgekrönte Journalistin Jutta Voigt erinnert an Spreewaldgurken,
Grilletta und Goldbroiler und das einzige japanische Restaurant der
Republik. Brillant geschrieben, wunderbar subjektiv und ganz und
gar nicht geschmacklos.

»Keine Ostalgie, sondern bissige und witzige Abrechnung mit einem
Leben im ›Ham wa nich‹-Land.« Stern

Mehr von Jutta Voigt:
Westbesuch. Vom Leben in den Zeiten der Sehnsucht. ISBN 978-3-351-02675-2

Mehr Informationen erhalten Sie unter
www.aufbau-verlag.de oder in Ihrer Buchhandlung

aufbau taschenbuch

Winfried Glatzeder / Manuela Runge
Paul und ich
Autobiographie
Mit 50 Abbildungen
253 Seiten. Gebunden
ISBN 978-3-351-02665-3

Ein Filmleben zwischen Ost und West

Winfried Glatzeder gehörte zu den beliebtesten Schauspielstars der DDR – mit seinem markanten Gesicht avancierte er zum »Belmondo des Ostens«. Nun erzählt er amüsant und authentisch sein Leben auf Leinwand und Bühne zwischen Berlin, Hamburg, Düsseldorf. Mit bissigem Witz und ironischem Charme berichtet Glatzeder von seiner Nachkriegskindheit im Ostsektor Berlins und den Anfängen seiner Schauspielkarriere, als er u. a. mit Armin Mueller-Stahl 1966 »Ein Lord am Alexanderplatz« dreht. Nach »Zeit der Störche« und »Der Mann, der nach der Oma kam« gelingt ihm 1973 an der Seite von Angelica Domröse im DEFA-Kultfilm »Die Legende von Paul und Paula« der Durchbruch. Doch seine Arbeit gerät immer wieder in das Blickfeld der Stasi. 1982 zieht Glatzeder mit seiner Familie nach West-Berlin. Es folgen Krisen, die sich in Alkoholproblemen und kreativer Erschöpfung niederschlagen. So erzählt die Autobiographie 35 Jahre nach »Paul und Paula« auch von künstlerischer Identitätsfindung und den Schwierigkeiten eines Schauspielerlebens zwischen Ost und West. Bis heute ist Glatzeder auf Bühne und Leinwand präsent.

»Jede Rolle hat mit mir zu tun – egal ob Mörder, Lüstling, Geizkragen oder idealistischer Phantast.« WINFRIED GLATZEDER

Mehr Informationen erhalten Sie unter
www.aufbau-verlag.de oder in Ihrer Buchhandlung

Matthias Frings
Der letzte Kommunist
Das traumhafte Leben des Ronald M. Schernikau
488 Seiten. Gebunden
ISBN 978-3-351-02669-1

»Nur wer träumt, ist Realist.«

Im Sommer 1980 zieht Ronald M. Schernikau (1960–1991) nach
Westberlin. Er ist eine Lichtgestalt der Literatur, Autor der pro-
vokanten »Kleinstadtnovelle«. Er stürzt sich ins Nachtleben, in
die Welt der Cabarets, Saunen, Discos. Er trifft die Liebe seines
Lebens. Unter seinen Freunden, die wie er die Welt erobern wollen, ist der junge Schauspieler Matthias Frings. Doch in einem
Punkt unterscheidet sich Schernikau von den anderen: Er ist
Kommunist. Zum Entsetzen seiner Freunde will er DDR-Bürger
werden. Im Herbst 1989 erfüllt sich sein Lebenstraum. Doch
wenige Wochen später fällt die Mauer. – Neben einer schillernden
Biographie, in der Elfriede Jelinek, Thomas Hermanns, Marianne
Rosenberg, Peter Hacks u. v. a. auftreten, gilt es einen Autor zu
entdecken: »Einer der größten deutschen Schriftsteller der letzten
Jahrzehnte.« DIETMAR DATH

Mehr Informationen erhalten Sie unter
www.aufbau-verlag.de oder in Ihrer Buchhandlung

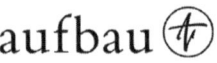

Reinhard Höppner
Wunder muss man ausprobieren
Der Weg zur deutschen Einheit
Mit einem Vorwort von Richard von Weizsäcker
148 Seiten. Gebunden
ISBN 978-3-351-02680-6

»Wir sind das Volk!«

Reinhard Höppner, 1990 Vizepräsident der ersten frei gewählten
Volkskammer, schildert Ursachen und Folgen der Herbstre-
volution. Aus eigener Erfahrung und mit ebenso unterhaltsa-
men wie symbolträchtigen Episoden veranschaulicht Höppner
Geschichte der DDR und den Aufstand gegen die SED-Herrschaft
im Herbst 1989. In jenen Monaten vom Fall der Mauer bis zum
Tag der Einheit schwankten viele Bürger zwischen der Freude
über die neugewonnene Freiheit und der Angst vor künftigen
Veränderungen. Die Dynamik der Ereignisse setzte auch Politiker
in Ost und West unter Druck. Aufrichtig zieht Höppner Bilanz:
Was hätte auf dem Weg zur Einheit besser gelingen können? Oder
ließ das Tempo der Veränderung tatsächlich keinen Raum für
Alternativen? Eine aufschlussreiche und eindrucksvolle Darstellung
von einem glaubwürdigen Zeitzeugen für all jene, die diese dra-
matischen Ereignisse nicht unmittelbar miterlebt haben.

**»Eine ebenso kenntnisreiche wie lebhafte Schilderung dieser
Schlüsselzeit unserer Geschichte.«** RICHARD VON WEIZSÄCKER

Mehr Informationen erhalten Sie unter
www.aufbau-verlag.de oder in Ihrer Buchhandlung

Brigitte Reimann
Jede Sorte von Glück
Briefe an die Eltern
Herausgegeben von Heide Hampel
und Angela Drescher
459 Seiten. Gebunden
ISBN 978-3-351-03247-0

Wie ein aufwühlender Familienroman

In Brigitte Reimanns Leben gab es nur zwei Konstanten: die Liebe zu ihrer Familie und die Besessenheit vom Schreiben. In den bislang unveröffentlichten Briefen an die Eltern erzählte sie besonders stolz, witzig oder zerknirscht vom Auf und Ab der Erfolge, Erlebnisse und Eroberungen. Weil beide Eltern tolerant und warmherzig waren, hatte sie wenig Scheu, Probleme vor ihnen auszubreiten. So führen ihre Briefe auf sehr persönliche Weise durch ihr wechselvolles Leben, durch jede Sorte von Glück und Unglück: Sie berichten vom Schreiben, von Auseinandersetzungen mit Verlagen, von Kulturpolitik, Krankheiten, Partnerkonflikten und Alltagsproblemen von Auto bis Zahnschmerzen. Da Brigitte Reimann regelmäßig nach Hause schrieb, erfährt man nun auch von Erlebnissen, über die die Tagebücher schweigen.
Ein editorisches Ereignis: Die Erstveröffentlichung der Briefe an die Eltern.

Weitere Titel (Auswahl):
Das Mädchen auf der Lotosblume. Roman. AtV 2139
Tagebücher 1955-1970. AtV 1902
Die Geschwister. Erzählungen. AtV 1530

Mehr Informationen erhalten Sie unter
www.aufbau-verlag.de oder in Ihrer Buchhandlung

Werner Bräunig
Gewöhnliche Leute
Erzählungen
Herausgegeben von Angela Drescher
300 Seiten. Gebunden
ISBN 978-3-351-03230-2

Ein überragender Erzähler

Man hatte ihn missverstanden, verdächtigt, diffamiert. Nun wollte er beweisen, dass er sich an den großen Erzählern seiner Zeit messen lassen konnte. Es sind sensible Geschichten über das Ungewöhnliche im Alltäglichen, die Bräunig nach den Auseinandersetzungen um seinen Roman »Rummelplatz« schrieb. Dabei blieb er seinem Milieu treu, schilderte Fernfahrer, Bauarbeiter, Leute, die die Kneipen bevölkern und gebraucht werden wollen. Diesmal ging es um schlichte Liebesgeschichten, um Selbstfindung in unheroischen Lagen und um »jene freundliche Sorte Alltag, die selten vorkommt«. Dazwischen blitzt es jedoch merklich auf: Der Autor und seine Helden müssen ihre Sehnsüchte und Unruhe im Zaum halten, Außenseiter behaupten sich, und die Helden der Arbeit sind nur glücklich, wenn es Schwierigkeiten gibt.

»Hätte Bräunig weitergearbeitet, wäre er neben Grass, Walser, Böll angekommen.« Süddeutsche Zeitung

Mehr von Werner Bräunig:
Gewöhnliche Leute. Lesung mit Götz Schubert.
DAV 978-3-89813-762-1
Rummelplatz. Roman. ISBN 978-3-351-03210-4
Als Lesung mit Jörg Gudzuhn. DAV 978-3-89813-674-7

Mehr Informationen erhalten Sie unter
www.aufbau-verlag.de oder in Ihrer Buchhandlung

Wolfgang Jacobsen / Rolf Aurich
Der Sonnensucher
Konrad Wolf
Biographie
589 Seiten. Gebunden
ISBN 978-3-351-02589-2

Künstler zwischen Subversion und Anpassung

Konrad Wolf war einer der bedeutendsten deutschen Regisseure und wurde mit Filmen wie »Der geteilte Himmel« (1964), »Goya« (1971) und »Solo Sunny« (1980) international bekannt. Seine ungewöhnliche Biographie, die erstmals auf der Grundlage von intensiven Archivrecherchen sowie Gesprächen u. a. mit Günter Grass, Christa Wolf und Markus Wolf vorgelegt wird, ist ein Spiegel deutsch-deutscher Geschichte. Jugend im Moskauer Exil, Rückkehr als Soldat der Roten Armee, Aufstieg zu einem der bedeutendsten Filmregissseure – wahrlich kein gewöhnlicher Weg. Als langjähriger Präsident der Akademie der Künste prägte Konrad Wolf das Kulturgeschehen der DDR und pflegte Freundschaften u. a. zu Peter Weiß, Luigi Nono und Jorge Semprun. Immer wieder thematisierte er in seinen Filmen das schwierige Verhältnis von Künstler und Gesellschaft, das auch sein eigener Lebenszwiespalt war.

»Der ›Sonnensucher‹ ist eine Pflichtlektüre, denn Aurich und Jacobsen haben mit einer mustergültigen Recherche das über Wolf verfügbare Material entscheidend erweitert.« Die Welt

»Die beiden renommierten Filmhistoriker legen ein Buch vor, das äußerst lesenswert ist. Es ist übersichtlich, enthält wichtige Fotos, beschreibt die wichtigsten Freunde, von Peter Weiss bis zu Ernst Busch.« Die Zeit

Mehr Informationen erhalten Sie unter
www.aufbau-verlag.de oder in Ihrer Buchhandlung

Regine Hildebrandt
Erinnern tut gut
Ein Familienalbum
Herausgegeben von Jörg Hildebrandt
224 Seiten. Gebunden
ISBN 978-3-351-02666-0

»Gäbe es mehr wie sie, wäre mir weniger bange.«

Vicco von Bülow (Loriot)

Regine Hildebrandt (1941–2001), die Unermüdliche, Rastlose, schrieb nie Tagebuch, notierte aber alle Unternehmungen seit ihrer Kindheit in kleinen Kalendern. Und sie fotografierte für ihr Leben gern. Die zahlreichen hier erstmals veröffentlichten Dokumente zeigen ein Bild der privaten Regine Hildebrandt, deren Leben verwoben war mit der deutschen Geschichte: ihre Jugend in der Bernauer Straße, wo später Mauer und Todesstreifen verliefen, Protestbriefe, die das Ehepaar Hildebrandt an das ZK der SED schrieb, das mitunter mühevolle Leben in der DDR, aber auch das Glück, das mit der großen Familie, den Weggefährten aus Beruf und Kirche gegen Restriktionen dennoch möglich war, bis hin zur Wende, der politischen Tätigkeit Hildebrandts von 1990 bis 1999 und ihrem Krebstod im Jahr 2001, der eine gewaltige Welle der Anteilnahme im ganzen Land auslöste.

Mehr über Regine Hildebrandt im Taschenbuch:
Hans-Dieter Schütt. Ich seh doch, was hier los ist.
Regine Hildebrandt. Biographie. AtV 2341
K. Finke / R. Karchniwy. »Erzählt mir doch nich, dasset nich jeht!«
Erinnerungen an Regine Hildebrandt. AtV 2001

Mehr Informationen erhalten Sie unter
www.aufbau-verlag.de oder in Ihrer Buchhandlung

Pierre Merle
Robert Merle. Ein verführerisches Leben
Biographie
Aus dem Französischen von Manfred Flügger
432 Seiten. Gebunden
ISBN 978-3-351-02700-1

Unbequemer Geist und Lebemann

Robert Merle war nicht nur ein großer und gefeierter Schriftsteller im Range eines Lion Feuchtwanger. Er war der Chronist eines Jahrhunderts, ein Seismograph, der die Erschütterungen seiner Zeit in ebenso anspruchsvolle wie unterhaltsame Literatur übersetzte: die Gräuel des Zweiten Weltkrieges, die Bedrohung der atomaren Aufrüstung, die Suche nach einer gesellschaftlichen Umsetzung der Ideale von Freiheit und Gleichheit. Sosehr er sich öffentlich engagierte, so unpolitisch war er im Privaten. Da frönte er seiner Liebe zu Autos, Landsitzen, teurer Kleidung und vor allem – zu den Frauen. Mit dem erzählerischen Talent seines Vaters fügt Pierre Merle akribisch recherchierte Fakten und eigene Erinnerungen zu einem einfühlsamen wie kritischen Bild dieser faszinierenden Schriftsteller-Persönlichkeit.

Mehr Informationen erhalten Sie unter
www.aufbau-verlag.de oder in Ihrer Buchhandlung

Friedrich Schorlemmer
Wohl dem, der Heimat hat
260 Seiten. Gebunden
ISBN 978-3-351-02679-0

»Hellsichtiger Theologe mit Herz«

HESSISCHE/NIEDERSÄCHSISCHE ALLGEMEINE

Für Schorlemmer umfasst Heimat alles, was unser Selbst ausmacht: Herkunft, Bindungen an Menschen und Landschaften, politische Ereignisse, Erinnerungen, Geschichten, Bilder und Bücher. Aufgewachsen in einem Pfarrhaus, prägten ihn die Weite der Elblandschaft und die bedrückende Enge der fünfziger Jahre. Er erzählt von der Gemeinschaft in Familie, Kirche, von öffentlichem Engagement, der Sehnsucht nach Freiheit wie der Angst vor Verlusten. Sein Buch ist ein Plädoyer für das Besinnen auf tragfähige Werte und innere Gewissheiten. Zugleich warnt er vor Heimatliebe, die einengt und ausgrenzt.

Weitere Titel (Auswahl):
»Ich habe keinen Gott. Aber Gott hat mich.«. AtV 8149
Lass es gut sein. AtV 7064
Die Bibel für Eilige. AtV 1920

Mehr Informationen erhalten Sie unter
www.aufbau-verlag.de oder in Ihrer Buchhandlung